开放人文社科数据集语义检索及综合排序模型研究

罗鹏程 ◎ 著

科学技术文献出版社
·北京·

图书在版编目（CIP）数据

开放人文社科数据集语义检索及综合排序模型研究 / 罗鹏程著. —— 北京：科学技术文献出版社，2025.7.
ISBN 978-7-5235-2683-5

Ⅰ.G254.926

中国国家版本馆 CIP 数据核字第 2025ZW0489 号

开放人文社科数据集语义检索及综合排序模型研究

策划编辑：丁芳宇　胡　群　责任编辑：邱晓春　责任校对：张永霞　责任出版：张志平

出　版　者	科学技术文献出版社
地　　　址	北京市复兴路15号　邮编 100038
出　版　部	（010）58882952，58882087（传真）
发　行　部	（010）58882868，58882874（传真）
官 方 网 址	www.stdp.com.cn
发　行　者	科学技术文献出版社发行　全国各地新华书店经销
印　刷　者	北京厚诚则铭印刷科技有限公司
版　　　次	2025 年 7 月第 1 版　2025 年 7 月第 1 次印刷
开　　　本	787×1092　1/16
字　　　数	245千
印　　　张	12.75
书　　　号	ISBN 978-7-5235-2683-5
定　　　价	68.00元

版权所有　违法必究

购买本社图书，凡字迹不清、缺页、倒页、脱页者，本社发行部负责调换

FOREWORD | 序

随着数据驱动研究范式的不断深化，人文社会科学对数据的重视程度日益提升。图灵奖得主吉姆·格雷将科学研究范式归纳为实验科学、理论推演、计算机仿真、数据密集型科学发现，并认为当前已经进入到数据密集型科学发现的第四范式。人文社会科学研究传统上主要依赖于定性方法，通过思辨、解读、洞察、演绎和批判等手段来剖析问题、发现知识，对数据的依赖相对较低。然而，随着科学研究范式的演进，人文社会科学基于数据的研究正呈现出快速增长的趋势。特别是在社会科学领域，数据驱动的研究占比显著提高。例如，有学者分析发现《中国社会科学》中经济学相关论文使用实证数据的比例高达73%。研究数据的收集和处理需要大量人力、资金和时间成本，数据的开放共享有助于促进数据资源的再利用，进一步释放数据的潜在价值，同时也有助于避免科研诚信问题，提高科学研究的可复现性。

近年来，基于大语言模型的人工智能技术飞速发展，随着ChatGPT、DeepSeek等大语言模型相继涌现，人类在实现通用人工智能的道路上迎来了曙光。目前，学术界对人工智能的关注度极高，2024年诺贝尔物理学奖和化学奖甚至均授予人工智能相关领域的科学家。现有人工智能技术已经展现出强大的语言理解、逻辑推理、文本生成和多模态处理能力，将人工智能应用于学术研究受到研究者的高度重视。人工智能驱动的科学研究（AI for science，AI4S）、人工智能驱动的社会科学研究（AI for social science，AI4SS）、"AI+人文"等所谓的第五研究范式被提出。在人工智能时代，数据资源也是科学研究的重要支撑。数据、算力和算法是人工智能发展的驱动力，现有人工智能技术的进步无法脱离数据。然而，随着大语言模型规模的不断增加，可用于模型训练的开放数据资源越来越有限。《自然》杂志发文指出人工智能革命正在耗尽数据资源，到2028年左右就会面临训练数据枯竭的问题。

数据资源已成为科学研究的重要支撑，对科学数据资源进行汇集、管理、开发和共享具有重要的意义。我国高度重视科学数据资源的建设，2018年国务院办公厅印发了《科学数据管理办法》，明确了数据采集、汇交、保存、共享和利用的基本原则。2023年，我国成立国家数据局，专门负责协调推进数据基础制度建设，统筹数据资源整合、共享和开发利用等。同年年底，国家数据局等十七部门印发了《"数据要素×"三年行动计划（2024—2026年）》，提出了"数据要素×科技创新"等重点行动，指出要推动科学数据有序开放共享，支持和培育具有国际影响力的科学数据库建设等工作。

目前，我国及世界许多国家都已经建设了大量开放科学数据资源库。复旦社会科学数据平台、北京大学开放研究数据平台、华东师范大学人文社科数据共享平台、浙江大学开放数据平台等先后发布，中国科学院也建成了包含1个总中心、18个学科中心、13个所级中心的科学数据中心体系。在国际科学数据资源库注册网站 re3data.org 中，已注册数据平台数量超过3300个，其中人文社科相关的数据平台占比约为38%，来自全球70个国家和地区。这些平台共享了海量科学数据，根据 datacite.org 统计，目前在 DataCite 中注册 DOI 的数据集的数量便已超过了3500万。

面对海量的科学数据资源，为了便于研究者高效查找利用数据，国内外涌现了大量数据集发现平台。科睿唯安、DataCite、谷歌先后分别发布了 Data Citation Index、DataCite Search、Google Dataset Search 等数据发现平台，面向社会科学的 gesisDataSearch，面向生物医学的 DataMed 等学科数据发现平台也陆续推出，国内的中国科学院计算机网络信息中心、中国科学技术信息研究所也先后研发了科学数据集发现平台"Findata"、"国家科学数据发现平台"。

数据集的检索匹配与排序是科学数据发现平台的核心功能。与传统的文献资源不同，科学数据作为一种新型资源，其检索方法面临着诸多新的挑战。《开放人文社科数据集语义检索及综合排序模型研究》一书聚焦人文社科领域的数据集，深入分析了数据集检索相关特征，探索了基于深度学习的数据集语义检索方法，以及融合多因素的检索结果综合排序模型。这一研究不仅深化了人们对开放人文社科数据集的理解，还为提升数据集检索效果提供了新的手段。该书是罗鹏程在北京大学信息管理系攻读博士学位的学位论文成果，获得了信息资源管理领域同行的高度评价，并被评为"2023年北京大学优秀博士学位论文"。相信该书将为学术界的研究者和业界的实践者提供有价值的参考和借鉴。

王继民

北京大学信息管理系教授

2025年3月

PREFACE 前 言

　　随着数据驱动研究范式的广泛应用与新文科建设的推进,科学数据资源在人文社科研究中的重要性正在增强。同时,随着开放科学和开放数据运动的发展,互联网上开放共享的人文社科数据资源正在迅速增加。信息检索是情报学最为重要的研究领域之一,对科学数据检索的研究已成为新时代信息检索发展的重要方向。数据集是科学数据管理和共享中最常见的数据组织单元,为了便于人文社科研究者获取开放数据资源,需要有效的数据集检索方法和工具帮助他们准确、高效地查找所需数据。

　　开放人文社科数据集主要由仓储平台用户自发提供,多数平台缺乏质量控制,导致数据集的元数据质量参差不齐。现有研究和应用主要基于元数据和传统信息检索模型(如 BM25 等)实现数据集的检索功能,缺乏对数据集的分析、挖掘与利用,模型的语义检索能力不足,并且检索结果排序考虑的因素较少。为了能够更好地检索互联网上开放共享的人文社科数据集,本书以开放人文社科数据集的检索方法为研究对象,提出了 3 个具体的研究问题:人文社科数据集有哪些与检索相关的特征?如何实现人文社科数据集的语义检索?如何对人文社科数据集检索结果进行综合排序?

　　为了回答这 3 个研究问题,本书分别开展 3 个方面的研究,包括:面向数据集检索的人文社科数据集的特征研究,基于深度学习的人文社科数据集语义检索方法研究,人文社科数据集检索结果综合排序模型的构建与实现。第一项研究的目的在于全面、深入地认识互联网上的开放人文社科数据集,为后续两项研究奠定基础;第二项研究从主题性出发,研究探索提升用户查询与人文社科数据集语义匹配度的方法;第三项研究则考虑包含主题性、可获得性等在内的更多相关性影响因素,构建人文社科数据集检索结果综合排序模型,并基于该模型实现应用系统。

　　本书的创新性体现在如下 3 个方面:首先,面向研究较少的开放人文社科数据集,从元数据、数据文件、关联文献等角度全面、深入地分析人文社科数据集的特征;其次,通过多种新的方法和途径在人文社科数据集的检索中,引入深度学习模型实现数据集的语义检索,并解决训练数据缺失、相关性计算等关键问题;最后,考虑现有研究忽视的非主题性因素,构建人文社科数据集检索结果综合排序模型,并进行实证研究。

本书的研究内容，可使读者对互联网上开放人文社科数据集特征有深入的了解，为相关研究提供认知基础。本书的研究解决了人文社科数据集检索中语义匹配和综合排序等关键问题，可为数据集检索相关研究提供参考。本书还构建了人文社科数据集搜索系统，提出了一套实现方案，可为应用系统中数据集检索功能的实现与优化提供参考。

本书共分为六章，各章内容安排如下。

第一章，绪论。首先，介绍本书的研究背景，包括来自实践需求的现实背景，以及来自情报学研究的学术背景。然后，提出本书的3个核心研究问题，以及相应的研究目标。在此基础上，设计具体的研究内容和研究路线，同时介绍所需要使用的研究方法。最后，论述本书的创新点和研究意义。

第二章，研究综述与理论基础。首先，对国内外数据集检索相关研究进行综述，介绍了所使用的文献筛选与组织方法，分别对数据集采集、数据集组织、数据集检索、检索结果综合排序等4个方面研究进展进行详细论述。然后，在理论基础与技术方法部分，主要针对相关性判断模型、信息检索模型、预训练语言模型等内容进行介绍，为本书后续研究做铺垫。

第三章，面向数据集检索的人文社科数据集的特征研究。首先，对本章研究思路做整体介绍，同时介绍数据集的采集情况、数据集的预处理步骤及数据集的整体分布。然后，分别从数据集的元数据、数据文件、关联文献3个角度出发，分析人文社科数据集的特征。最后，对本章研究内容进行小结。

第四章，基于深度学习的人文社科数据集语义检索方法研究。首先，对本章研究思路进行介绍。然后，论述测评数据集的构建过程与方法。之后，分别介绍基于弱监督学习的数据集稠密检索方法、基于元数据扩充的数据集稀疏检索方法及将稠密检索与稀疏检索相结合的融合检索方法的思路、详细原理和实验结果。最后，对本章研究内容进行小结。

第五章，人文社科数据集检索结果综合排序模型的构建与实现。首先，对本章研究思路进行介绍。然后，介绍相关性判断指标体系的构建。之后，论述相关性指标权重的确定方法、相关性线索的测度方法。在此基础上，基于综合排序模型实现人文社科数据集搜索系统，并对综合排序模型的检索效果进行分析。最后，对本章研究内容进行小结。

第六章，结论与展望。对全书内容进行总结，回答所提出的研究问题。然后，对本书研究的相关问题进行讨论，并对未来研究方向进行展望。

本书的研究和出版得到了国家社会科学基金重点项目"开放科学数据集统一发现的关键问题与平台构建研究"和"东湖高新区国家智能社会治理实验综合基地"项目的支持，特此致谢。在本书的研究和写作过程中，笔者力求科学、严谨、清晰和准确。然而，由于自身能力与知识的局限性，书中内容难免会有疏漏和不足，恳请读者批评指正。

罗鹏程

2025年3月

CONTENTS | 目 录

第一章 绪论 ·· 1
 1.1 研究背景 ·· 1
 1.2 研究问题与目标 ·· 6
 1.3 研究设计 ·· 7
  1.3.1 研究内容 ··· 7
  1.3.2 研究路线 ··· 9
  1.3.3 研究方法 ·· 11
 1.4 研究创新点与意义 ·· 12

第二章 研究综述与理论基础 ··· 14
 2.1 研究综述 ·· 14
  2.1.1 文献筛选与组织 ··· 14
  2.1.2 数据集采集 ··· 16
  2.1.3 数据集组织 ··· 18
  2.1.4 数据集检索 ··· 22
  2.1.5 检索结果综合排序 ·· 25
 2.2 理论基础与技术方法 ·· 28
  2.2.1 相关性判断模型 ··· 28
  2.2.2 信息检索模型 ·· 31
  2.2.3 预训练语言模型 ··· 34
 2.3 本章小结 ·· 36

第三章 面向数据集检索的人文社科数据集的特征研究 ······················ 38
 3.1 研究思路 ·· 38
 3.2 数据采集与预处理 ··· 40

3.2.1 数据的采集 ·· 43
  3.2.2 数据的预处理 ·· 45
  3.2.3 数据的分布情况 ·· 46
 3.3 人文社科数据集的元数据特征分析 ································ 48
  3.3.1 领域元数据的使用情况 ······································ 48
  3.3.2 元数据字段的完整性 ·· 51
  3.3.3 主题元数据字段的信息量 ···································· 54
 3.4 人文社科数据集的数据文件特征分析 ······························ 57
  3.4.1 数据文件的缺失情况 ·· 57
  3.4.2 数据文件的类型分布 ·· 58
  3.4.3 数据文件的开放程度 ·· 60
  3.4.4 数据集与数据文件容量大小 ·································· 62
 3.5 人文社科数据集的关联文献特征分析 ······························ 63
  3.5.1 数据集关联文献识别 ·· 64
  3.5.2 数据集关联文献分布情况 ···································· 70
  3.5.3 关联文献主题元数据的信息量 ································ 71
  3.5.4 关联文献与数据集主题元数据的相似度 ························ 74
 3.6 本章小结 ·· 77

第四章 基于深度学习的人文社科数据集语义检索方法研究 ················ 80
 4.1 研究思路 ·· 80
 4.2 测评数据集的构建 ·· 82
  4.2.1 人文社科数据集的采集 ······································ 83
  4.2.2 用户需求与查询的构造 ······································ 85
  4.2.3 检索结果池与相关性标注 ···································· 87
  4.2.4 模型检索效果的评价指标 ···································· 89
 4.3 基于弱监督学习的数据集稠密检索方法 ···························· 89
  4.3.1 检索模型设计 ·· 90
  4.3.2 实验设置 ·· 94
  4.3.3 模型效果分析 ·· 95
 4.4 基于元数据扩充的数据集稀疏检索方法 ···························· 99
  4.4.1 检索模型设计 ·· 99
  4.4.2 实验设置 ·· 102
  4.4.3 模型效果分析 ·· 103

4.5 融合稠密与稀疏模型的数据集检索方法 ………………………………… 105
　　　　4.5.1 检索模型设计 ………………………………………………………… 106
　　　　4.5.2 实验设置 ……………………………………………………………… 108
　　　　4.5.3 模型效果分析 ………………………………………………………… 110
　　4.6 本章小结 …………………………………………………………………… 113

第五章　人文社科数据集检索结果综合排序模型的构建与实现 ……………… 116
　　5.1 研究思路 …………………………………………………………………… 116
　　5.2 相关性判断指标体系的构建 ……………………………………………… 117
　　　　5.2.1 相关性判断理论模型 ………………………………………………… 118
　　　　5.2.2 相关性判断指标体系 ………………………………………………… 119
　　　　5.2.3 综合排序的相关性计算 ……………………………………………… 123
　　5.3 相关性指标权重的确定 …………………………………………………… 124
　　　　5.3.1 层次分析法的基本原理 ……………………………………………… 124
　　　　5.3.2 建立递阶层次结构 …………………………………………………… 125
　　　　5.3.3 获取专家判断矩阵 …………………………………………………… 126
　　　　5.3.4 计算单层指标相对权重 ……………………………………………… 126
　　　　5.3.5 计算线索指标综合权重 ……………………………………………… 127
　　　　5.3.6 专家群组决策结果 …………………………………………………… 130
　　5.4 相关性线索的测度方法 …………………………………………………… 131
　　　　5.4.1 主题性的测度 ………………………………………………………… 131
　　　　5.4.2 可获得性的测度 ……………………………………………………… 132
　　　　5.4.3 质量的测度 …………………………………………………………… 134
　　　　5.4.4 权威性的测度 ………………………………………………………… 135
　　　　5.4.5 新颖性的测度 ………………………………………………………… 137
　　　　5.4.6 可理解性的测度 ……………………………………………………… 138
　　5.5 基于综合排序的人文社科数据集搜索系统构建 ………………………… 140
　　　　5.5.1 系统设计与实现 ……………………………………………………… 140
　　　　5.5.2 检索效果分析 ………………………………………………………… 144
　　5.6 本章小结 …………………………………………………………………… 149

第六章　结论与展望 ………………………………………………………………… 152
　　6.1 主要研究结论 ……………………………………………………………… 152
　　6.2 未来研究展望 ……………………………………………………………… 154

参考文献 ………………………………………………………………… 156

附录 A　文献筛选的检索式 …………………………………………… 176
附录 B　采集数据仓储列表 …………………………………………… 178
附录 C　数据仓储元数据到都柏林核心元数据的映射规则 ………… 182
附录 D　人文社科数据集检索的相关性指标权重调查问卷 ………… 186

后记 ……………………………………………………………………… 190

图目录

图 1.1　整体研究路线　　9
图 2.1　科学数据集检索研究框架　　15
图 2.2　文档选择模型　　29
图 2.3　科学数据相关性判断模型　　30
图 2.4　稠密检索模型架构　　33
图 2.5　Transformer 神经网络结构　　35
图 3.1　人文社科数据集特征研究思路　　39
图 3.2　人文社科数据集的样例　　41
图 3.3　数据集及关联文献示例　　42
图 3.4　各科学数据仓储中数据集的数量分布　　46
图 3.5　各学科数据集的仓储数量分布情况　　47
图 3.6　数据集元数据的语种分布情况（数量最多的前 10 个语种）　　48
图 3.7　各类元数据模块对应的人文社科数据集的数量及仓储的数量分布情况　　49
图 3.8　各平台人文社科数据集使用地理空间元数据的比例　　50
图 3.9　各平台人文社科数据集使用社会科学和人文元数据的比例　　50
图 3.10　人文社科数据集中引用元数据各字段使用占比　　52
图 3.11　人文社科数据集中领域元数据各字段使用占比　　53
图 3.12　人文社科数据集元数据字段数量的分布　　53
图 3.13　人文社科数据集与论文的标题文本长度分布的对比　　55
图 3.14　人文社科数据集与论文的描述文本长度分布的对比　　55
图 3.15　人文社科数据集与论文的关键词数量分布的对比　　56
图 3.16　各学科数据集中数据文件缺失情况　　57
图 3.17　人文社科数据集文件类型分布　　60
图 3.18　各学科数据文件开放比例　　61
图 3.19　各学科数据集开放比例　　61
图 3.20　各学科数据集的平均大小　　62

图 3.21　各学科数据文件的平均大小 ……………………………………… 63
图 3.22　各学科数据集中数据文件的平均数量 …………………………… 63
图 3.23　拥有关联文献的数据集样例 ……………………………………… 64
图 3.24　数据集对应的 Semantic Scholar 中的关联文献 ………………… 65
图 3.25　各学科有关联文献的数据集的比例情况 ………………………… 70
图 3.26　人文社科数据集关联文献标题长度分布 ………………………… 72
图 3.27　人文社科数据集关联文献摘要长度分布 ………………………… 73
图 3.28　描述信息缺乏的数据集与其关联文献示例 ……………………… 73
图 3.29　数据集及其关联文献样例 ………………………………………… 74
图 3.30　人文社科数据集标题与其关联文献标题的相似度 ……………… 75
图 3.31　人文社科数据集描述与其关联文献摘要的相似度 ……………… 76
图 4.1　人文社科数据集语义检索方法研究思路 ………………………… 81
图 4.2　测评数据集中检索结果缓冲池构造方法 ………………………… 87
图 4.3　基于弱监督学习的人文社科数据集稠密检索模型的框架 ……… 90
图 4.4　元数据字段之间存在相关性的数据集示例 ……………………… 91
图 4.5　基于元数据信息扩充的人文社科数据集稀疏检索模型框架 …… 100
图 4.6　docT5query 模型示意 …………………………………………… 101
图 4.7　参数 K 不同取值下"关联文献+docT5query(abstract2title)+BM25"
　　　的检索效果 ……………………………………………………… 105
图 4.8　融合稠密与稀疏检索模型的人文社科数据集检索模型的框架 … 106
图 4.9　基于 BERT 的排序模型 ………………………………………… 108
图 5.1　人文社科数据集检索结果综合排序模型的研究思路 …………… 116
图 5.2　人文社科数据集相关性判断理论模型 …………………………… 118
图 5.3　相关性判断指标权重确定的递阶层次结构 ……………………… 125
图 5.4　人文社科数据集搜索系统架构 …………………………………… 141
图 5.5　人文社科数据集搜索系统的首页 ………………………………… 142
图 5.6　人文社科数据集搜索系统的检索结果页 ………………………… 143
图 5.7　导航查询"I-Rep Canada Poll 2008"的检索结果 ……………… 145

表目录

表 2.1　3 种数据集采集方法对比情况 ·· 17
表 2.2　查询扩展方法 ·· 22
表 2.3　相关性判据 ·· 26
表 3.1　各学科数据集的数量 ··· 47
表 3.2　各学科主要的数据文件类型 ·· 58
表 3.3　引用文本样例 ·· 66
表 3.4　各模型对应的实体识别效果 ·· 68
表 3.5　最优模型对应的不同类型实体的识别效果 ························· 68
表 3.6　最优模型识别的标题实体样例 ··· 69
表 4.1　高水平大学推荐的人文社科相关数据仓储 ························· 83
表 4.2　重要期刊出版机构推荐的人文社科相关数据仓储 ················ 84
表 4.3　测评数据集的来源科学数据仓储 ····································· 84
表 4.4　采集的各数据仓储平台中人文社科数据集的分布情况 ········· 85
表 4.5　查询构造中来自各学科的论文数量分布 ···························· 86
表 4.6　构造的用户查询 ··· 86
表 4.7　测评数据集中各相关性等级标注的数量情况 ······················ 89
表 4.8　稠密检索模型与基准模型的检索效果 ······························· 96
表 4.9　不同 K 值获得的训练数据集对检索性能的影响（以 MiniLM 为例）············ 98
表 4.10　不同训练数据集扩充方法的检索效果（以 MiniLM 为例）················ 98
表 4.11　不同词嵌入模型的输入文本最大长度对检索效果的影响
　　　　（以 MiniLM 为例）·· 99
表 4.12　各元数据扩充方法的检索效果 ······································ 104
表 4.13　各类模型最优的检索效果 ·· 110
表 4.14　各模型最优检索结果中与查询语义相关数据集的样例及其排序位置 ········ 112
表 5.1　人文社科数据集相关性判断指标体系 ······························ 119
表 5.2　指标 a_i 与 a_j 的相对重要性 w_{ij} 的比例标度 ·············· 126

表 5.3　层次分析法中 1~15 阶判断矩阵的 RI 取值 …………………… 127
表 5.4　各层指标的相对权重及相对一致性得分 ………………………… 128
表 5.5　相关性线索的综合权重及层次总体相对一致性得分 ………… 129
表 5.6　专家群组决策的相关性判断指标体系权重结果 ……………… 130
表 5.7　相关性线索测度方法 ………………………………………………… 131
表 5.8　许可协议及其开放程度得分 ……………………………………… 133
表 5.9　导航查询"China Family Panel Studies"检索结果 …………… 145
表 5.10　信息查询"COVID-19 twitter data"检索结果 ……………… 147
表 5.11　信息查询"research data sharing behavior"检索结果 …… 148

第一章

绪　论

本章首先论述本书所研究的现实背景和学术背景，进而引入本书的研究问题和研究目标。在此基础上，对研究设计进行介绍，包括具体的研究内容、研究路线和研究方法。最后，对本书研究的创新点和研究意义进行阐述。

1.1 研究背景

1. 现实背景

在大数据、人工智能和数字经济时代，数据的价值日益凸显。《经济学人》杂志认为，数据是数字时代的石油，是各大商业公司激烈争夺的资源[1]。我国已经把数据视为国家基础性的战略资源[2]，将其作为与土地、劳动力、资本、技术等并列的要素参与市场配置[3]，并于 2023 年组建国家数据局，专门负责数据基础制度建设、数据资源共享和开发等事宜[4]。科学数据是一种特殊类型的数据资源，主要用于支撑科学研究。随着数据驱动研究范式的广泛应用与新文科建设的推进，科学数据资源在人文社科研究中的重要性正在增强。同时，随着开放科学和开放数据运动的发展，互联网上开放共享的人文社科数据资源正在迅速增加。为了帮助人文社科研究者从海量、多源、异构的开放数据资源中找到满足需求的有效数据，需要准确、高效的科学数据检索工具作为支撑。

(1)"数据"在人文社科研究中的重要性日益增强，人文社科研究需要科学数据资源搜索引擎的支撑

随着大数据、人工智能等信息技术的快速发展，科学研究开始转向数据驱动的研究范式。图灵奖得主 Jim Gray 认为人类科学研究先后经历四种范式：实验科学、理论推演、计算机仿真、数据密集型科学发现。当前，正处于"数据密集型科学发现"的第四范式[5]。尽管这一研究范式的变化主要是针对自然科学总结得到的，但是就人文社科而言，当前也已经开始利用数据驱动的方法来解决学科相关研究问题。在社会科学领域，米加宁等[6]认为社会科学研究正在经历从定性研究、定量研究、仿真研究向大数据研究的第四研究范式转型。在人文学科领域，数字人文的兴起也为人文学科研究引入了新的研究

范式,并成为近年来学术研究热点[7]。当前,各高校和研究机构非常重视人文社科领域的数据驱动研究。例如,普林斯顿大学于2019年启动了"数据驱动社会科学"倡议,旨在加强普林斯顿大学对数据、计算和信息技术密集型社会科学研究的支持[8];2016年,耶鲁大学成立了"全校数据密集型社会科学委员会",并于2021年开始建设"数据密集型社会科学中心"[9-10];剑桥大学[11]、武汉大学[12]、中国人民大学[13]、北京大学[14]等国内外高校相继成立数字人文研究中心,整合校内多学科资源,推动数字人文的发展。

为了适应新时代的科技革命,解决中国本土的人文社科研究问题,构建中国特色的人文社科人才培养体系,提升我国人文社科领域的国际话语权,中共中央于2018年正式提出"新文科建设"[15-16]。文科指"人文社会科学",新文科主要指不同专业的学生打破专业课程界限,进行综合性的跨学科学习[16]。新文科特别强调新技术,要求文科研究者具有相当的技术能力来处理数据化的研究资料[17]。2020年,"新文科建设宣言"发布,指出"积极推动人工智能、大数据等现代信息技术与文科专业深入融合"[18]。因此,推动数据驱动研究方法在人文社科中的应用,也是新文科建设的重要组成部分。

"数据"是数据驱动研究的基础,为了支撑人文社会科学者的学术研究,需要有效的科学数据资源搜索引擎,帮助他们从海量数据资源中准确、高效地找到所需数据。当前,我国非常重视科学数据相关基础设施的建设。2018年3月,国务院办公厅印发《科学数据管理办法》,指出有关法人单位应"建立科学数据管理系统,公布科学数据开放目录并及时更新"[19]。2021年3月,《中华人民共和国国民经济和社会发展第十四个五年规划和2035年远景目标纲要》发布,指出要"构建国家科研论文和科技信息高端交流平台"[20]。2021年7月,教育部等六部门发布《关于推进教育新型基础设施建设构建高质量教育支撑体系的指导意见》,指出"建设智慧科研设施""提供科研实验数据共享等服务""优化资源供给服务,升级资源搜索引擎"[21]。科学数据是一种重要的科技信息,科学数据资源搜索引擎是科技信息高端交流平台和教育新基建的重要组成部分。在数据驱动研究范式和新文科建设的背景下,为了更好地支撑人文社科研究者的学术探索,图书馆、情报所、档案馆等资源供给机构需要对科学数据资源进行收集、组织和管理,积极构建科学数据资源搜索引擎,帮助研究者从海量可用的数据资源中准确、高效地查找所需数据。

(2)开放科学运动推动互联网上人文社科数据资源迅速增长,为科学数据资源搜索引擎提供了数据基础

开放科学有助于推动科学事业的发展进步,受到世界各国的高度重视。随着全球科研合作的加强、科研成本的上涨、科研诚信与研究伦理问题的凸显,以及公众参与科学的愿望增强,科学研究逐渐转向高度开放的科学范式[22]。开放数据是开放科学的重要组成部分,科学研究常常需要以数据作为支撑,数据的开放获取有助于科研人员复现前人研究。世界各国高度重视开放科学与开放数据,2016年,欧盟发起"欧洲开放科学云"

倡议,为欧洲研究者与科技领域专业人员提供免费、开放和无缝服务的虚拟环境,用于存储、共享和复用科学数据[23]。欧盟"地平线2020"科研创新计划要求,受其资助的项目所产生的同行评审论文必须开放获取,相关的科学数据也以"尽可能开放,必要时封闭"的原则进行开放[24]。英国经济与社会研究理事会要求,其所资助的研究项目必须在项目结束后三个月内,在 UK Data Service 中提交并共享项目产生的科学数据[25]。美国国立卫生研究院要求受其资助的研究者,在论文发表后12个月内,需要将同行评审的期刊手稿提交到 PubMed Central 中进行开放获取[26],资助经费在50万美元以上的项目,所产生的科学数据也需要进行共享[27]。2018年,我国发布《科学数据管理办法》,明确了"开放为常态、不开放为例外"的科学数据共享原则[19],随后陕西[28]、湖北[29]、江苏[30]等十余省份也相继发布科学数据管理实施细则。

在开放科学和开放数据运动的推动下,互联网上开放共享的人文社科数据资源迅速增加。为了存储和共享科学数据,许多研究机构和商业公司积极构建数据仓储平台。例如,哈佛大学 Dataverse、密歇根大学 ICPSR、北京大学开放研究数据平台、复旦大学社会科学数据平台、数字科学公司 Figshare、爱思唯尔公司 Mendeley Data 等。截至2023年2月,在 re3data.org 中注册的科学数据仓储数量有3000多个,其中人文社科相关的数据仓储有1100多个。据 Google 统计,互联网上数据集的数量从2016年的50万个快速增长到2020年的2800万个,其中人文社科数据集占据了30.5%[31]。Web of Science 中 Data Citation Index 数据库收录数据集的数量也超过了1500万个,其中人文社科数据集占据约1/4[32]。互联网上共享的海量人文社科数据资源为科学数据搜索引擎提供了坚实的数据基础,但是这些资源较为分散,存在于众多异构的数据仓储之中。面对海量、多源、异构的科学数据,需要有效的信息检索手段,帮助研究者准确、高效地发现所需数据,从而促进科学数据的复用,助力研究者的学术探索,推动开放科学的发展。

2. 学术背景

科学数据是一种不同于科学文献的科研产出。在本书中,将科学数据与研究数据视为同义词[33-34],即面向研究分析目的而收集、观察或创建的数据,用以支持研究结论[35],如观测数据、实验数据、仿真数据、汇编数据等。与科学文献相比,科学数据的规范化程度较低,出版形式多样,共享的科学数据主要由仓储平台用户自发提供,可能存在各种各样的质量问题。目前,对科学数据检索的研究已经受到包括情报学在内的许多学科领域的广泛关注。本书关注互联网上共享的人文社科数据集,作为一种不同于科学文献的科研产出对象,对它们的检索研究面临着新的问题与挑战。

(1)科学数据检索是当前情报学信息检索领域重要的研究方向之一,同时也受到众多学科领域的广泛关注

信息检索是情报学最为重要的研究领域之一。Bates[36]认为情报学主要解决3个重大问题:一是物理问题(physical question),即信息世界的特征和规律是什么?二是社会问

题（social question），即人们如何与信息相关联，如何寻找和使用信息？三是设计问题（design question），即如何快速有效地访问信息？信息检索正是用来解决情报学面临的设计问题。第二次世界大战之后，随着科技信息的爆炸，信息检索应运而生。在70多年的时间里，信息检索技术适应时代的特点在不断发展。从早期主要处理表示信息（如资源标题、作者、关键词等摘要数据）到全文检索，从关注印本资源到如今覆盖文本、图像、音频、视频等几乎所有媒体，从线下资源检索到如今覆盖各类网络资源，信息检索研究总是随着时代的发展在不断演进。当前，随着大数据和人工智能时代的来临，以及数据驱动研究范式的广泛应用，科学数据的价值日益凸显，并逐渐成为与科学文献并列的科研产出的头等公民。科学数据检索可看作一种专门化的信息检索，科学数据检索工具如同文献检索工具（谷歌学术等）可视为一种垂直搜索引擎[37]，对科学数据的检索研究已成为新时代信息检索发展的重要方向之一。

目前，科学数据检索相关研究问题已受到许多学科领域的广泛关注。在图书情报（简称"图情"）领域，研究者关注数据搜索行为研究[38-40]，并在搜索平台建设方面进行了诸多尝试，如DataCite基于注册数据集DOI时提交的元数据推出了DataCite Search[41]，加拿大研究图书馆协会Portage网络领导建设了加拿大联合研究数据仓储（Federated Research Data Repository，FRDR）[42]。在计算机领域，2018年信息检索顶级会议SIGIR会议和WWW会议专门组织了数据搜索研讨会[43-44]，谷歌数据集搜索（Google Dataset Search，GDS）负责人Natasha Noy受邀在2020年数据库顶级会议SIGMOD中做主旨报告[45]。在医学领域，美国国立卫生研究院资助成立了生物医学和医疗保健数据发现索引生态系统联盟（Biomedical and Healthcare Data Discovery Index Ecosystem，bioCADDIE），该联盟开发推出了DataMed数据发现平台[46]。在社会科学领域，德国GESIS-莱布尼茨社会科学研究所面向社会和经济科学推出了gesisDataSearch发现系统[47]。此外，研究数据联盟（Research Data Alliance，RDA）专门成立了数据发现范式兴趣组，针对发现应用案例和原型、相关性排序、元数据丰富等问题进行了大量研讨[48]；bioCADDIE组织了数据集检索挑战赛，推动科学数据集检索方法的测评与研究[49]；从2019年开始，卡耐基梅隆大学还组织了"面向数据发现与复用的人工智能研讨会"，推动人工智能技术在数据发现与复用中的应用[50]。

（2）作为一种不同于科学文献的科研产出对象，开放人文社科数据集的检索面临新的问题与挑战

与文献和普通网页检索相比，科学数据的检索面临着新的问题。首先，开放科学数据的元数据质量较低，数据内容多样，影响了用户查询与检索匹配的效果。科学文献有同行专家和编辑的审核，其元数据和正文内容都较为规范，有一定的质量保障。与之相对，开放科学数据的元数据主要由用户自发提供，多数缺乏质量控制，存在缺失、错误、不规范等质量问题。科学数据的内容不以文字为主，可能包含多种格式的数据文件，并

且数据容量远大于科学文献的全文和普通网页，这使得基于数据内容的检索匹配困难，且成本高昂。其次，科学数据之间缺乏丰富的链接信息，基于链接信息的计量分析对检索效果的提升有限。文献之间存在相对丰富的引用关系，诸如文献的被引量、期刊的影响因子等指标都可用于识别重要的文献；网页之间存在丰富的链接，PageRank、HIST等链接分析技术也可用来识别重要的网页，并优化检索效果。目前，对科学数据的引用不规范，绝大多数科学数据没有引用信息；科学数据所在的页面常常位于网络的长尾和深网部分[37]，页面之间也缺乏链接。这使得传统的文献计量和链接分析技术对当前阶段科学数据检索的价值有限。最后，用户行为数据的缺乏，影响科学数据检索结果排序质量的提升。科学文献与网页检索已有大量应用，并经历了长时间的发展，积累了大量用户行为数据，可以利用学习排序等方法优化检索结果的排序。目前开放科学数据资源检索应用的发展时间较短，积累的用户行为数据较为有限，对其的分析挖掘更是缺乏，现阶段相关应用主要基于查询词的主题匹配度排序，影响了排序的质量。以上这些问题使得开放科学数据资源的检索面临着新的挑战，需要对其进行专门的研究。

  本书在研究中，关注开放人文社科数据集的检索。开放科学数据，也即开放获取的科学数据，是指科学数据能够没有任何障碍地被利用、学习、修改、复制和传播，或者仅因为要确保用户更好地获取数据而采取一些措施[33]。本书对开放科学数据进行操作化的定义，即在特定科学数据仓储平台中共享的科学数据。科学数据常常以数据集的形式进行组织。数据集是为特定目的而组织在一起的相关数据的集合[51]，具有相对的完整性和独立性，是科学数据管理与共享中最常见的数据组织单元。数据集通常由元数据和数据文件组成：元数据是对数据集内容的简要描述，主要用于查找和理解数据集，方便用户对数据集的使用；数据文件也即数据内容，通常包含了数据本身，以及说明文档、代码等相关资料。本书中的开放人文社科数据集，是指面向人文学科和社会科学研究，而收集、观察或创建的相关数据的集合，并在特定科学数据仓储中进行共享。在后续表述中为了表述简洁，常会使用数据集来指代开放人文社科数据集。

  与理工科数据集相比，人文社科数据具有自己的特点：①数据类型不同。不同学科研究的对象不同，所收集的数据也存在很大差异。例如，生命科学中的基因序列数据、天文望远镜的天文图像数据，人文社科领域常见的数据为调查数据、档案数据等。②描述标准不同。各学科收集的数据具有各自的特点，因而产生了大量学科特定的元数据标准。在人文社科领域，常用的元数据标准有 DDI、EAD、TEI、MIDAS-Heritage、QuDEx、SDMX 等。③数据量不同。自然和工程领域的科学数据的容量可能会非常大，如华大基因每天就能产生 15 TB 数据，欧洲核子研究组织的大型强子对撞机每年产生 15 PB 原始数据[52]。相对而言，人文社科的数据量偏小，但单位价值更高，更适合在互联网上开放共享。例如，"中国家庭追踪调查""中国历代传记人物资料库"仅数百兆，但用户量非常大。为了更好地帮助人文社科研究者查找利用开放数据，本书将对开放人文社科数据集的特征进行分析，在此基础上对其检索方法进行探索。

1.2 研究问题与目标

1. 研究问题

开放人文社科数据集主要由仓储平台用户自发提供，与科学文献相比，多数缺乏质量控制，人文社科数据集检索的优化依赖于对其进行深入的了解，现有研究缺乏对开放人文社科数据集专门的研究分析。在现有的数据集检索应用中，主要利用传统信息检索模型（如向量空间模型、BM25 模型等）对数据集的元数据进行检索[46-47,53-57]，传统检索模型基于查询与文档之间的精确匹配，缺乏语义理解能力。在数据集检索相关研究中，也主要在传统检索模型的基础上，通过查询扩展等手段来提升检索效果，这些方法也缺乏语义的深层理解能力[58-62]。同时，现有研究和应用主要基于查询与数据集元数据的主题性实现检索结果的排序，对其他用户相关性判断的影响因素缺乏考虑。为了更好地检索人文社科数据集，本书以互联网上开放人文社科数据集及其检索方法为研究对象，提出 3 个具体的研究问题：人文社科数据集有哪些与检索相关的特征？如何实现人文社科数据集的语义检索？如何对人文社科数据集检索结果进行综合排序？

（1）人文社科数据集有哪些与检索相关的特征

为了有针对性地做出检索模型优化决策，首先需要对人文社科数据集本身有足够深入的认识。数据集主要由元数据和数据文件组成，元数据提供了对数据集的描述信息，数据文件则是数据的载体。除此以外，共享的数据集通常会支撑某些研究成果，因而还会存在关联文献。现有研究和应用主要依赖于元数据实现数据集的检索，然而元数据的质量如何？能否提供足够的信息支撑数据集的检索？数据文件是否易于获取和挖掘利用？关联文献能否提供有用信息以补充对数据集的描述？通过对元数据、数据文件和关联文献等数据集相关信息的特征分析，掌握元数据和数据文件在查询匹配中的优势和局限，分析关联文献挖掘利用的潜在价值，可为人文社科数据集检索研究奠定基础。

（2）如何实现人文社科数据集的语义检索

现有研究和应用中的数据集检索方法主要基于传统信息检索模型，如向量空间模型、BM25 概率模型等。这些检索模型利用用户查询与数据集元数据中文本字符串的精确匹配实现检索和排序。由于自然语言中广泛存在同义词、近义词、一词多义、概念包含等语言现象，传统信息检索模型难以获得语义相关但字面不匹配的数据集。同时，互联网上共享的人文社科数据集多由用户自主上传，数据集的元数据质量参差不齐，这也会影响到数据集检索匹配的效果。如何充分利用数据集的元数据，以及挖掘元数据以外的相关信息，从语义层面实现查询与数据集的匹配，是实现人文社科数据集检索的关键环节。

（3）如何对人文社科数据集检索结果进行综合排序

基于用户查询和数据集相关描述信息的语义匹配，主要实现了数据集的主题性检索。然而，主题性并不是用户选择数据集的唯一标准。例如，对于 2 个有着相似主题性的数据集，一个数据集有着较高的下载量，同时数据集的发布日期较近，另一个数据集的下载量较低，并且发布时间久远。通常，用户会更倾向于选择前一个数据集。已有研究表明，用户在选择数据集时，除了主题性，还会考虑数据集的质量、权威性、可获得性、新颖性等诸多相关性影响因素[63-66]。现有数据集检索模型的研究和应用主要关注主题性，忽略了其他众多相关性影响因素。在对人文社科数据集进行检索排序时，如何考虑影响用户选择的诸多因素，获得数据集相关性的综合得分，是实现人文社科数据集检索的重要环节。

2. 研究目标

本书研究的总目标为：针对互联网上开放共享的人文社科数据集，研究提出一个科学、合理的数据集检索方法体系，能够更好地匹配和排序数据集，实现更优质的检索效果。具体地，为了解决前述 3 个研究问题，分别有以下 3 个对应的分目标：

（1）分析出与数据集检索有关的人文社科数据集的相关特征

从用户查找数据集的需求，以及系统计算查询和数据集相关性所需信息等角度出发，分析人文社科数据集的相关特征，获取它们在查询匹配和排序中的优劣势，便于后续检索模型的优化。

（2）提出基于查询与人文社科数据集语义匹配的检索模型

探索利用能够从用户查询和数据集相关信息中抽取深层语义特征的自然语言处理方法，提出基于语义特征的数据集主题性计算方法，从而实现模型对人文社科数据集的语义检索能力。

（3）构建人文社科数据集检索结果的综合排序模型

建立用户相关性判断理论模型，考虑多个维度相关性影响因素，构建检索结果综合排序指标体系，提出一套合理的指标测度和聚合方法，实现对人文社科数据集检索结果的综合排序。

1.3 研究设计

明确了研究问题与目标之后，本节对研究设计进行介绍，主要包括研究内容、研究路线和研究方法。

1.3.1 研究内容

针对 1.2 节提出的 3 个研究问题，本书将从如下 3 个方面展开相关的研究。

（1）面向数据集检索的人文社科数据集的特征研究

为了回答第一个研究问题，本部分将采集真实的人文社科数据集并进行特征分析。通过选定一批科学数据仓储，利用爬虫技术采集其中的人文社科数据集，从而获得研究分析所需的基础数据。考虑到数据集主要包含了元数据和数据文件，并且由于其面向科学研究，因而常常有关联的文献。因此，本部分将面向数据集检索的目的，从元数据、数据文件、关联文献等角度分析人文社科数据集的特征。现有研究和应用主要基于元数据实现数据集的检索，本书将对元数据的特征进行深入分析，以掌握其提供的信息能否有效地满足数据集检索的需求。现有研究和应用很少会对数据文件进行挖掘和利用，本书将细致分析数据文件的特征，以确定其用于数据集检索的可能性。关联文献与数据集有着较强的联系，而文献通常有着丰富的文本信息，本书将探索利用深度学习等方法识别数据集的关联文献，对其特征进行深入分析，以确定关联文献用于数据集检索的潜在价值。

（2）基于深度学习的人文社科数据集语义检索方法研究

当前数据集的检索方法主要利用传统检索模型对数据集的元数据文本进行查询匹配。这些检索模型主要基于文本字符串的字面匹配来计算相关性，缺乏语义检索能力。近年来，诸如BERT等基于Transformer的深度学习模型能够有效的抽取文本深层语义特征，并在众多自然语言处理任务中取得了远超传统机器学习模型的处理效果。本书将探索利用BERT等基于Transformer的深度学习模型，来抽取数据集描述文本和查询词的深层语义表示，在此基础上实现对人文社科数据集的语义检索。深度学习模型需要大量的训练数据，优质训练数据对模型效果的提升具有显著的影响，本书将探索利用弱监督方法获取训练数据集。考虑到元数据信息较为有限，本书将探索利用关联文献和深度学习文本生成方法来扩充元数据，以增强对数据集的描述，提高检索匹配的效果。此外，为了测评各个模型在人文社科数据集上的检索效果，还需要构造测评数据集，用于检索模型的评价。

（3）人文社科数据集检索结果综合排序模型的构建与实现

前一部分研究内容关注主题性的计算方法，该指标是用户选择数据集最为重要的判断依据。为了获得更优的排序结果，本部分研究内容将以用户相关性研究为基础，综合考虑数据集的主题性、可获得性、质量、权威性、新颖性、可理解性等相关性维度，探索构建综合排序模型。在模型的构建过程中，需要以用户相关性研究为基础，使得综合排序模型具有科学性和合理性；同时，还需要以可测、可操作性为原则，提出切实可行的各维度相关性指标的测度方法。最后，为了对综合排序模型的检索效果进行分析，需要实现基于综合排序的人文社科数据集搜索系统，通过对用户查询和数据集检索结果的分析，得到综合排序模型在不同情况下的优劣势。

1.3.2 研究路线

本书整体研究路线如图1.1所示,包括3个部分:面向数据集检索的人文社科数据集的特征研究,基于深度学习的人文社科数据集语义检索方法研究,人文社科数据集检索结果综合排序模型的构建与实现。

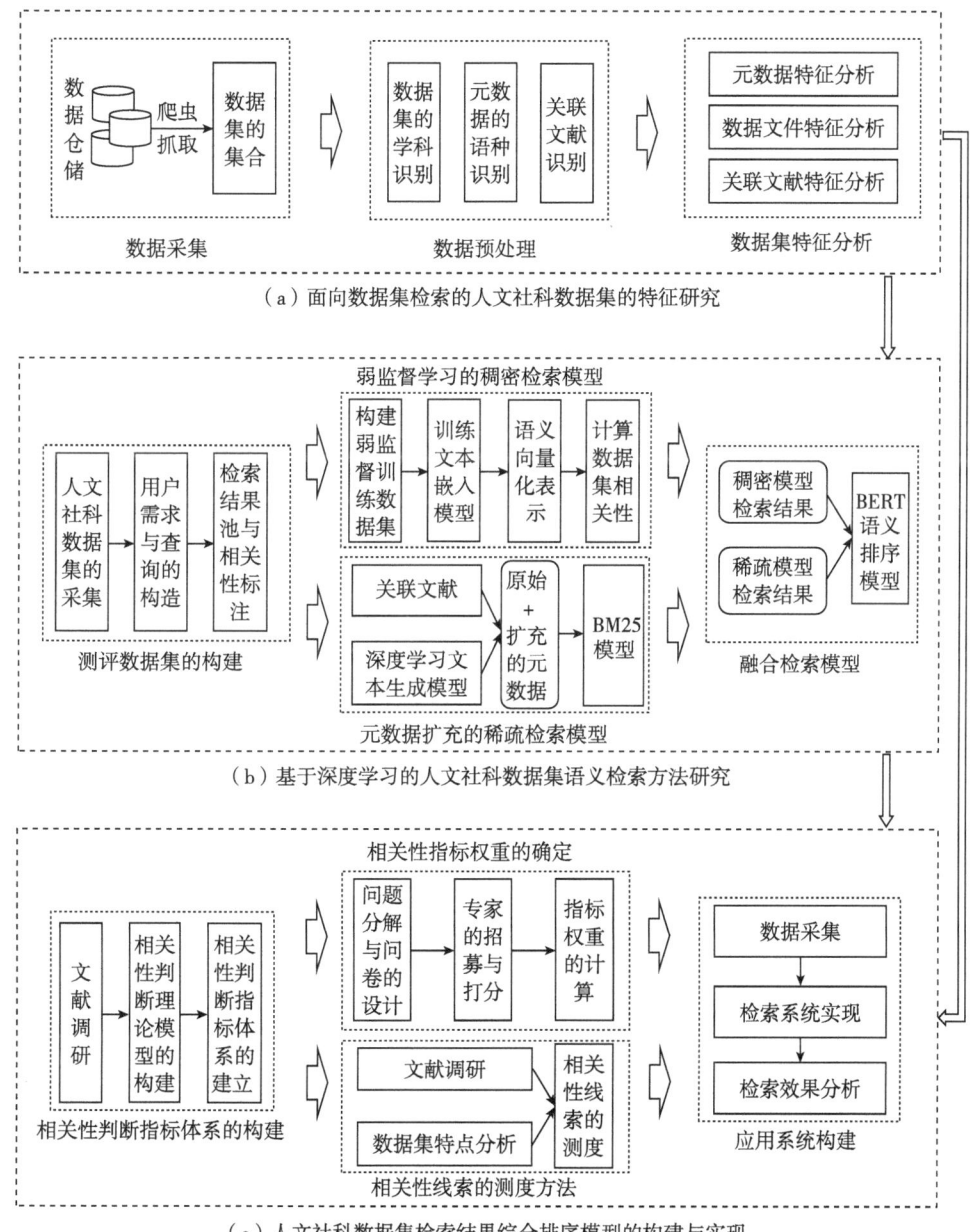

图 1.1 整体研究路线

（1）面向数据集检索的人文社科数据集的特征研究

为了能够更加深入地认识互联网上开放共享的人文社科数据集，以便为后续数据集的检索方法优化提供参考和指导，本书首先对人文社科数据集的特征进行分析。具体地，本部分研究包括3个步骤：数据采集，数据预处理，数据集特征分析。

在数据采集步骤中，选择与人文社科相关、具有一定代表性和影响力的若干科学数据仓储平台，利用网络爬虫技术，采集其中科学数据集相关信息，主要包括数据集的元数据和数据文件信息等。所采集的数据构成本部分研究的基础。在数据预处理步骤中，需要识别出数据集的学科，从而筛选出人文社科相关的数据集；识别数据集元数据的语言类型，从而为后续分析中使用自然语言处理方法奠定基础；同时，还探索利用深度学习等方法从数据集的元数据中识别出关联文献，采集关联文献相关信息（如摘要、被引量等），为后续关联文献的分析提供基础数据。在数据集特征分析步骤中，分别从数据集的元数据、数据文件、关联文献3个角度，以数据集检索为出发点，分析人文社科数据集的特征。

（2）基于深度学习的人文社科数据集语义检索方法研究

在对开放人文社科数据集有了一定认识的基础上，本部分研究聚焦于数据集与用户查询的主题性，探索利用深度学习等方法提升数据集的语义检索效果。具体地，本部分研究包含4个步骤：测评数据集的构建，基于弱监督学习的稠密检索模型，基于元数据扩充的稀疏检索模型及将两者结合的融合检索模型。

在测评数据集的构建中，从选定的数据仓储中采集人文社科相关的数据集的元数据，依据人文社科研究论文中的数据需求设计用户查询，利用多种模型检索数据集得到检索结果池，对检索结果池进行人工标注，得到查询与数据集的主题性。最终，由人文社科数据集的集合、用户查询集合、数据集与查询主题性的标注集合组成了测评数据集，该测评数据集将用于支撑后续检索方法的研究。

在基于弱监督学习的稠密检索模型中，探索利用相关方法构造弱监督训练数据集，并在此基础上训练文本嵌入模型（text embedding model）。所得到的文本嵌入模型用于将数据集和查询表示为稠密向量，并基于向量之间的相似度实现数据集的检索。近年来，BERT等基于Transformer的深度学习模型在自然语言处理中展现出强大的特征抽取能力，稠密检索模型基于深度神经网络提取文本的稠密向量表示（向量中各维度取值几乎不为0），向量中包含了丰富的语义信息，可在一定程度上实现语义检索。

在基于元数据扩充的稀疏检索模型中，考虑到互联网上开放共享的人文社科数据的元数据主要由用户自发提供，元数据质量参差不齐。因此，本部分研究将探索利用数据集的关联文献信息，以及深度学习文本生成模型，来扩充数据集的元数据。基于扩充的元数据信息，利用高效的BM25稀疏检索模型（与稠密检索模型相对，文本表示为类似TF-IDF的稀疏向量），实现对人文社科数据集更优的检索效果。

在融合模型中，考虑到稀疏检索模型和稠密检索模型是2种差异较大的检索方法，将两者结合可以充分利用各自优势实现更高质量的检索效果。因此，本部分研究首先分别利用基于弱监督学习的稠密检索模型和基于元数据扩充的稀疏检索模型对人文社科数据集进行检索；然后，将各模型的前 N 个最相关的数据集合并在一起形成候选数据集集合；最后，使用能够感知语义的 BERT 排序模型对候选数据集的相关性进行评分，从而优化检索结果的最终排序。

（3）人文社科数据集检索结果综合排序模型的构建与实现

在前两部分研究的基础上，本部分研究将影响用户相关性判断的诸多因素纳入考虑范围，对检索结果的综合排序方法进行探索。具体地，本部分研究包含4个步骤：相关性判断指标体系的构建，相关性指标权重的确定，相关性线索的测度方法，应用系统构建。

在相关性判断指标体系的构建中，以现有用户相关性研究的文献为基础，梳理并构建适合本书研究的人文社科数据集相关性判断理论模型。基于该理论模型，将相关性判断过程转化为一个综合评价模型，并构建人文社科数据集相关性判断的指标体系。为了对数据集检索结果的相关性进行实际的测量，还需要确定指标体系中各指标的权重，以及指标体系中相关性线索的测度方法。在相关性指标权重的确定中，对相关性判断问题进行分解，据此设计调查问卷；招募领域专家，对指标之间的相对重要性进行打分；利用层次分析法对专家判断结果进行分析，获得各指标的权重得分。在相关性线索的测度方法中，结合文献调研，依据人文社科数据集的特点，并考虑可操作性，提出各相关性线索的测度方法。在应用系统构建中，通过采集选定数据仓储中的数据集，以及指标测量相关数据源中的数据，基于综合排序模型实现人文社科数据集搜索系统。在此基础上，通过对用户查询的检索结果进行分析，检验综合排序模型的检索效果。

1.3.3 研究方法

针对以上研究内容，本书主要通过文献研究法、比较研究法、统计分析法、问卷调查法等进行研究探索。

（1）文献研究法

本书基于文献资料进行如下2个方面的研究工作。第一，对国内外科学数据集检索相关文献进行全面调研和系统梳理，总结现有研究进展，确定具体研究方向，为本书的研究打下坚实基础。第二，从文献中梳理出用户相关性判断模型，以及数据集检索中用户的相关性判据，基于此构建人文社科数据集相关性判断模型，以及相关性综合测量的指标体系。

（2）比较研究法

比较研究法主要用于对人文社科数据集的特征进行分析，包括：将人文社科数据集与其他学科数据集进行比较分析,将人文社科数据集的元数据与论文的元数据进行比较分析,将人文社科数据集的元数据与其关联文献的元数据进行比较分析。通过比较分析,发现人文社科数据集的特征。

(3) 统计分析法

本书主要利用统计分析法对人文社科数据集的特征进行分析。具体地,主要利用描述性统计分析方法对数据集的元数据集、数据文件、关联文献等的相关属性值进行统计,利用图和表对统计结果进行展示,分析数据的分布规律,进而得到人文社科数据集的相关特征。

(4) 问卷调查法

问卷调查法主要用于相关性指标权重的确定。通过设计调查问卷,获取专家关于相关性判断指标体系各层中两两指标相对重要性的主观判断,之后利用层次分析法,将专家主观判断的结果通过定量分析综合成各指标的相对重要性得分。

1.4 研究创新点与意义

(1) 研究创新点

本书的创新点主要包括:

①面向数据集检索的需求,全面、深入地分析开放人文社科数据集的特征。现有研究很少对数据集自身特征做全面分析,少量研究关注数据集元数据的质量、数据集在文献中复用特征[67]、高被引数据集的特征[68]等。在本书的研究中,以优化数据集检索为目的,聚焦互联网上开放共享的人文社科数据集,从元数据、数据文件、关联文献等角度出发,全面、深入地分析可用于支撑检索的数据集相关信息的特征。

②在人文社科数据集的检索中,引入深度学习模型实现数据集的语义检索。以往科学数据的检索主要利用向量空间、BM25等传统信息检索模型,并通过伪相关反馈、本体等查询扩展方法来部分解决查询与数据集描述用词不匹配的问题。本书在人文社科数据集的检索中引入BERT等深度学习模型,将其用于数据集语义向量表示、补充数据集的元数据信息、优化候选数据集的最终排序,同时解决模型训练数据缺失、相关性计算等关键问题,从而实现更高质量的语义检索。

③在人文社科数据集检索结果排序中,引入非主题性因素并进行实证研究。在以往科学数据集检索的相关性研究中,主要通过用户研究找出相关性判断的影响因素,但是缺乏对这些因素的量化研究和将其应用于检索结果排序的实证研究。在本书的研究中,考虑诸多相关性因素,构建相关性判断指标体系,提出指标测度方法和综合排序计算方法,基于综合排序模型实现人文社科数据集搜索系统,并进行实证分析。

（2）研究意义

本书的研究意义主要体现在如下3个方面：

①分析出开放人文社科数据集的相关特征，可为对其进行的检索研究提供认知基础。本书研究采集互联网上开放共享的人文社科数据集，从元数据、数据文件、关联文献等角度进行全面分析，可帮助相关研究者增加对开放人文社科数据集的深入了解，为开放人文社科数据集检索等相关研究提供认知基础。

②解决人文社科数据集检索中的若干关键问题，完善数据集检索方法研究。本书针对人文社科数据集的语义检索、检索结果综合排序等关键问题进行探索，弥补了现有研究依赖查询词和数据集元数据文本字面匹配，以及数据集检索结果主要以主题性排序的不足，可为相关数据集检索方法研究提供参考。

③提出了一套人文社科数据集检索实现方案，可以为相关数据仓储和发现系统中检索功能的实现与优化提供参考。基于所提出的人文社科数据集的语义检索和检索结果综合排序方法，本书利用网络爬虫、Web开发、深度学习等技术手段构建了人文社科数据集搜索系统，该系统包含了数据集的采集与处理、数据集的检索与排序等功能模块。该系统可以为相关数据仓储和发现系统中检索功能的实现与优化提供参考。

第二章

研究综述与理论基础

为了掌握科学数据集检索相关研究的现状,本章首先对国内外文献进行广泛调研,梳理、归纳、分析和总结国内外研究进展,为后续研究打下坚实基础。本章基于现有的相关理论和技术方法开展人文社科数据集检索模型的研究,这些理论和技术方法是本书研究的重要基石,因此也将对其进行系统阐述。

2.1 研究综述

本节首先对综述方法进行介绍,包括文献筛选方法和文献组织框架。然后,分别从数据集采集、数据集组织、数据集检索、检索结果综合排序 4 个方面对相关文献进行梳理和述评。

2.1.1 文献筛选与组织

2.1.1.1 文献筛选方法

人文社科数据集检索属于科学数据集检索的研究范畴,因此本章将对科学数据集检索相关研究进行综述。科学数据集检索是数据仓储和数据集发现系统中的重要功能。目前,单个数据仓储中共享的数据集的数量越来越多,如 Harvard Dataverse 本地存储了约 9 万个数据集(截至 2023 年 2 月),数据仓储需要有效的检索手段来帮助用户找到相关数据集。同时,为了帮助用户对互联网上多源、异构、海量的开放科学数据集进行统一检索,相关专门面向科学数据集检索的发现系统也陆续推出,如 Data Citation Index、DataMed、Google Dataset Search 等[69]。本节研究综述中,不仅关注单个数据仓储中的数据集检索,也关注科学数据集发现系统中的数据集检索。两者的区别仅在于前者基于平台中已有的数据集进行检索,后者还需要从不同来源采集数据,对数据集进行加工处理后,方可在此基础上进行数据集的检索。因此,可以简单地认为发现系统中的数据集检索功能是数据仓储的超集。

在文献筛选中,笔者以"科学数据集检索"("scientific dataset retrieval")作为查询语句，并使用"研究"替换查询中的"科学"（"research"替换"scientific"），"发现""搜索"替换"检索"（"discovery""search"替换"retrieval"）。根据以上各种同义词替换策略的组合在知网、万方和 Web of Science 核心集中进行题名、关键词等字段检索。通过以上查询获得的文献数量不多，为此笔者还对检索条件进行放宽，去掉查询中的"科学"（"scientific"）、"研究"（"research"），或者使用"数据"替换"数据集"（"data"替换"dataset"）。详细的各文献数据库检索语句见附录 A，检索时间为 2022 年 11 月 26 日。从检索到的 1425 篇文献中筛选出与科学数据集检索相关性较高的文献 57 篇。同时，笔者对科学数据集发现系统进行了长时间广泛的调研，在谷歌及谷歌学术中检索与具体发现平台相关的论文、报告、博客、网页等。最终，笔者共汇集了 93 篇核心文献进行综述。此外，也纳入对相关内容进行补充的扩展性文献、报告、博客、网页等。

2.1.1.2 文献组织框架

为了将科学数据集检索研究和应用相关内容放置在一个框架下进行综述，对获取的文献进行归纳总结，将相关研究问题分为 4 类，分别为数据集采集、数据集组织、数据集检索、检索结果综合排序，如图 2.1 所示。其中，前两个问题在科学数据集发现系统相关文献中涉及的较多，是发现系统实现数据集检索的必要基础；后两个问题在科学数据集检索研究相关文献中涉及的较多，主要探索相关数据集检索方法，以实现更好的检索效果。笔者以此框架为基础来分类文献，并组织研究综述内容。

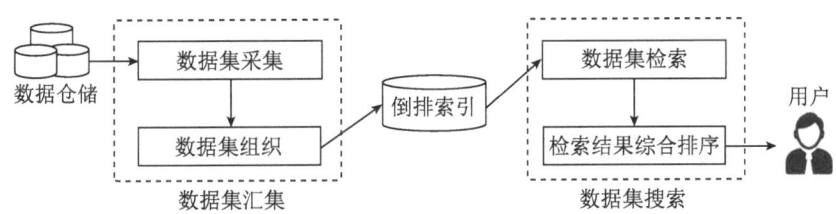

图 2.1 科学数据集检索研究框架

①数据集采集。互联网中资源数量庞大、种类繁杂，科学数据集在其中占比极小。如何从海量、分散的互联网资源中采集所需数据集，是对科学数据集进行统一发现的前提。②数据集组织。通过采集得到海量科学数据集的元数据，然而元数据标准众多、质量参差不齐，需要对不同来源的元数据进行融合统一，对元数据质量进行评估，并在此基础上补充和丰富元数据内容。③数据集检索。数据集作为一种新的信息对象，其检索特征有别于传统文献和网页搜索，相应检索方法正处于研究探索阶段。④检索结果综合排序。依据检索模型获得的数据集，通常按照主题性排序呈现给用户，然而研究表明用户对检索结果做出相关性判断时会考虑数据质量、可获得性等诸多因素。

后续 4 个小节将分别对数据集采集、组织、检索和综合排序相关研究进行梳理和述评。

2.1.2 数据集采集

科学数据集分布在数量众多且异构的数据仓储之中，要实现科学数据集的检索发现，首先需要对这些数据集进行采集。数据集主要由元数据和数据文件组成，由于数据文件较大，且可能存在访问限制，通常采集的数据均为元数据。

2.1.2.1 数据采集方法

依据采集策略的不同，笔者将现有科学数据集发现系统的采集方法分为 3 类：数据仓储向发现系统主动推送元数据、发现系统全网扫描并筛选数据集类型网页及发现系统定向采集数据仓储元数据。

数据仓储向发现系统主动推送元数据：由发现系统提供统一的 API 接口，各科学数据仓储在新增或更新数据集时，通过 API 接口将元数据推送给发现系统。目前，这种数据采集方式仅在 DataCite Search 中实现。在现行的科学数据管理实践中，为了使得数据集能够被持久标识和引用，需要为其赋予一个标识符（如 DOI、Handle、ARK 等）。DOI 是目前应用最广的持久标识服务，DataCite 是科学数据领域最大的 DOI 注册代理机构，各个数据仓储在注册 DOI 时，需要按照 DataCite Metadata Schema[70] 的要求提交元数据。因此，DataCite Search 通过数据仓储主动推送的方式采集了大量科学数据集的元数据。

发现系统全网扫描并筛选数据集类型网页：由网页制作者依据特定标准对页面内容进行描述，并将描述元数据嵌入页面；发现系统采集网络中的页面，从网页中解析元数据，并筛选出数据集类型的网页。目前，这种数据采集方式仅在 Google Dataset Search 中实现，主要依靠网页制作者在页面中嵌入的 schema.org 或 DCAT 标记数据识别数据集页面。schema.org 是由必应（Bing）、谷歌（Google）、雅虎（Yahoo）等几家主要的搜索引擎公司于 2011 年建立的，其目的在于为网页描述提供统一的元数据标准，帮助搜索引擎更好地理解页面内容。2013 年，schema.org 增加了 Dataset 类型用于描述数据集页面[71]。DCAT 是 W3C 于 2014 年发布的推荐标准，它是一个 RDF 词汇表，其目的在于促进 Web 上发布的数据目录之间的互操作性[72]。Google Dataset Search 依托谷歌强大的通用网页爬虫平台采集网页，解析页面中嵌入的元数据，从中筛选出使用 schema.org 的 Dataset 和 DataCatalog，以及使用 DCAT 描述的元数据，从而构成谷歌数据集搜索的基础[37]。由于网页制作者的错误和搜索引擎优化的原因，页面中的数据集标记不总是可信的。在含 Schema.org/Dataset 标记的互联网主机中，有 61% 的主机提供的网页并不是真正的数据集页面[73]。因此，还需要相应手段来识别数据集页面，如 Google Dataset Search 通过深度神经网络分类器来识别真实的数据集页面[73]。

发现系统定向采集数据仓储元数据：由数据仓储提供元数据收割协议，发现系统评估、选择符合需求的数据仓储，并通过收割协议采集元数据。目前，这种数据采集方式应用最多，如 Data Citation Index、DataMed、gesisDataSearch、Mercury 等发现系统均使用这种数据采集方式。在定向数据采集中，发现系统需要依据一定的标准遴选数据仓储。Data Citation Index 考虑了多种定性、定量因素来对仓储进行综合评价，包括：仓储持久性和稳定性、资助情况、作者身份的多样性等，并且要求提供英文元数据[74]。DataMed 则以标准、互操作性、可持续性、整体质量、用户需求等作为数据仓储的选择标准[75]。此外，FAIRsharing 和 DataCite 面向期刊论文支撑数据存储制定仓储评价标准[76-77]，这些标准对发现系统选择数据仓储也具有参考价值。在数据仓储选定后，需要依据收割协议采集数据。最常用的收割协议为 OAI-PMH，如 Data Citation Index[78]、FRDR[79]、gesis-DataSearch[47]、Mercury[80]均采用该协议采集元数据。除了 OAI-PMH 外，一些发现系统也提供多种数据收割方式，如 Research Data Australia 提供直接收割、OAI-PMH 收割、OGC CSW 收割、CKAN 收割 4 种方式[81]。

2.1.2.2 采集方法述评

不同数据采集方法各有特点，适用于不同场景和应用需求。表 2.1 从采集效率、及时性、数据覆盖率、自动化程度、实现难度和应用数量 6 个角度给出了 3 种采集方法的对比情况。

表 2.1 3 种数据集采集方法对比情况

采集方法	采集效率	及时性	数据覆盖率	自动化程度	实现难度	应用数量
数据仓储主动推送	高	高	中	高	大	少
发现系统全网扫描	低	有时延	相对高	高	大	少
发现系统定向采集	中	有时延	中、低	中	中	多

对于数据仓储主动推送的方法，通常会在数据集新增或更新时，由数据仓储按照统一的元数据标准，向发现系统推送元数据。因此，它具有采集效率高、数据更新及时性好、自动化程度高的优势。然而，通常情况下发现系统提供方对数据仓储提供方没有约束力，无法要求所有数据仓储都为发现系统推送元数据。因此，这种数据采集方法很难实现，实践中的应用数量很少。对于数据覆盖率，以 DataCite Search 为例，其中注册仓储数量超过 2600 个，覆盖了许多有影响力的科学数据仓储，但并非所有仓储都会注册 DOI，数据覆盖率适中。

对于发现系统全网扫描的方法，由于需要采集海量互联网页面，而科学数据集页面仅占其中很小的比例，并且网页抓取有一定的时间周期，因此它具有实现难度大、采集效率低、更新及时性有时延的特点，在实践中的应用数量很少，通常仅适合拥有海量 Web 资源库的大型搜索引擎公司。这种数据采集方法基于爬虫获取数据，面对的元数据格式相对单一，自动化程度高。过去，采用 schema.org 和 DCAT 描述页面的数据仓储较少，如 Khalsa 等在 2017 年的调查显示仅有 13%的科学数据仓储使用了 schema.org[82]。

不过现在已有越来越多的仓储提供 schema.org 和 DCAT 元数据,以 Google Dataset Search 为例,2020 年其收录的数据仓储数量已经超过 3700 个[31],高于其他类型的数据集发现系统,具有相对较高的数据覆盖率。

对于发现系统定向采集的方法,通常按照一定的时间间隔采集指定数据仓储,其采集效率适中、有一定时延。由于数据采集过程中涉及数据仓储的评价与选择,新增仓储会因为数据收割协议和元数据标准的不同,需要人工参与采集程序的修改,如 DataMed 新增数据摄入插件需要半天到数天的开发时间[46],因而其自动化程度不够高,居中。定向采集的数据仓储通常限定在一定范围内(如特定国家、学科),仓储数量偏向于中小规模,通常从数十到上千个不等。相比于前两种采集方法,定向采集实现相对容易,采集效率适中,在实践中应用的最为广泛。在定向采集中,数据仓储的选择较为重要,发现系统需要以较小的代价收集尽可能多的高质量数据集。不过,现有研究缺乏对科学数据仓储的全面评价,仓储选择标准不清晰,影响数据集采集的效率与质量。

2.1.3 数据集组织

采集到的科学数据集的元数据格式种类繁多,各数据仓储元数据质量参差不齐。为了更好地检索数据集,需要对数据集进行有效组织。数据集的组织主要通过元数据实现,现有研究和应用主要关注多源元数据的融合,以及科学数据集的元数据质量分析与元数据信息丰富等研究问题。

2.1.3.1 多源元数据的融合

科学数据的元数据标准众多,包括通用元数据标准、学科领域元数据标准等数十种[83]。面对繁杂的元数据格式,科学数据集发现系统需要设计一个统一的元数据模型,将不同来源的元数据进行融合。目前,主要有两种实现方法:仅考虑通用信息的多源元数据融合,同时考虑通用信息和学科特有信息的多源元数据融合。

(1)仅考虑通用信息的多源元数据融合

不同元数据标准虽然各有特色,但都具有标题、创建者等通用信息。因此,最简单的多源元数据融合方法,便是将不同来源的元数据映射到一个通用的元数据模型上。目前,绝大多数通用科学数据集发现系统均采用该方法。例如,DataCite Search 的元数据模型为 DataCite Metadata Schema[70],Google Dataset Search 的元数据模型与 schema.org 的 Dataset 元数据类似[37],英国 Research Data Discovery Service 的元数据模型与 DataCite Metadata Schema 相似[84-85],Research Data Australia 的元数据模型为 RIF-CS[86],它们均为通用元数据模型。此外,一些面向特定学科的发现系统也会采用通用元数据模型。例如,gesisDataSearch 使用都柏林核心(Dublin core,DC)作为它的元数据模型[47]。

基于通用元数据模型的融合方法的优点在于复杂度低、映射规则简单、易于实现,但是存在学科特有信息丢失的问题。Löffler 等[87]对生物多样性领域研究者的数据需求进行分析后发现，通用元数据标准（如 DataCite Metadata Schema）对用户需求的覆盖度较低，而学科领域元数据标准（如 ISA-Tab）能更全面地覆盖用户需求。因此，仅考虑通用信息的多源元数据融合方法在满足学科个性化数据需求上存在一定的困难。

（2）同时考虑通用信息和学科特有信息的多源元数据融合

为了保留更多信息，一些科学数据集发现系统在设计元数据模型时也会纳入学科特有信息。加拿大 FRDR 以 DC 为基础进行多源元数据的融合，他们制定了不同元数据标准到 DC 的映射方案[88]。任何无法映射到 DC 的字段，将保留原始的元数据信息，这些特有的元数据也会被索引，并可做出更定制化的搜索[79]。DataMed 构建了 DATS 元数据模型，该模型包括核心元素和扩展元素 2 个部分：核心元素较为通用，适用于任何类型数据集的描述；扩展元素用于特定学科数据集的描述，目前 DATS 包括一个初始的面向生命、环境、生物医学领域的扩展元数据集合[89]。

引入学科特有信息的多源元数据融合方法的优点在于可保留更多信息，有助于满足学科用户个性化的数据集检索需求，提升检索效果。考虑了学科因素，会导致映射规则增多、模型复杂度上升、系统实现和维护难度加大。因此，该多源元数据融合方法通常在面向特定领域的科学数据集发现系统中应用。

2.1.3.2 元数据质量与丰富

元数据是当前科学数据集检索最主要的依据，其质量的高低直接影响到数据集的检索效果。已有大量研究对科学数据集的元数据质量进行分析，并在此基础上探索如何利用各种技术手段和外部资源来丰富数据集的元数据信息。

（1）科学数据集的元数据质量

与传统文献信息的组织主要通过专业人员对资源进行描述不同，科学数据仓储中的元数据主要由用户提供。由于缺乏控制，元数据普遍存在质量问题。对 Drayd、BioSample、BioSamples、Gene Expression Omnibus 等科学数据仓储的分析发现[90-93]，元数据存在错误、不一致、不规范等问题；一些平台还允许用户自定义元数据信息，使得元数据字段存在重复、不一致等问题。科学数据集发现系统采集的元数据来自科学数据仓储，由于来源仓储的元数据存在缺失等质量问题，因此发现系统获取的元数据质量不高。对 DataONE 分析发现，其元数据字段在标识、发现、评价、获取、集成 5 个方面的完整度均在 70% 及以下[94]。一些发现系统采集的元数据格式并非科学数据仓储底层使用的元数据模型，由于元数据格式转换等原因，因此采集的元数据质量降低。例如，绝大多数科学数据仓储底层并不使用 schema.org 和 DataCite Metadata Schema，各仓储为了能够被谷歌索引及从 DataCite 获取 DOI，会按照相应规则进行格式转换，这一过程存在信息的损失，以及规则和编程失误等导致的元数据错误。因而，Google Dataset Search 采集的元数据存在"可能出错的地方都会出错"的问题[37]，DataCite 大量推荐和可选的元数据字段缺失严重[95]。

在构建科学数据集发现系统时，由于元数据存在错误、不规范等问题，需要对其进行大量清洗和规范化，发现元数据中频繁出现的模式，制定相应规则来消减错误。例如，Google Dataset Search 从 schema.org 元数据的多个字段中提取文件格式、下载地址、DOI 标识符，对不同格式的日期进行规范化[37]。由于元数据存在信息缺失的问题，需要利用各种手段和外部资源来对其进行补充，丰富数据集的描述信息。

（2）科学数据集的元数据丰富

目前，研究和应用中对元数据丰富的探索主要包括：提取元数据中的重要实体、获取数据集的关联文献、利用外部资源来补充数据集信息等。

数据集元数据中包含一些重要实体（如主题词、地名实体、医学实体等），通过提取这些实体，可为后续数据集检索功能优化奠定基础。Lafia 等[96]使用命名实体识别工具从标题、描述和关键词中识别主题词和地理位置，并将识别的实体链接到美国国会图书馆规范主题词和 DBpedia 地理位置中。gesisDataSearch 使用实体识别工具从元数据中识别出命名实体，并使用 OpenStreetMap 来确定地名实体的坐标位置[47]。DataMed 拥有生物医学命名实体识别模块，该模块用于为每个数据集提取一些语义概念集合[46]。通过将元数据中的重要实体提取出来，并关联到外部的语义概念资源库中，可为后续基于概念、地理位置进行检索提供必要信息。

数据集的关联文献可用于描述数据集的使用环境，关联文献的元数据、引用上下文可提供更多检索点，同时关联文献也可用于评估数据集的价值。目前，数据集关联文献的获取主要包括2种方法：通过 DOI 来识别文献对数据集的引用和通过文献全文挖掘识别数据集标题和链接地址。基于 DOI 的方法较为准确可靠，在实际应用中使用较多。例如，Google Dataset Search 通过 DOI 实现了数据集与谷歌学术中文献的关联[97]，DataCite 通过在文献全文中搜索匹配 DOI 来实现与数据集的关联[98]。由于数据引用不规范，文献中大量的数据引用并没有 DOI，而主要通过数据集标题、URL 地址等实现引用。通过对文献全文进行分析挖掘，可提取该引用信息。Tsunokake 等[99]基于 URL 识别文献引用的数据集。Ghavimi 等[100]通过人工参与数据集标题与文献全文中句子的匹配与判断，半自动地提取对数据集的引用。Nestorov 等[101]基于词性标注获取实体对象，并通过对实体前后相邻单词的评分来进一步确定数据集实体。Lu 等[102]利用机器学习分类方法，以及数据集标题与 URL 链接在不同文献中的共现情况，来识别数据集标题及其对应的链接。Kumar 等[103]则基于深度学习模型 SciBERT 识别文献中引用的数据集。由于通过文献全文挖掘识别数据集关联文献的方法不能达到完全准确的效果，因此在实际中应用较少。

此外，一些研究者也探索利用外部资源来补充数据集信息，这些补充的信息可能会存在不准确，但也能在一定程度上提高检索匹配效果。由于数据集的描述信息中可能会缺失研究领域等重要信息，而这些信息可能在来源数据仓储的"关于"页面中存在，因此 Karisani 等[104]利用该信息补充对数据集的描述。Wei 等[105-106]从生物医学领域数据集中识别出连接到基因表达数据库（gene expression omnibus）的序列记录，收集序列记录的摘要、标题、总体设计3个字段的信息用以丰富数据集的描述。Singhal 等[107-108]使用数据集标题在学术搜索引擎中进行检索，将检索出文献标题、主题词作为数据集的扩展上下文信息。Farshidi 等[109]利用主题模型计算领域关键词与数据集的相似度，并依据相似度得分为数据集补充领域关键词。

2.1.3.3　数据集组织方法述评

在多源元数据融合方面，由于采集的元数据都主要映射到一个数据通用元数据模型中，很多数据集的发现系统无法提供更加精细的检索功能。例如，除了查询词检索外，DataCite Search 仅有注册年、资源类型、隶属机构3个字段的筛选功能；Elsevier DataSearch 仅有数据类型、来源、来源类型3个字段的筛选功能；Google Dataset Search 也仅有更新日期、下载格式、使用权限、学科、是否免费5个字段的筛选功能。同时，由于映射过程中学科特有信息的丢失，查询匹配的效果会受到影响。为了保留更多学科信息，有必要建立一个以通用信息为基础，以各学科特有信息为扩展的统一元数据模型。虽然 DATS 元数据模型朝该方向前进了一步，但是只有特定学科的扩展信息，本质上仍是学科领域元数据模型。因此，有必要对现有各个学科领域的元数据模型进行分析，建立一个通用的、能涵盖各学科领域的统一元数据模型。在模型构建中，除了考虑国际上主流的元数据标准，也应将国内相关元数据标准（如中国科学院制定的《生态科学数据元数据》（GB/T 20533—2006）、《土壤科学数据元数据》（GB/T 32739—2016）等标准[110]）作为重点进行考虑。

在元数据质量与丰富方面，现有研究主要通过人工统计分析来发现元数据中存在的质量问题，有必要建立一个面向科学数据集检索的元数据质量评价体系及自动化评价方法，对采集到的元数据质量进行评估，并应用于检索排序中（优质数据集可能会有更丰富的描述信息）。在数据集和文献关联识别中，现有应用主要通过 DOI 来识别关联关系，但绝大多数文献对数据集的引用缺乏 DOI 信息。目前，通过文献全文来挖掘识别数据集引用的研究还很少，相关研究也仅在特定学科的小批量数据集上进行方法探索，识别精准度不够高。在图情领域，对文献中研究方法等实体的识别做了许多探索，数据集也是一类重要的实体，现有研究还相对缺乏专门针对数据集实体识别的探索。此外，当前科学数据集发现系统都只采集数据集的元数据，缺乏对数据集内容的挖掘利用。据笔者调研，目前仅 Chen 等[111-112]利用机器学习方法从数据集中表格数据内容生成模式标签，用来补充元数据信息，以及 Castelo 等[113]从数据内容中提取摘要信息（如属性的取值范围、均值、方差等）用于检索匹配。事实上，数据集本身也包含丰富的信息（如数据文件名称、说明文档、数据内容等），这些信息能够被部分采集到（如文件名称、说明文档），将这些信息补充到元数据中，将有利于优化数据集检索匹配的效果。

2.1.4 数据集检索

现有科学数据集的检索主要采用基于关键词的检索模式，即用户给定表达其需求的查询词，检索系统对数据集的相关性进行评分，依据相关性降序排序数据集并返回给用户。目前，数据集检索相关研究主要在传统信息检索模型的基础上，通过查询扩展来提高召回率，通过相应排序优化算法来提高检索精度。

2.1.4.1 查询扩展方法

自然语言中普遍存在同义词、近义词、概念包含等关系，针对用户在数据集检索过程中的行为研究表明，用户的查询词很短[114-116]，通常不会包含其信息需求的所有词汇表达。为了提高科学数据集检索的召回率，已有大量研究对查询扩展方法进行探索，包括基于本体的查询扩展、基于搜索结果的查询扩展、基于词向量的查询扩展，如表2.2所示。

表2.2 查询扩展方法

查询扩展类型	利用的资源、方法与工具	来源文献
基于本体的查询扩展	由领域专家构建的仪表领域本体	李丽亚等[58]
	基于已有标准、术语库，结合专家审核构建林业领域本体	张乃静[59]
	UMLS Metathesaurus	Chen 等[46]
	Kyoto Encyclopedia of Genes and Genomes、HGNC	Karisani 等[104]
	NCBI E-utilities	Wei 等[105-106]
	Medical Subject Headings	Wright 等[60]
	NCBI 基因数据库、NCBI 分类法、Unified Medical Language System	Bouadjenek 等[61]
	Medical Subject Headings、Entrez Gene	Scerri 等[62]
	Open Thesaurus、Thesaurus for the Social Sciences	Dulisch[117]
	EnvThes 及对其翻译的多语言版本	Vanderbilt 等[118]
基于搜索结果的查询扩展	利用垂直搜索引擎对 Wikipedia 和 NCBI 网站的检索结果进行查询扩展	Karisani 等[104]
	利用谷歌检索结果进行查询扩展	Wei 等[105-106]
	基于数据集检索结果中文本内容的伪相关反馈	Bouadjenek 等[61]、Karisani 等[104]、Cieslewicz 等[120]
	基于数据集检索结果中文本内容、时间和空间的伪相关反馈	Takeuchi 等[122-123]
基于词向量的查询扩展	Word2vec	Teodoro 等[124]、Wang 等[125]
	fastText	Scerri 等[62]、Cieslewicz 等[120]

（1）基于本体的查询扩展

本体是对概念体系明确的、形式化的、可共享的规范说明，它给出了领域中共同认可的概念之间的相互关系。通过本体资源库中的同一概念的不同表达、上下位概念等关系可以对用户查询进行有效扩充。目前，基于本体的查询扩展主要应用在面向特定学科的数据集检索研究中。例如，仪表领域[58]、林业领域[59]、生物医学领域[46,60-62,104-106]、社会科学领域[117]、生态学领域[118]。一些科学领域在长期的数据管理实践中，会更倾向于使用领域叙词表中的词汇描述数据集，这使得通过领域本体可以更好地检索数据集。例如，Porter[119]对生态学领域科学数据进行分析后发现，相比一般的关键词，在 LTER 叙词表中的词能够更好地检索数据集。此外，多语言版本的本体资源还能实现跨语言检索。例如，Vanderbilt 等[118]使用 EnvThes 检索多语种的生态学数据集。目前，基于本体的查询扩展方法在一些学科领域数据集检索系统中已有应用，如 DataMed[46]。由于本体的研制成本高，缺乏足够精细和覆盖面的通用本体资源，因此，该方法在通用数据集检索中的应用受到限制。

（2）基于搜索结果的查询扩展

查询词的搜索结果中会包含一些与查询相关的词汇，这些相关词也可用于查询扩展。目前，在基于搜索结果的查询扩展方法中，主要利用 2 类搜索结果。一类是来自外部检索系统的搜索结果，如 Karisani 等[104]使用商业垂直搜索引擎获取的维基百科和 NCBI 网站检索结果中的词来扩展查询，Wei 等[105-106]基于谷歌检索的结果来扩展查询；另一类是来自内部数据集检索系统的搜索结果，这类方法也被称为伪相关反馈。基于伪相关反馈的查询扩展在研究中探索的较多，但是大多数主要使用数据集检索结果中的文本内容来扩展查询[61,104,120]。相关用户研究表明，数据集检索中包含时间、地理位置的查询的占比高[115-116,121]；在一些学科领域（如地球系统科学），数据集元数据信息中的地理位置、时间信息对于相关性判断十分重要，因而有必要将时空因素纳入检索排序中。为此，Takeuchi 等[122-123]提出了基于时间和空间的伪相关反馈方法，来获取与初始数据集检索结果具有相似时空分布的数据集。与本体查询扩展方法相比，基于搜索结果的查询扩展不依赖于人工构造的资源库，能够适应不同的应用领域。但由于搜索结果具有一定数量的噪声词，会降低其查询扩展的质量。

（3）基于词向量的查询扩展

基于深度学习的词向量能够表达词汇之间的语义关系，已有研究者将其应用于科学数据集检索的查询扩展之中。例如，Teodoro 等[124]、Wang 等[125]基于 Word2vec，Scerri 等[62]、Cieslewicz 等[120]基于 fastText 训练获得词向量对查询进行扩展。词向量可以基于不同语料文本训练得到，如数据集的元数据、科学文献数据，不同语料训练得到的词向量会影响查询扩展的效果。Teodoro 等[124]在 bioCADDIE、PMC、Medline 3 个语料上训练 Word2vec，结果显示在 Medline 上训练的词向量效果更优。此外，通过不同模型获得的词向量质量也有所不同，Scerri 等[62]和 Cieslewicz 等[120]研究发现 fastText 较 Word2vec、GloVe 具有更优的效果。与本体方法相比，基于词向量的查询扩展方法能够适应不同的应用领域，只要提供足够的领域文本，便可以自动获取高质量的词向量。

2.1.4.2 排序优化方法

为了提高科学数据集检索的精度，一些研究将检索过程分为两个阶段。在第一阶段，使用高效的检索方法（如向量空间模型、BM25 模型）在数据集的元数据中检索，获取候选的相关数据集。这一阶段通常会进行查询扩展，以提高召回率。在第二阶段，取前一阶段排名靠前的数据集，使用更加精细的方法对数据集的相关性重新评分。目前，在第二阶段检索结果排序优化中主要包括 2 类方法。一类是基于启发式规则计算数据集的相关性，如 Teodoro 等[124]对查询和数据集自动分类，将与查询类别相同的数据集的得分进行提升；Wang 等[125]统计数据集元数据中与查询具有相同实体的数量，将实体数量多的数据集得分进行提升；Wang 等[126]从查询和数据集中提取重要概念，并基于查询和数据集中概念的语义相似度（如 Wu-Palmer 相似度）对数据集进行排序；Wei 等[105-106]考虑查询中不同词的重要性，使用伪顺序依赖模型（pseudo sequential dependence，PSD）对数据集的相关性重新评分。另一类是使用机器学习方法从训练数据中学习排序规则，如 Karisani 等[104]基于手工制定的特征（BM25 得分、词频、逆文档频率等），使用 MART 学习排序算法对检索结果重新排序。目前，由于科学数据集检索领域缺乏大规模标注数据，学习排序方法效果不佳，而基于启发式规则的检索结果优化方法不需要训练数据，因而研究应用的相对较多。此外，一些研究也利用代数的方法来提升检索效果，如刘春蔚等[127]针对日地空间科学数据集，利用潜在语义索引来检索数据集。

2.1.4.3 检索方法述评

现有科学数据集的检索主要依赖传统信息检索模型，对科学数据本身特性的挖掘不够。在科学数据集发现系统中，DataMed[46]、gesisDataSearch[47]、DataCite Search[128]基于 ElasticSearch，Elsevier DataSearch[53]、Mercury[129]基于 Solr 实现数据集搜索，相应的检索模型基本都为经典的向量空间模型、概率模型等。在科学数据集检索方法研究中，也都主要在传统信息检索模型的基础上，通过查询扩展等方法来优化检索结果。相关用户研究表明，科学数据集检索与文献和网页检索存在差异[130-132]。例如，数据集查询词非常短[114-116,121]，包含更高比例的数字、时间、地理位置等信息[115-116,121]，元数据和数据内容在查询匹配中都具有重要的作用[133]，数据集的可检索性分布更加不均匀（即一些数据集被检索到的概率远高于其他数据集）[134]。目前，科学数据集的检索主要基于元数据文本匹配，对查询中时间、空间等特性关注度不高，仅 Takeuchi 等[122-123]提出了基于时间和空间的伪相关反馈方法。

查询词不一定能有效地表达用户数据需求，有必要对其他信息检索模式进行探索。目前，只有少量研究对非关键词检索模型进行了探索。对于一些科学领域的数据，使用数据范围（如水温、时间、空间范围）能更好地表达用户需求，Megler 等[135-137]构建了 Data Near Here 系统，使用基于距离的指标来衡量查询范围和数据集范围的相似度，据此来检索排序海岸带观察数据集。现有数据集检索系统主要基于倒排索引来检索匹配元数据文本，对其他数据结构的探索较少。Zhang 等[138]研究探索了适合不同类型查询（字符串、数字）的最优数据结构（如哈希表、Trie、自平衡搜索树等）。对于特定学科领域，科学数据的同质性更高，用户学科个性化数据需求更多，因而有必要寻找更适合学科用户需求的信息检索模式，提高数据集检索的效果。

测评数据对检索模型的比较和发展具有重要的作用，现有科学数据集检索研究领域缺乏高质量、大规模的测评数据。据笔者调研，目前仅在生物医学领域 bioCADDIE 组织了数据集检索挑战赛[49]，并公开其数据集[139]，但是该数据集的标注数量非常有限；此外，也有一些针对政府数据集的测评数据[140-141]，虽然政府数据集也可用于研究，但是与科学数据仓储中共享的数据集仍然存在一定的不同。当前，深度学习方法在文档检索领域有较多的研究和应用，诸如 BERT 排序模型取得了比传统检索方法更优的效果。由于深度学习模型需要大规模标注数据，现有测评数据集无法满足深度学习模型的训练要求。测评数据的缺失，导致检索算法无法公平地比较，也会阻碍科学数据集检索方法的研究和发展。因此，需要进一步加强科学数据集检索领域高质量、大规模测评数据的建设，丰富通用领域、各个学科领域可用的测评数据集。

除了直接对科学数据集进行检索，还可以通过推荐相似数据集的方法，帮助用户发现感兴趣的数据集。Bernhauer 等[142]引入 Word2vec 等可感知上下文语义的模型来计算数据集之间的相似度，为检索结果推荐相似数据集；Nečaský 等[143]提出使用外部知识进行相似数据集推荐的模块化框架；Škoda 等[144]则给出了一个相似数据集推荐模型的评价框架。除了为数据集推荐相似数据集，还可以为文献检索结果推荐数据集。Keller 等[145]以文献元数据作为查询，基于 BM25 检索出相似数据集，在此基础上利用用户点击数据和深度学习模型对相似数据集重新排序。Wang 等[146]则结合引文网络、作者合作网络链接预测方法，以及基于 BERT 和 BM25 模型计算得到的相似度，进行数据集和文献的推荐。目前，已有一些数据集发现系统包含了相似数据集推荐功能，如 DataMed、Research Data Australia。由于数据集的元数据描述信息有限，相似数据集推荐可以利用引文网络、作者合作网络等信息，帮助用户找到关键词不匹配但有关联的数据集。因此，相似数据集推荐在数据集检索中也具有重要的研究价值。

2.1.5 检索结果综合排序

在 2.1.4 小节中，检索结果排序主要依据数据集与用户查询的主题性，然而主题性并不是用户选择数据集的唯一标准。通用搜索引擎在对检索结果排序时会考虑数百个因素，已有研究表明，用户也会考虑许多因素对科学数据集的相关性进行判断。本小节将对科学数据集检索综合排序中的相关性判据（relevance criteria）及排序方法研究进行梳理和总结。

2.1.5.1 相关性判据

对于科学数据集检索系统返回的结果，用户会根据一定的评价标准来判断其是否满足需求。目前，国内外已有学者对科学数据集检索中的用户相关性判据进行了探索，表2.3给出了现有研究中提及较多的相关性判据。

表2.3 相关性判据

相关性判据	含义	来源文献
主题性	数据与用户研究主题符合程度	赵华等[63]、高飞等[64,147]、张贵兰等[65,148]、刘建平等[66]、Gregory等[150]、Krämer[151]
可获得性	数据是否方便获取	赵华等[63]、高飞等[64,147]、张贵兰等[65,148]、刘建平等[66,149]、Gregory等[38,150]、Krämer[151]
质量	数据的优劣程度，如是否准确、有效	高飞等[64,147]、张贵兰等[65,148]、刘建平等[66]、Gregory等[38]、Krämer[151]
权威性	数据发布者（个人或者机构）的影响力	赵华等[63]、高飞等[64,147]、张贵兰等[65,148]、刘建平等[66]、Gregory等[150]
时效性	数据是否仅在一定时间段内有研究价值	高飞等[64,147]、张贵兰等[65,148]、刘建平等[66,149]
可理解性	数据是否容易理解和接受	高飞等[64,147]、刘建平等[66,149]、Gregory等[38]
新颖性	没有接触或者不熟悉的数据	赵华等[63]、高飞等[64,147]、刘建平等[66,149]
便利性	用户得到和使用数据是否方便	高飞等[64,147]、张贵兰等[65,148]、刘建平等[66,149]
规范性	数据采集过程和组织管理是否符合相关标准要求	高飞[147]、张贵兰等[65,148]、刘建平等[66,149]
可用性	数据获取后是否可用，不受认知或者格式等问题导致不可用	高飞[147]、张贵兰等[65,148]、刘建平等[66]
全面性	数据的覆盖面是否完整，没有缺失	高飞[147]、张贵兰等[65,148]、刘建平等[66]

在这些判据中，主题性最为重要[63-64]。用户主要通过数据集元数据中的标题、摘要、关键词等信息来判断数据集是否与主题相关，部分用户会在查看数据内容后做出最终判断。除主题性外，数据集的可获得性、质量、权威性也被国内相关研究提及较多[38,63-66,147-151]。科学数据集的开放程度不一，有不同的使用授权。如果数据无法或者难

以获取，即使主题性很高对用户来说也不具有价值。Gregory 等[150]通过用户调查发现，73%的用户认为可获得性重要或者非常重要，赵华等[63]通过用户访谈发现可获得性的重要性仅次于主题性。科学数据本身的准确度和有效性直接影响到研究结论，因而数据集的质量对于相关性判断非常重要。张贵兰等[65]通过访谈发现，数据集质量出现的频次排第 2 位，仅次于主题性；而通过问卷调查发现质量的重要性排第一位。权威性在数据集相关性判断中也具有重要的地位，它本质上反映的也是数据集的质量，来自高权威性作者和机构的数据集，能使用户相信其具有较高的质量[151]。Gregory 等[150]通过用户调查发现，71%的用户认为数据来源的声誉重要或非常重要。张贵兰等[65]通过问卷调查发现，权威性的重要程度排第 3 位，仅次于质量和主题性。除以上相关性指标外，时效性、可理解性、新颖性、便利性、规范性、可用性、全面性等指标在研究中也有较多的提及。此外，用户相关判断依据会随着学科特点而变化，Gregory 等[38]研究发现天文学、地球和环境科学、生物医学、田野考古、社会科学的相关性判据也都有所不同。

2.1.5.2 综合排序方法

目前，科学数据集检索相关的研究和应用都主要基于主题性排序，对科学数据集的综合排序方法的研究还比较少，仅在少量相关性判据上进行了研究和应用探索。在数据集质量方面，Google Dataset Search 在检索结果排序中引入了元数据质量因素[37]。在数据集权威性方面，藤常延[152]引入 HITS 算法、黎建辉等[153-154]引入 PageRank 算法来衡量数据集的重要性。Google Dataset Search 也引入数据集所在网页的重要性对检索结果进行排序[37]。在数据集的可获得性方面，Research Data Australia 和 Google Dataset Search 分别提供了获取（开放、有条件开放、受限）、使用授权（允许商业用途、不允许商业用途）的分面筛选功能。

此外，一些研究利用计量方法对数据集质量进行评价，这对于科学数据集的综合排序也有参考价值。传统图情领域对文献等学术成果质量的评价主要采用基于引用的指标，Data Citation Index 可提供科学数据集的引用量。然而，当前科学数据引用不规范，数据集引用量极低。因此，一些研究探索利用替代计量指标来对数据集的质量进行测度。李龙飞等[155]通过获取地球系统科学数据共享平台中的使用数据来测度科学数据集的价值。在国外，加州数字图书馆、公共科学图书馆、地球数据观测网构建了"Making Data Count"服务，通过基于 PLoS 的文章级计量工具，为科学数据集提供来自 CiteULike、Twitter 等 13 个数据源的替代计量指标[156]。

2.1.5.3 综合排序述评

现有研究对科学数据集检索结果综合排序中的相关性判据进行了较多探索，但是缺乏对相关性判据量化方法的研究。目前，Google Dataset Search 在数据集排序中引入网页重要性排序指标，但是数据集所在页面常位于"长尾"部分且缺乏相互链接，排序差异通常不具有意义[37]。Data Citation Index 虽然包含数据集的被引情况，但当前科学数据引用不规范，绝大多数数据集都不具有引用量。替代计量指标数据的收集难度大，现有研究也还处于初步探索阶段。前述相关研究主要是在数据集的质量和权威性方面进行探索，其他诸如时效性、可用性等大量非主题性判据还缺乏关注。此外，用户画像类型多种多样（如Sharifpour等[157]对数据集检索系统的搜索日志进行分析，将用户搜索行为分为专家研究、专家搜索、专家探索、新手研究、新手搜索、新手探索共6类），不同用户掌握的搜索技能和数据需求存在很大差异，现有研究也缺乏对用户个性化相关性判据及其量化方法的研究，难以为用户提供个性化排序结果。

现有研究对用户相关性判据的探索主要采用用户问卷调查、访谈等方式获取数据，这些研究方法有助于得到可能影响排序的相关性指标，但是不能准确、可靠地分析出相应指标如何影响检索结果排序的质量。对检索结果综合排序的研究，需要以实际应用系统真实的用户需求和用户交互的详细日志为基础，通过控制变量，能更准确有效地分析出各相关性判据对检索效果的影响。由于多数研究者很难接触到实际数据集检索系统的后台数据，因此也需要加强公开可用的科学数据集搜索日志数据集的建设，以促进研究者对真实用户行为和相关性判据的深入分析。

2.2 理论基础与技术方法

本节主要对本书研究相关的重要理论基础和技术方法进行介绍，包括：相关性判断模型，信息检索模型，预训练语言模型。

2.2.1 相关性判断模型

信息检索中的相关性可以分为系统相关性（system-based relevance）和用户相关性（user-based relevance）[158-160]。系统相关性是指检索系统计算得到的用户查询与检索对象之间的相关度。系统相关性研究常常聚焦于主题性，布尔检索模型、向量空间模型、概率模型等信息检索模型都主要是在计算用户查询与被检索对象的主题性，信息检索模型将在2.2.2小节进行详细介绍。用户相关性是指用户感知到的检索对象与其信息需求之间的相关度。无论是检索模型的评价，还是应用系统的使用体验，最终都是由用户来做出判断。对用户相关性判断过程进行研究，构建用户相关性判断模型，有助于指导检索模型的优化。目前，在用户相关性判断的研究中还不存在一个统一的模型，不同的学者会根据实验发现和各自的理解构建不同的模型。本小节主要介绍对本书的研究有较大启发的2个用户相关性判断模型：一个是面向科学文献的文档选择模型，另一个是面向科学数据的相关性判断模型。

（1）面向科学文献的文档选择模型

Wang等[161]针对科学文献检索任务，通过对25位农业经济学领域的教师和研究生文献选择过程的分析，结合透镜模型（lens model）和消费价值框架（consumption value framework）提出了文档选择模型，如图2.2所示。在该模型中，文档由一组文档信息元素（document information element，DIE）进行表示，DIE也即标题、作者、摘要、期刊等信息，它们将作为用户相关性判断的线索。用户结合自身关于文档主题、作者、机构、期刊和文档类型等方面的知识，对文档信息元素进行分析、处理和判断，得到文档各维度的相关性判据，包括主题性、学科、质量、新颖性、权威性、可获得性等11个判据。在决策规则的指导下，基于文档的相关性判据，用户得到文档的价值判断，包括认知价值、功能价值、条件价值、社会价值、情感价值。基于价值判断，用户做出最终的决策，即接受、可能接受或拒绝某个检索出的文档。

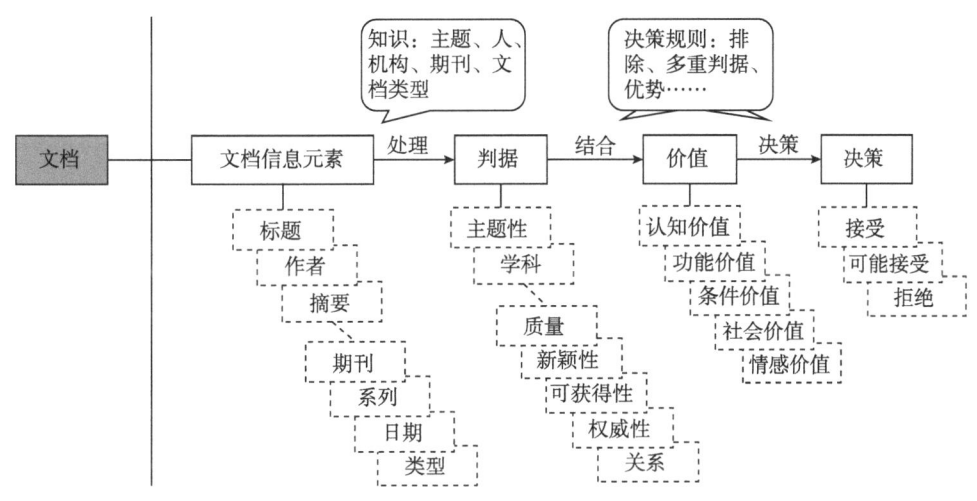

图2.2 文档选择模型

（2）面向科学数据的相关性判断模型

张贵兰[148]针对科学数据检索任务，基于刺激反应理论和透镜模型，提出了科学数据相关性判断模型，如图2.3所示。刺激反应理论认为人类的行为可以分为刺激和反应2个部分，依据该理论，科学数据的相关性判断就是对外部环境信息刺激进行反应的过程。对于科学数据检索来说，外部环境的信息特征即数据资源描述的元数据等信息。这些信息刺激用户形成线索，线索是用户对外部世界主观、抽象的初级感知，如题目中是否包含特定主题信息、作者机构是否知名等。用户对线索进一步加工形成相关性标准（判据），相关性标准为透镜模型中的标示物。相关性标准在用户脑中经过线性加权后（在透镜模型中多使用对线索进行线性加权的方式[162]），即可得到最终的相关性判断结果。此外，相关性判断会受到任务、用户和时间等外部因素的影响，并且用户的认知在搜索过程中会发生变化，使得相关性判断成为一个动态、多维的过程。

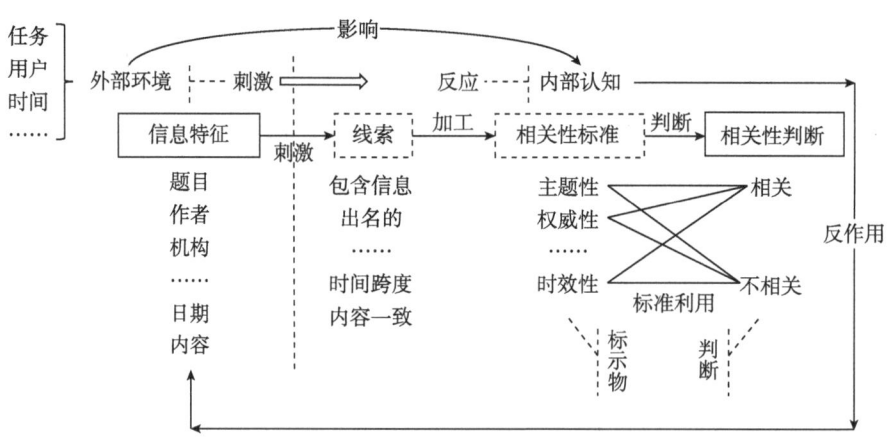

图 2.3　科学数据相关性判断模型

以上 2 个用户相关性判断模型具有较高的相似性，都是从被检索对象相关的信息特征出发，刺激用户并在其脑海中逐级进行信息加工直至形成最终的判断。区别在于，Wang 等[161]的文档选择模型在相关性判据和最终决策之间多了一层价值判断，而张贵兰[148]的科学数据相关性判断模型则在信息特征和相关性判据之间多了一层线索。在基于计算机的信息检索模型研究中，学者们主要关注主题性。而在用户相关性研究中，学者们普遍认为相关性是多维度的[159,163]，并提出了多维度相关性（multidimensional relevance）概念。因而以上 2 个相关性判断模型都具有相同的相关性判据层，包含了主题性、权威性、可获得性等多个维度。在本书第五章人文社科数据集检索结果的综合排序研究中，将基于这 2 个用户相关性判断模型构建人文社科数据集相关性判断理论模型。

目前，已有一些研究对多维度相关性进行实证研究和应用研究。Xu 等[164]针对 Web 检索，基于 Grice 的交流理论提出了相关性的五因素模型，包括主题性、新颖性、可靠性、可理解性、范围等 5 个相关性判据，其中主题性和新颖性是 2 个最基本的相关性判据。Zhang 等[165]利用心理测量学和众包方法对 Xu 等的五因素模型做了进一步的验证。Li 等[166]则针对 Web 搜索，扩展了 Xu 等的相关性五因素模型，提出了包含主题性、新颖性、可靠性、可理解性、范围、兴趣、习惯的扩充多维度用户相关性模型，基于必应搜索引擎日志并利用学习排序方法，分析各维度相关性判据对检索效果的影响。Putri[167]针对微博搜索，提出了影响微博相关性判断的 5 个维度，即主题性、信息性、可信性、有趣性、观点性，并初步分析了主题性与信息性相结合的微博检索效果。Pereira 等[168]针对文档检索，考虑主题性、覆盖度、适合性、可靠性 4 个相关性判据，以及各个判据的优先级顺序，提出了多维相关性的优先级聚合方法。在科学数据的检索中，相关研究也表明用户在做出相关性判断时也会考虑多种因素（详见 2.1.5.1 节）。在本书第五章中，将综合考虑这些多维度的相关性影响因素，并基于用户相关性判断模型构建综合排序方法，从而优化人文社科数据集的检索效果。

2.2.2 信息检索模型

利用计算机进行信息检索起源于20世纪40年代，随着当时科学文献信息的爆炸式增长及计算机可用性的提高，基于计算机的自动文档检索吸引了研究者的兴趣，自此信息检索领域逐渐形成，各种信息检索模型相继涌现[169]。信息检索模型可以看作一个排序函数，给定用户查询，它能够为不同文档打分，并根据打分结果对文档进行排序。具体地，一个信息检索模型由一个四元组$[D,Q,\mathcal{F},R(q_i,d_j)]$组成，其中$D$是文档集中文档逻辑表示的集合，$Q$是用户信息需求（查询）逻辑表示的集合，$\mathcal{F}$是对文档、查询及其关系建模的框架，$R(q_i,d_j)$是排序函数，它为查询表示$q_i \in Q$和文档表示$d_j \in D$赋予一个实数[170]。文档和查询通常建模为向量，根据向量各维度取值的情况，可将信息检索模型分为稀疏检索模型（sparse retrieval model）和稠密检索模型（dense retrieval model）。

（1）稀疏检索模型

稀疏检索模型将文档和查询表示为稀疏向量，即向量中绝大多数维度的取值都为0。诸如基于集合论的布尔模型、基于代数的向量空间模型、基于概率论的BM25（best matching 25）模型等绝大多数传统信息检索模型都是稀疏检索模型。在这些模型中，向量的各维度对应文档集中出现的所有词汇。对于布尔模型，如果词出现，则相应维度的取值为1，否则为0；对于向量空间模型，如果词出现，则相应维度取值为TF-IDF权重，否则为0；对于BM25模型，如果词出现，则相应维度取值为BM25权重，否则为0。由于文档或查询中出现的词汇与词汇总量相比数量很少，向量中绝大多数维度的取值都为0。BM25是目前应用最广泛的一种信息检索模型，也是信息检索研究中最常用的基准模型，本书研究中也会使用该模型。因此，以下内容以BM25作为稀疏检索模型的典型代表，介绍其模型原理。

BM25是一种基于概率论的信息检索模型，它在概率排序原则推导的基础上，经过一系列实验调优后，得到一个最佳模型（名称中的数字25表示第25次实验）。设查询为q，文档为d_j，k_i为查询或文档中出现的词，则BM25模型的排序公式如下：

$$\text{sim}_{BM25}(q,d_j) = \sum_{k_i \in q \wedge k_i \in d_j} \mathcal{B}_{ij} \times \ln\left(\frac{N - n_i + 0.5}{n_i + 0.5}\right), \quad (2.1)$$

$$\mathcal{B}_{ij} = \frac{(K_1+1) \times f_{ij}}{K_1 \times \left[(1-b) + b \times \frac{len(d_j)}{avg\_doclen}\right] + f_{ij}}, \quad (2.2)$$

式中，N为文档总数，n_i为包含词k_i的文档数量，f_{ij}为词k_i在文档d_j中出现的频率，$len(d_j)$为文档d_j的长度，avg_doclen为平均文档长度，K_1和b是2个常数，$K_1 \geq 0$，$b \in [0,1]$。

当 $K_1 = 0$ 时，$\mathcal{B}_{ij} = 1$（$f_{ij} = 0$ 时，也规定 $\mathcal{B}_{ij} = 1$），简化为 BM1 排序公式，即依据概率排序原则推导出的标准概率排序公式，该公式仅体现了词的逆文档频率；当 $b = 0$ 时，简化为 BM15 排序公式，引入了词频信息；当 $b = 1$ 时，简化为 BM11 排序公式，引入了文档长度归一化信息；当 $b \in (0, 1)$ 时，它变成 BM11 和 BM15 的结合体，同时包含了词的逆文档频率、词频、文档长度归一化 3 种信息，因而可以取得更好的排序效果。K_1 和 b 是根据经验确定的常数，有研究表明 $K_1 = 1$ 和 $b = 0.75$ 是一个相对合理的取值[170]，在 Lucene 等信息检索工具包中默认的取值为 $K_1 = 1.2$ 和 $b = 0.75$。

在稀疏检索模型中，为了实现用户查询与文档的快速匹配，常需要对文档进行预处理，建立倒排索引（inverted index）。倒排索引由词典和倒排记录表组成，词典为文档集合中出现的所有词的集合，词典中每个词对应有一个倒排记录表，倒排记录表中记录了包含该词的所有文档 ID（还可以记录词频等其他信息）。通过倒排索引可以快速查找到包含特定词的所有文档。目前，Lucene、Terrier 等信息检索工具基于倒排索引实现了常用的稀疏检索模型。

（2）稠密检索模型

深度学习模型（特别是基于 Transformer 的预训练语言模型，详见 2.2.3 小节）具有很强的特征抽取能力，已有越来越多的研究将其应用于信息检索。这类模型通常将文本和查询表示为低维（通常数百个维度，如 768 维）稠密向量（各维度的取值几乎都不为 0），因而也被称为稠密检索模型。

BERT 等基于 Transformer 的预训练语言模型可以将文本表示为固定维度的稠密向量，并且它们能够根据不同的输入文本生成上下文敏感的向量，具有很强的特征抽取能力。例如，"我在使用苹果电脑"和"我喜欢吃苹果"通过 BERT 可以为 2 个句子中的"苹果"输出不同的词向量，而 Word2vec[171]等静态词向量模型输出的却是同一个词向量。由于预训练 BERT 模型输出的向量存在非光滑各向异性（non-smooth anisotropy）[172]，直接基于该向量计算的文本相似度（如余弦相似度、点积等）无法反映真实语义。一些研究通过相关方法将模型输出的向量进行校正，使其更具有语义。例如 BERT-flow[172]、BERT-whitening[173]、SimCSE[174]等无监督方法，SBERT[175]、DPR[176]、ANCE[177]、SimCSE[174]等有监督方法。当前，基于对比学习的调优方法具有最优效果，DPR、ANCE、SimCSE 均采用了该方法，下面内容以 DPR 为例进行介绍。

稠密段落检索（dense passage retrieval，DPR）使用了 2 个 BERT 模型，分别用于将查询 q 和文档 d 表示为固定维度的稠密向量，如图 2.4 所示。对于 BERT 模型的输出，可以有多种取值方式，如取 [CLS] 对应的输出向量，或者取各输入词对应输出向量的均值等。DRP 采用了取 [CLS] 对应的输出向量的方法。在获取了查询和文档稠密向量表示之后，可以采用向量之间的余弦相似度、向量内积等方法计算相似度 $sim(\boldsymbol{v}_q, \boldsymbol{v}_d)$，DRP 采用向量内积来计算相似度。在模型训练中，取一个大小为 N 的小批量训练样本

$T_{batch} = \{(q_i, d_i^+)\}_{i=1}^N$，其中，$q_i$ 和 d_i^+ 为相关的查询和文档对。将它们分别输入到 BERT 中，输出得到稠密向量表示 $H_{batch} = \{(v_i^q, v_i^{d^+})\}_{i=1}^N$。基于对比学习的模型训练损失函数 l 为：

$$l_i = -\ln \frac{e^{sim(v_i^q, v_i^{d^+})}}{\sum_{j=1}^N e^{sim(v_i^q, v_j^{d^+})}}, \tag{2.3}$$

该损失函数的含义为：在一个小批量训练样本集合中，将 q_i 和 d_i^+ 作为正例对，q_i 和 $d_j^+(i \neq j)$ 作为负例对，优化模型使得正例对的相似度分数尽可能高，负例对的相似度分数尽可能低。在训练数据上完成调优模型之后，便可利用优化后的模型将用户查询和文档表示为稠密语义向量，并根据向量之间的相似度检索文档。在模型训练中，DPR 使用了 2 个 BERT 模型分别来表示查询和文档，也可以仅用同一个 BERT 模型同时表示查询和文档，如 ANCE、SimCSE 均采用该方法。

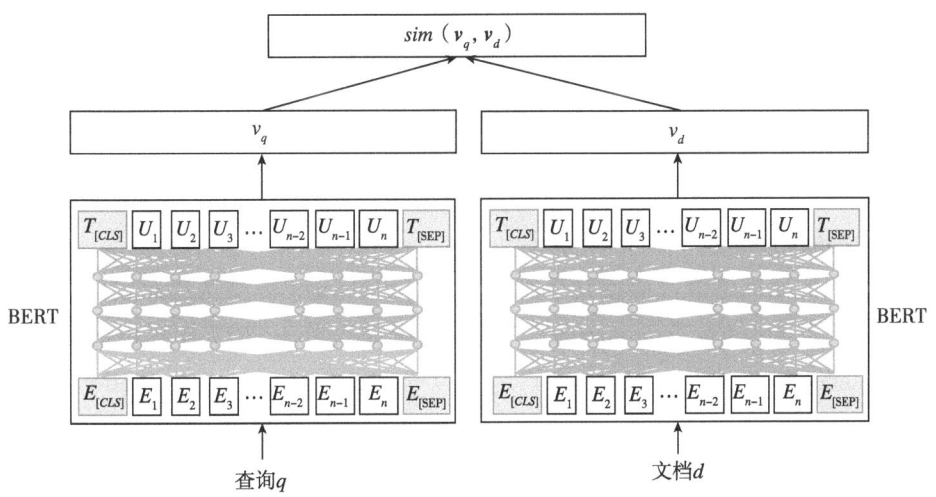

图 2.4　稠密检索模型架构

在稠密检索模型中，需要从文档向量集合中找出与查询向量最相似的若干文档向量，这一过程被称为最近邻搜索（nearest neighbor search，NNS）。与稀疏检索模型不同，稠密检索模型中的向量各维度几乎都不为 0，无法使用倒排索引实现高效排序。实现最近邻搜索，可以采用暴力搜索方法，即计算查询向量与所有文档向量之间的相似度，然后根据相似度对文档进行排序。在文档数量不多的情况下（如数万量级），这种方法可以在很短的时间内返回结果，但是在文档数量很大的情况下（如数千万量级以上），暴力搜索的延迟很大，难以满足用户快速搜索的要求。为了在大规模向量中进行高效搜索，近似最近邻（approximate nearest neighbor，ANN）搜索方法被提出，目前基于层次导航小世界图（hierarchical navigable small world，HNSW）[178]的方法具有最优的效果。Faiss[179]、hnswlib[180]等工具实现了这类搜索算法，其中 Faiss 不仅实现了近似最近邻搜索，也实现了基于暴力搜索的精准最近邻查找，同时还可以使用 GPU 加速搜索过程，能够实现十亿量级文档向量的快速查找[181]。

2.2.3 预训练语言模型

预训练语言模型（pretrained language models）是一种深度学习模型，属于人工神经网络研究范畴。人工神经网络起源于 20 世纪 50 年代，早期比较著名的模型包括：1958 年提出的感知机，20 世纪 80 年代提出的多层感知机和反向传播算法等[182]。这一时期计算机内存空间和计算能力有限，神经网络模型的层数较少，通常只有一个隐藏层。由于模型的参数规模较小，能够学习到的知识有限。2006 年，Geoffrey Hinton 在《科学》杂志上发表论文，正式提出了深度学习概念，该概念在随后十多年里产生了巨大影响。由于计算机内存空间和计算能力的不断增强，与早期只有一个隐藏层的神经网络相比，如今神经网络模型隐藏层的数量越来越多（因此被称为深度学习），并且大数据时代的训练样本量巨大，使得模型能够学习到丰富的知识，从而在计算机视觉、自然语言处理等领域大放异彩。在本书的研究中，主要使用近期在自然语言处理中展现出强大能力的基于 Transformer 的预训练语言模型。预训练的基本思想是：神经网络模型中的参数不再是随机进行初始化，而是通过相关任务进行模型的预先训练，得到一套初始参数取值，然后用它对模型做初始化，再进行训练[183]。

当前主流的预训练语言模型几乎都是基于 Transformer 模型构建而成的，因此有必要先对其进行简要介绍。Transformer[184]是谷歌研究人员于 2017 年提出的一种序列到序列（sequence-to-sequence，Seq2seq）的深度学习模型，原论文将其用于机器翻译，其输入是一种语言的文本序列，输出是另一种语言的文本序列。Transformer 的模型结构如图 2.5 所示，包括编码器（encoder）和解码器（decoder）2 个部分。图 2.5 左侧为编码器，负责从输入序列中提取特征，并输出语义特征向量。编码器由多个完全相同的神经网络模块堆叠而成，在每个神经网络模块中又由一个多头注意力层（multi-head attention）和一个全连接的前馈神经网络（feedforward neural network，FNN）层构成。图 2.5 右侧为解码器，将语义特征向量作为输入，生成目标序列。解码器也由多个完全相同的神经网络模块堆叠而成，其结构与编码器几乎相同，只是在掩码多头注意力层和前馈神经网络层之间多了一个将编码器输出和掩码多头注意力层输出进行交叉注意力的多头注意力层。在 Transformer 之前，编码器和解码器主要以循环神经网络为基本单元构建而成，Transformer 则创新性地使用注意力机制来实现编码器和解码器，它具有优秀的特征提取和并行计算能力，目前已经取代循环神经网络，成为自然语言处理领域最常用的神经网络结构。

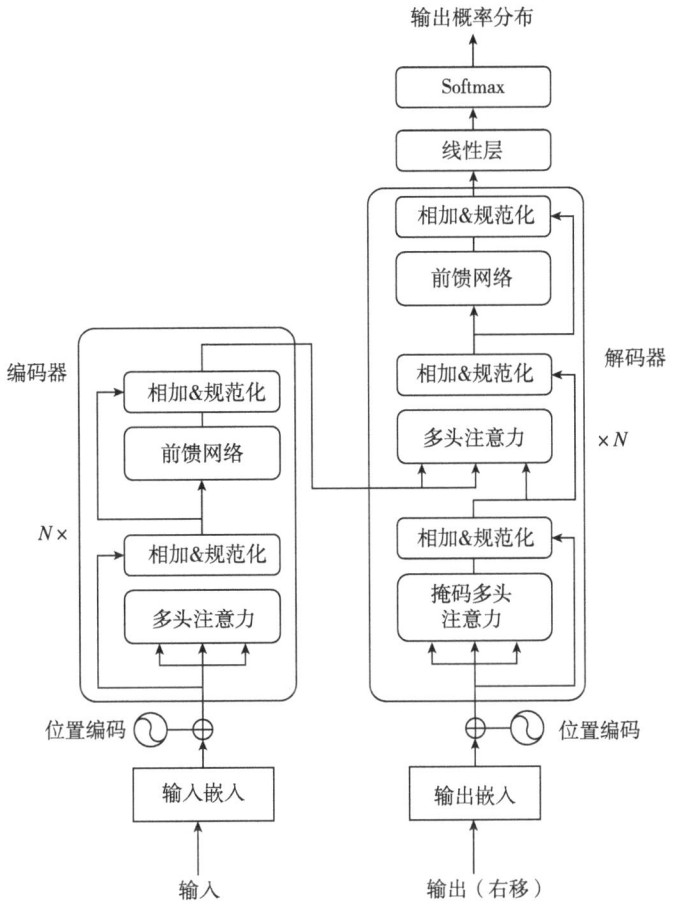

图 2.5 Transformer 神经网络结构

BERT[185]是一种基于 Transformer 的预训练语言模型,由谷歌于 2018 年提出,在当时刷新了问答、命名实体识别等 11 项自然语言处理任务的最佳效果,是自然语言处理领域中具有里程碑性质的模型。BERT 模型结构即为 Transformer 的编码器,它将模型的训练分为"预训练"和"微调"2 个阶段。在预训练中,使用海量自然语言文本数据进行自监督学习,这个过程主要包括掩码语言模型训练和下一个句子预测训练。掩码语言模型训练本质上是让 BERT 学习完型填空,将模型的输入文本中部分词掩盖,然后让模型预测被掩盖的词。下一个句子预测训练则是将 2 个句子输入到模型中,让模型预测这 2 个句子是否前后相连。预训练的目的是让 BERT 从海量自然语言文本中学习足够的通用语言知识,这个过程较为费时费力,如 $BERT_{BASE}$ 模型需要在 4 块 TPU 中训练 4 天。一旦完成了模型的预训练,便可利用该模型针对不同下游任务(如文本分类等)做微调,通过在任务特定的标注数据中进行训练,使得模型进一步学习到任务特定的知识。微调所需要的数据量和计算时间都相对较少,通常在 1 块 GPU 上训练数小时即可完成。

在BERT之后，大量基于Transformer的预训练语言模型相继出现，如ERNIE[186]、RoBERTa[187]、MPNet[188]等。这些模型都针对BERT的不足进行了模型结构或训练方法的改进。此外，还有诸如DistilBERT[189]、TinyBERT[190]、MiniLM[191]等经过知识蒸馏的小模型，能够让预训练模型在更小的内存空间中更快地运行。前述模型主要基于Transformer的编码器进行实现，擅长自然语言理解任务（如文本分类、命名实体识别等），在本书的研究中会大量使用该类模型。与之对应GPT[192]模型则基于Transformer的解码器进行实现，基于标准的语言模型训练方法进行预训练（即根据句子中前几个词来预测下一个词），因而GPT擅长自然语言生成任务（如问答、自动摘要等）。此后，一些模型尝试融合BERT和GPT模型，直接使用整个Transformer模型进行预训练，如BART[193]、T5[194]等，这使得模型不仅能够胜任自然语言理解任务，也能很好地完成自然语言生成任务。本书第四章研究中也会利用自然语言生成模型为数据集生成更多描述信息。

为了能够更加方便地构建和使用深度学习模型，许多深度学习框架相继被推出，如谷歌的TensorFlow、脸书的Pytorch、百度的PaddlePaddle等。在本书的研究中主要使用Pytorch进行模型构建和训练。BERT等模型的预训练需要在大量数据基础上进行长时间的训练，一旦完成预训练便可针对不同任务进行模型微调。为了减少耗时、重复的预训练过程，模型提出者通常会在特定平台共享预训练模型。HuggingFace是目前汇聚各种预训练模型的主流平台，本书研究中使用的预训练模型均来自此平台。

2.3 本章小结

随着开放科学和开放获取运动的发展，科学数据的共享与复用受到重视，互联网上科学数据集的数量迅速增长。为了帮助研究者从海量的科学数据集中快速地发现所需数据，科学数据集检索应运而生。本章对国内外科学数据集检索相关研究与应用实践进行广泛调研，分别从数据集采集、数据集组织、数据集检索、检索结果综合排序4个方面总结现有研究进展。总体来看，现有研究已经对科学数据集采集、组织、检索和排序方法进行了广泛的研究，有效地推动了科学数据集检索的发展，相关研究原型和实用检索系统相继推出。例如，涵盖多个国家、多个学科领域的通用检索平台，如DataCite Search、Data Citation Index、Elsevier DataSearch、Google Dataset Search、中国科学院Findata；面向特定国家的检索平台，如澳大利亚Research Data Australia、加拿大Federated Research Data Repository、英国Research Data Discovery Service；面向特定学科的检索平台，如生物医学DataMed、社会科学gesisDataSearch、地球与环境科学DataONE等。

理工科研究对数据的依赖程度更高，现有数据集检索研究和应用以面向理工科居多，对人文社科数据集的关注度较少。随着数据驱动研究在各个学科领域的广泛应用，人文社科研究也越来越多地依赖于数据。因此，本书聚焦互联网上开放人文社科数据集，对其检索方法进行探索。当前，数据集检索研究缺乏对数据集自身特征的深入了解，本书将以优化数据集检索为目的，对人文社科数据集的特征进行全面分析。现有科学数据集的检索方法主要利用传统信息检索模型对数据集的元数据进行检索，检索模型缺乏深层语义理解能力，本书将探索利用深度学习模型和元数据扩充等方法，提取查询与数据集的深层语义表示，实现更高质量的数据集检索效果。在现有研究中，数据集检索结果主要根据主题性排序，缺乏对各种相关性指标的量化研究，以及据此对数据集的综合排序。本书将对数据集检索结果的综合排序方法进行探索，并将其应用于人文社科数据集检索结果的排序。

为了给本书后续研究奠定基础，本章也对研究所使用的相关理论基础与技术方法进行了介绍，包括相关性判断模型、信息检索模型、预训练语言模型等。在相关性判断模型中，主要介绍了 Wang 等的文档选择模型[161]，以及张贵兰的科学数据相关性判断模型[148]。本书第五章"人文社科数据集检索结果综合排序模型的构建与实现"将基于这 2 个模型构建人文社科数据集相关性判断理论模型，并以此为基础构建综合排序的指标体系。在信息检索模型中，主要介绍了传统的稀疏检索模型，以及最新的基于深度学习的稠密检索模型。本书第四章"基于深度学习的人文社科数据集语义检索方法研究"将分别基于这两类检索模型，探索适合开放人文社科数据集的优化检索方法，包括基于元数据扩充的数据集稀疏检索方法、基于弱监督学习的数据集稠密检索方法。在预训练语言模型中，主要介绍了 Transformer 模型架构，以及基于 Transformer 的 BERT 等预训练语言模型。本书第三章"面向数据集检索的人文社科数据集的特征研究"会利用 BERT 模型识别数据集的关联文献，第四章"基于深度学习的人文社科数据集语义检索方法研究"会利用相关预训练模型实现数据集的稠密向量表示、补充描述信息的生成，以及检索结果的重排序。

第三章

面向数据集检索的人文社科数据集的特征研究

为了更好地检索和利用互联网上开放共享的人文社科数据集,需要对人文社科数据集的特征规律有深入的认识。为此,本章以数据集检索为目的,研究人文社科数据集的元数据、数据文件及关联文献的特征规律。

3.1 研究思路

图 3.1 给出了本章面向数据集检索的人文社科数据集特征研究思路,主要包括 3 个部分:数据采集、数据预处理、数据集特征分析。其中,数据集特征分析又包括元数据特征分析、数据文件特征分析、关联文献特征分析。数据集主要由元数据和数据文件组成。元数据提供了数据集的描述信息,能够帮助用户了解和认识数据集;数据文件是数据的载体,也是用户使用数据集时需要获取的最终内容。通过对人文社科数据集的元数据和数据文件进行分析,可以明确元数据能否提供足够的信息以支撑数据集的检索,掌握数据文件在检索中的价值,以及对其挖掘利用的难度与成本。除了元数据和数据文件,共享的人文社科数据集通常会支撑某些研究成果,从而存在关联的文献。关联文献与数据集有着密切的关系,通过对关联文献进行分析,可以挖掘其在数据集检索中的潜在价值。因此,本章从元数据、数据文件及关联文献 3 个角度对开放人文社科数据集的特征做全面分析。

数据采集主要包括数据集的元数据采集、数据文件采集、关联文献采集。为了采集数据集,首先需要确定待采集的数据仓储。笔者选择全球范围内基于 Dataverse[55] 开源软件构建的科学数据仓储平台作为待采集的仓储,利用各平台提供的 API 接口,采集数据集的详细元数据与数据文件信息(仅获取了数据文件的描述信息,如文件名、大小等,未采集数据文件内容)。为了分析数据集的关联文献,笔者利用多种方法从数据集的元数据中对其进行识别,并利用 Semantic Scholar[195] 获取文献详情。此外,为了将人文社科数据集与论文的元数据进行对比分析,笔者还从 Scopus[196] 数据库中采集人文社科期刊论文元数据。

第三章 面向数据集检索的人文社科数据集的特征研究

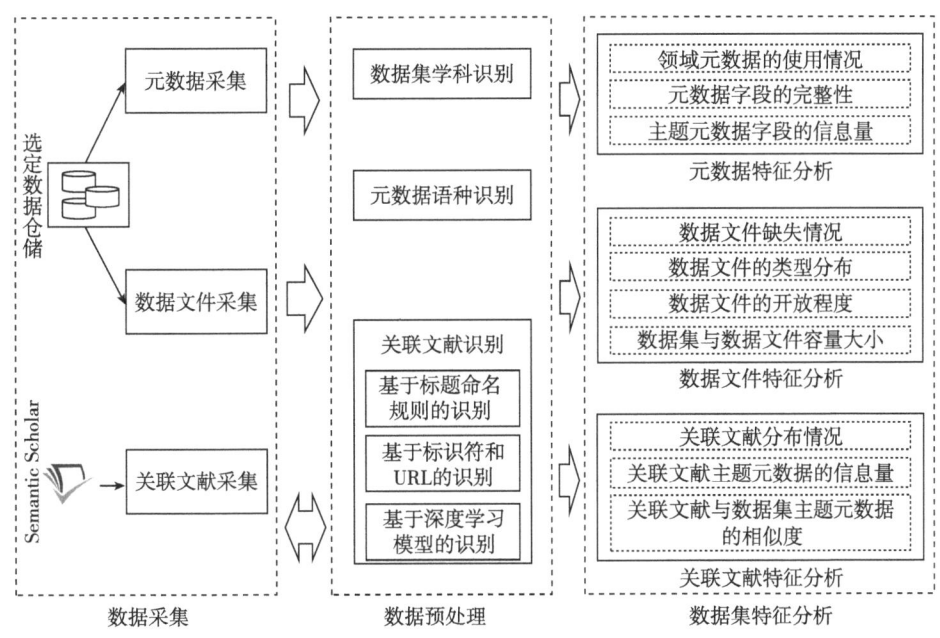

图 3.1 人文社科数据集特征研究思路

在数据预处理中，首先需要识别出数据集所属的学科领域，以便筛选出人文社科数据集，同时也便于将不同学科数据集进行比较分析。考虑到数据集来自不同国家，可能使用不同语种进行描述，为了便于后续利用自然语言处理相关方法对元数据进行分析，需要对元数据的语种进行识别。本章主要针对数据文件的外部特征进行分析，因而暂不识别数据文件内容的语种。数据仓储中存储的数据集可能会存在关联文献，为了对其进行分析，笔者利用数据集标题命名规则、"相关出版物"元数据中的标识符和 URL、基于深度学习模型分析引文文本等多种方法识别数据集的关联文献，并使用文献搜索引擎 Semantic Scholar 获取关联文献的详细信息。

在元数据特征分析中，主要包括 3 个方面的内容：领域元数据的使用情况，元数据字段的完整性，主题元数据字段的信息量。数据集的元数据通常会有标题、作者、关键词等通用元数据，但是这些元数据对数据集的描述不够深入，而领域元数据（如地理空间元数据、期刊元数据、社会科学和人文科学元数据）可提供更为细致的描述。通过对领域元数据的使用情况进行分析，可以掌握它们在数据集检索中的价值大小。元数据由不同的字段组成，描述数据集的元数据字段数量越多，则数据集拥有的检索点也越多。在元数据字段的完整性分析中，将分别以元数据字段和数据集为中心，对各元数据字段被人文社科数据集使用的比例情况，以及人文社科数据集元数据字段数量的分布情况进行分析。主题性是数据集检索中最为重要的相关性判据，它主要通过数据集的标题、摘要、关键词等进行判断[63-64]，这些字段的文本内容越多，越有利于查询与数据集的匹配。

在主题元数据字段的信息量分析中,将针对人文社科数据集的标题、关键词、描述3个元数据字段的文本长度进行度量和研究。

在数据文件特征分析中,主要包括4个方面的内容:数据文件缺失情况、数据文件的类型分布、数据文件的开放程度、数据集与数据文件的容量大小。数据集主要由元数据和数据文件组成,但是也存在一定比例的数据集仅有元数据,数据文件的缺失会给用户获取数据带来一定障碍,同时也会使得基于数据文件的分析挖掘变得不可行。因此,在数据文件特征研究中首先将对数据文件缺失情况进行分析。不同类型的数据文件挖掘利用的难度不同,一些数据文件(如doc、pdf等文档)包含了相对丰富的文本信息,能够方便地从其中提取内容并与用户查询进行匹配。在数据文件的类型分布研究中,将从文件后缀、文件的内容类型2个角度对各类型文件的占比进行分析。数据文件可能存在访问限制,受限的数据文件不仅阻碍了用户获取数据,也不利于采集程序自动抓取和对其的挖掘利用。在数据文件的开放程度研究中,将对完全开放、部分开放和访问受限的人文社科数据集的比例情况进行分析。由于采集数据文件所需的网络流量和存储空间远高于元数据,通过对数据集与数据文件的容量大小进行分析,可以更好地评估数据文件挖掘利用的成本。

在关联文献特征分析中,主要包括3个方面的内容:关联文献分布情况、关联文献主题元数据的信息量、关联文献与数据集主题元数据的相似度。科学数据仓储中存储的数据集主要用于支撑学者的科学研究,通常会存在关联的文献。关联文献与数据集的关系密切,具有补充数据集描述的潜在价值。通过分析人文社科数据集中关联文献的比例状况,可以摸清有大比例的数据集能够受益于关联文献的分析挖掘。关联文献主题元数据(标题、摘要等)描述了研究内容,其文本内容越多,则信息量越大,越有可能补充对数据集的描述。关联文献可能与数据集有着相同或相似的元数据,如果两者完全相同,则关联文献的元数据不具有补充数据集描述的潜在价值。在关联文献与数据集主题元数据的相似度分析中,通过测量两者的相似度,掌握其差异情况,从而可以弄清关联文献元数据对数据集补充描述的潜在价值。

根据前述研究思路,本章后续内容安排如下:3.2节对数据采集与预处理的情况进行介绍;3.3节、3.4节、3.5节分别对人文社科数据集的元数据、数据文件、关联文献特征进行分析;3.6节对本章相关研究内容进行讨论和总结。

3.2 数据采集与预处理

如第3.1节所述,数据集主要由元数据和数据文件组成。元数据是对数据集内容的简要描述,主要用于查找和理解数据集,方便用户使用数据集。数据文件也即数据内容,通常包含了数据本身,以及说明文档、代码等相关资料。图3.2给出了在哈佛大学Dataverse中共享的一个人文社科数据集的样例(DOI为10.7910/DVN/PBBKBF)。在图中上

第三章 面向数据集检索的人文社科数据集的特征研究

方为数据集的简要元数据,包括标题、描述、学科、关键词、关联文献等。从学科字段可以发现该数据集与社会科学相关,从关联文献字段中可以发现该数据集是一篇期刊论文的支撑数据。如果想要查看详细元数据,可点击页面下方的"Metadata"选项卡。在页面中下方的"Files"选项卡中,可以查看数据文件,文件可以是各种格式,如 tab、pdf、zip 等。一些数据集可能会多次修改,在"Versions"选项卡中可以查看历史版本数据集的相关信息(包括元数据、数据文件等)。

图 3.2 人文社科数据集的样例

科学数据出版主要有3种形式：作为数据论文出版、作为普通论文的支撑数据出版、独立的数据出版[197]。相应的，人文社科数据集与关联文献也主要存在3种关联关系：描述数据集的数据论文、普通论文的支撑数据集、普通论文对前人数据集的引用。前2种数据集的关联文献对应前2种数据出版形式，通常具有相同的作者。独立的数据出版通常是由一些专业研究团队构建的数据集（如"中国家庭追踪调查""中国历代人物传记资料库"等），供学术共同体使用，这些数据集会被许多其他的研究者使用并引用。本章主要从数据集的元数据出发识别关联文献，所获取的主要是前两种类型的关联文献。图3.3给出了数据集及关联文献的示例。图3.3（a）为南洋理工大学 DR-NTU（Data）中共享的一个数据集（DOI为10.21979/N9/F8ONAM），它的关联文献是一篇在 Scientific Data 中发表的数据论文，该论文对数据集的收集处理方法、数据内容等方面做了详细说明。图3.3（b）为哈佛大学 Harvard Dataverse 中共享的一个数据集（DOI为10.7910/DVN/PBBKBF），它的关联文献是一篇在 International Journal of Disaster Risk Reduction 发表的普通期刊论文，该数据集是这篇论文的支撑数据集。从图中可以初步发现，数据集和关联文献的描述信息存在一定差异，由于数据集和关联文献有着很强的联系，这使得关联文献的信息具有补充数据集描述的潜在价值。

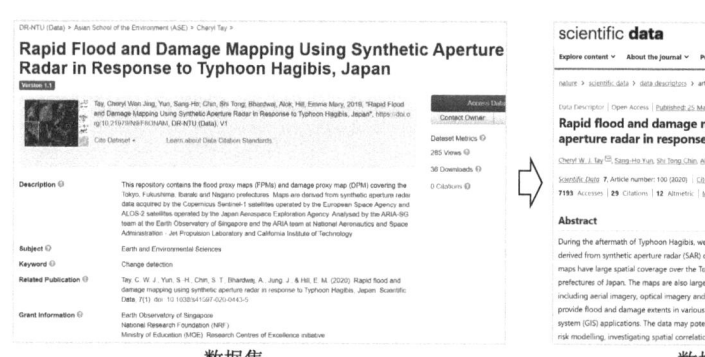

（a）数据集与关联的数据论文

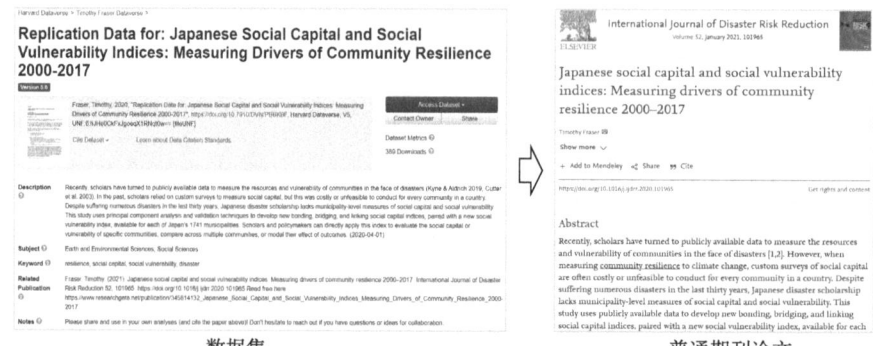

（b）数据集与关联的普通期刊论文

图3.3　数据集及关联文献示例

本节将对数据集的元数据、数据文件、关联文献等数据集相关信息的采集与预处理方法进行详细介绍，在此基础上对数据集的分布情况进行描述性分析，以期对所获取的数据集集合有一个整体的认识。

3.2.1 数据的采集

数据的采集主要包括数据集的采集、数据集的关联文献采集、人文社科论文采集。其中，数据集的采集最为重要，它又包括科学数据仓储平台的选择、数据集的元数据与数据文件信息采集。下面将对这些内容进行详细介绍。

1. 数据集的采集

（1）科学数据仓储平台的选择

人文社科数据集样本的选择会对研究结果产生影响，本章研究中选择以 Dataverse 为基础构建的科学数据仓储平台作为采集对象，主要出于以下 3 个方面的考虑。

①使用范围广，具有代表性。Dataverse 是一款知名的、开源的科学数据管理软件，在全球范围内具有很大的影响力，已被来自美洲、欧洲、亚洲、大洋洲和非洲等全球范围内的 96 所机构使用（截至 2023 年 2 月）。在哈佛大学部署的 Harvard Dataverse、在雪城大学部署的 Qualitative Data Repository 等被 *Scientific Data*、*PLoS One* 等期刊推荐为社会科学或综合性的数据仓储；诸如澳大利亚数据档案馆数据仓储（Australian Data Archive Dataverse）、奥地利社会科学数据档案馆（Austrian Social Science Data Archive，AUSSDA）、立陶宛社会科学和人文数据档案馆（Lithuanian Data Archive for Social Sciences and Humanities，LiDA）等国家级数据平台也基于 Dataverse 管理科学数据。因此，采集这些平台中的数据集进行分析具有很好的代表性。

②多学科数据集，便于比较分析。Dataverse 是哈佛大学定量社会科学研究所（Institute for Quantitative Social Science，IQSS）主导开发的科学数据管理软件，早期主要面向社会科学数据管理，因而 Harvard Dataverse 中社科类数据集占据主体。目前，Dataverse 已经发展成为综合性的科学数据管理平台，已被用于人文类、理工类等各学科数据集的管理，如比利时 Social Sciences and Digital Humanities Archive、波兰 Open Forest Data 等平台。这些平台中存在大量来自不同学科的数据集，可用于和人文社科数据集进行比较分析。

③基础设施相同，便于数据采集与处理。所选择的科学数据仓储平台都以 Dataverse 为基础构建数据管理平台，具有相同的系统架构、API 接口和元数据模型。因此，虽然需要采集的平台数量众多，但是都能够以相同的方式进行数据的采集、处理等工作，可以更加方便地将所有数据集汇集到一起作为一个整体进行分析。

为了确定待采集的科学数据仓储列表，2022 年 2 月 2 日，笔者从 dataverse.org 获取了来自全球范围的 76 个基于 Dataverse 的科学数据仓储平台，它们分布于美洲、欧洲、亚洲、非洲、大洋洲。其中，北美和欧洲的数量最多，约占总数的63%。绝大多数平台使用的Dataverse版本为4.X或5.X，仅1个平台使用3.X。由于Dataverse 4.0对系统做了重构，Dataverse 3.X版本的系统结构与之后版本存在较大差异，并且该3.X版本的平台中数据集的数量较少（仅92个数据集），因此不对其进行采集。此外，还有少量平台没有数据或者在采集期间无法访问，这些平台也未被采集。最终，确定的待采集平台共有69个，见附录B。

（2）数据集的元数据与数据文件信息采集

使用Dataverse的搜索接口（search API）[198]或者本地接口（native API）[199]中的Dataverse列表接口（如果搜索接口不可用）来获取科学数据仓储中的所有数据集ID，然后利用本地接口中的数据集JSON表示接口获取数据集的详细信息，该信息包含了数据集的详细元数据和数据文件信息。数据的采集时间为2022年2月3—10日，数据采集中仅采集各平台本地存储的数据集。一些平台还收割了其他来源的数据集，如Harvard Dataverse收割了DataverseNO等平台中数据集的元数据，采集这部分数据会导致重复（数据采集中会直接采集DataverseNO等平台）且信息不完整（仅元数据，缺乏数据文件），因此对于这些数据集本研究不做采集。最终，共采集了201 544个数据集（含人文社科及理工科等领域的所有数据集）。

2. 数据集的关联文献采集

在数据集的关联文献采集中，笔者利用Semantic Scholar匹配和获取文献的元数据。Semantic Scholar为艾伦人工智能研究所（Allen Institute for Artificial Intelligence）于2014年创立的一款人工智能驱动的学术搜索引擎，拥有2亿多篇文献记录。与其他文献数据库或搜索引擎相比，它提供功能丰富且免费的API接口，可以通过程序快速检索获取文献信息。在本章研究中，主要利用Semantic Scholar的关键词搜索API[200]和论文详情获取API[201]采集文献数据。在关联文献的采集中，首先需要在数据预处理步骤中识别出关联文献的标题和作者、标识符或URL等信息，然后根据以下2种方法获取文献详情（主要包括标题、作者、摘要、出版年、引用量等信息）。

①在已知文献的标题和作者的情况下：基于文献标题，利用关键词搜索API获取前10个检索结果；计算文献标题与检索结果中论文标题的编辑距离；选择编辑距离最小，且取值小于文献标题长度的1/10（从数据集元数据中识别出的关联文献标题可能与真实的论文标题不完全一致），且至少包含一个给定作者（从数据集中识别出的文献作者也可能会不完整）的论文作为数据集的关联文献。

②在已知文献的标识符和URL的情况下：根据文献的标识符（如DOI、ARXIV、PMID等），以及URL链接（主要为来自arxiv.org、aclweb.org、acm.org等网站的链接），利用Semantic Scholar的论文详情获取API采集关联文献的详细元数据。

3. 人文社科论文采集

将人文社科数据集的元数据与人文社科论文的元数据进行对比分析，可有效地揭示人文社科数据集的元数据特征。为此，笔者选择 Scopus 数据库，从中按照学科（包括艺术与人文，商业、管理和会计，决策科学，经济学、计量经济学和金融学，心理学，社会科学共 6 个学科）和年份（2011—2020 年）组合检索，从检索结果中批量下载前 2000 篇论文（Scopus 单个检索结果的最大下载量）。最终，从 Scopus 中共采集了 120 000 篇人文社科类英文期刊论文的元数据，包括标题、关键词和摘要等字段。

3.2.2 数据的预处理

数据的预处理主要包括数据集的学科识别、元数据的语种识别、关联文献的识别，下面分别对这 3 个方面的内容进行介绍。

1. 数据集的学科识别

Dataverse 的元数据中包含了学科信息，并将数据集的学科分为：社会科学（social sciences），人文和艺术（arts and humanities），商业和管理（business and management），法学（law），计算机与信息科学（computer and information science），工程（engineering），数学（mathematical sciences），物理（physics），化学（chemistry），天文学和天体物理学（astronomy and astrophysics），地球与环境科学（earth and environmental sciences），农业科学（agricultural sciences），医学、健康和生命科学（medicine，health and life sciences）共 13 个学科。几乎所有平台都采用了该学科分类，仅 2 个平台做了少量定制，即印度尼西亚的 Center for International Forestry Research、美国的 University of Virginia Dataverse。笔者将这 2 个平台定制化的学科映射到 Dataverse 标准的学科分类，如 University of Virginia Dataverse 的美术和表演艺术（fine and performing arts）映射到人文和艺术、天文学（astronomy）映射到天文学和天体物理学。

在 Dataverse 学科中，与人文社科相关的学科包括：社会科学、人文和艺术、商业和管理、法学。本章对人文社科数据集的分析主要基于元数据中包含有这 4 个学科的数据集。通常，商业和管理、法学可视为社会科学的一部分，在后文分析中，笔者将这 3 个学科归为一个，即社会科学。本章主要针对学科映射后的"社会科学""人文和艺术"数据集进行分析，为了对比不同学科的特点，也会将其他理工科数据集纳入分析范畴。

2. 元数据的语种识别

由于所采集的科学数据仓储来自不同的国家，因此不同平台可能会采用不同的语言来描述数据集，即使是同一个平台，也可能会有多种语言的描述元数据。后文研究中会利用自然语言处理相关方法来分析数据集的元数据，不同语种的文本所需要的处理技术不同。为此，笔者使用语言检测工具 langdetect[202] 来检测元数据的语种。具体地，从元数据中提取数据集的标题、关键词和摘要,将其拼接到一起,然后使用 langdetect 识别拼接后文本的语种,将该语种作为元数据的语种。

3. 关联文献的识别

笔者利用多种方法从数据集相关信息中提取关联文献,包括利用数据集的标题"Replication Data for"识别关联文献;利用"相关出版物"元数据字段中的标识符(如 DOI、arXiv、pmid 等)和 URL 链接识别关联文献;利用"相关出版物"元数据字段中的引文文本和深度学习模型识别关联文献。方法详情见第 3.5.1 小节。对于提取出的关联文献,利用 Semantic Scholar 的论文详情获取接口[203]得到论文的详细元数据,包括题目、作者、摘要、引用量等。

3.2.3 数据的分布情况

通过前述数据采集方法,从 69 个科学数据仓储中共采集了 201 544 个数据集的相关信息。为了对本章的分析对象有整体的认识,下面主要从平台、学科和元数据语种 3 个方面,对数据集的分布情况进行统计和分析。

1. 各平台数据集的数量分布

图 3.4 给出了各平台对应的数据集的数量分布(为了显示简洁,图中的仓储名称为简称,全称可查附录 B)。在这些科学数据仓储中,绝大多数平台的数据集的数量都相对较少,数量在 1000 以下的平台有 55 个,占比约 79.71%。仅 3 个平台中数据集的数量在 10 000 个以上,包括法国的 Data INRAe(INRAe 是法国国家级的农业、食品与环境研究所)、美国的 Harvard Dataverse、波兰的 Open Forest Data。Data INRAe 和 Open Forest Data 以医学、健康和生命科学为主体,包含少量其他学科数据集,Harvard Dataverse 以人文社科类数据集为主(占比约 70%),但也包含不少其他学科的数据集。

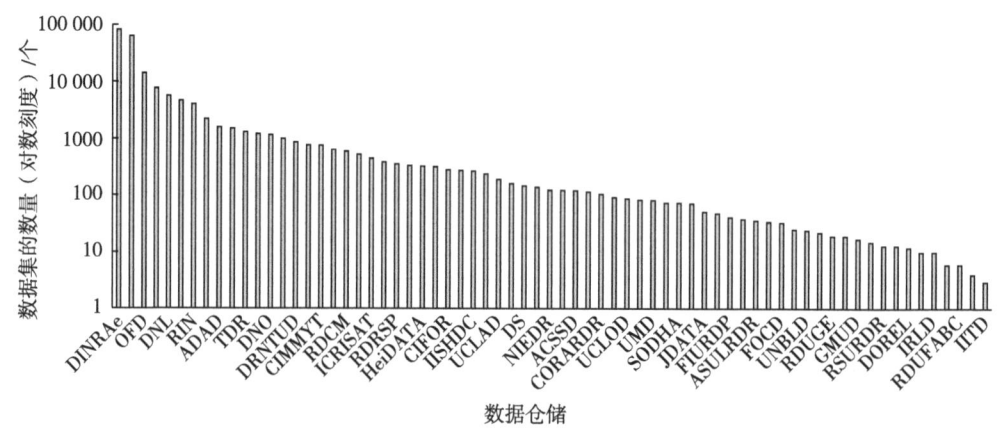

图 3.4　各科学数据仓储中数据集的数量分布

2. 各学科数据集的数量分布

在所采集的 201 544 个数据集中，社会科学数据集 38 279 个，人文和艺术数据集 24 414 个，人文社科数据集的总数量为 61 188 个（部分数据集会有多个学科）。表 3.1 给出了各学科对应的数据集数量，可以看出所采集的数据集分布的学科范围较广，涵盖了理科、工科和人文社科。其中，医学、健康和生命科学的数据集最多，社会科学数据集其次，人文和艺术数据集的数量居第 3 位，而其他理工科的数据集的数量相对较少。

表 3.1　各学科数据集的数量　　　　　　　　　　　　　单位：个

学科	数据集的数量	学科	数据集的数量
医学、健康和生命科学	104 361	工程	2725
社会科学	38 279	物理	2451
人文和艺术	24 414	化学	1373
地球与环境科学	13 671	天文学和天体物理学	969
农业科学	6090	数学	491
计算机与信息科学	3550	其他	6984

图 3.5 给出了各学科数据集在不同仓储分布的数量情况。从图中可以看出，社会科学数据集分布的仓储数量最多，达 61 个；地球与环境科学其次，达 51 个；人文和艺术数据集分布在 40 个仓储中；最少的天文学和天体物理学数据集也分布在 14 个仓储中。从以上对各学科的数据集数量和仓储数量的分布情况可以看出，每个学科均由来自大量数据仓储的众多数据集组成，因而以这些数据集为对象分析和比较人文社科数据集的特征，具有较好的代表性。

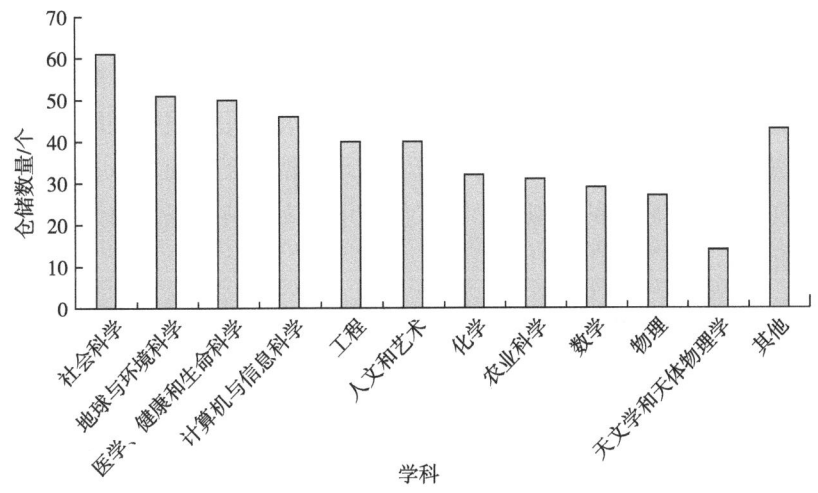

图 3.5　各学科数据集的仓储数量分布情况

3. 数据集元数据的语种分布

langdetect 识别的数据集元数据的语种多达 41 个，但是绝大多数语种的元数据的数量都很少。图 3.6 给出了数量最多的前 10 个语种对应的数据集元数据的语种分布情况。从图中可以看出，使用英语描述的数据集的数量最多，达 169 182 个，占比约为 83.94%。其他语种的数据集元数据的数量都很少，仅加泰罗尼亚语达 12 686 个，除此以外均小于 4000 个。考虑到英语描述的数据集占据绝对多数，因此在本章中利用自然语言处理技术进行文本分析时，主要选择以英语描述的数据集作为分析对象。

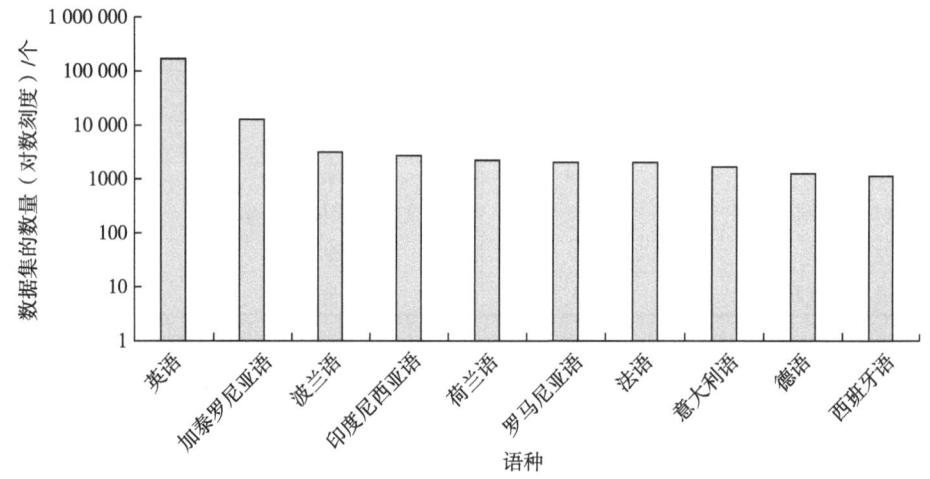

图 3.6　数据集元数据的语种分布情况（数量最多的前 10 个语种）

3.3　人文社科数据集的元数据特征分析

元数据是当前实现数据集检索的重要基础，为了分析元数据是否能够有效地支撑人文社科数据集的检索，本节将从领域元数据的使用情况、元数据字段的完整性、主题元数据字段的信息量等 3 个方面对其进行分析。在元数据特征方面，由于人文社科数据集与其他学科数据集具有较大的相似性，本节仅展示人文社科数据集的元数据特征，不做学科对比分析。

3.3.1　领域元数据的使用情况

数据集的元数据通常会有标题、作者、关键词、描述等通用字段，但是这些元数据字段对数据集的描述不够深入，领域元数据能够提供对数据集更细致的描述，可为数据集检索提供更多的检索点。本小节将对人文社科数据集的领域元数据的使用情况进行分析，以探究其能否有效地应用于数据集检索之中。

(1) 人文社科数据集的领域元数据整体使用情况

Dataverse 的元数据模型由一个必选的引用元数据（citation metadata）和多个可选的领域元数据（domain specific metadata）组成。引用元数据较为通用，包含了标题、作者、关键词、学科、描述等字段，可用于描述各个学科领域的数据集。领域元数据则面向特定学科或应用来丰富数据集的描述，如社会科学和人文元数据、地理空间元数据、生命科学元数据、期刊元数据等[204]。

在 69 个科学数据仓储平台中，拥有人文社科数据集的平台有 64 个，人文社科数据集的数量为 61 188 个。除了必须使用的引用元数据外，这些数据集使用最多的领域元数据，包括地理空间元数据、期刊元数据、社会科学和人文元数据，各类元数据模块对应的人文社科数据集的数量及仓储的数量如图 3.7 所示。其他被使用的元数据种类多达 24 个，但是对应的人文社科数据集的数量均小于 3600 个（即占比低于 5.88%），且相应的数据仓储数量也不超过 5 个。

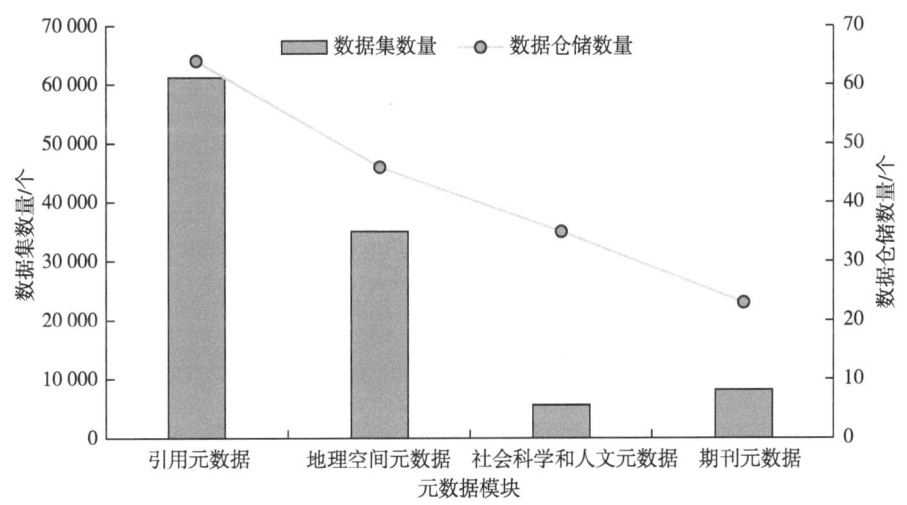

图 3.7 各类元数据模块对应的人文社科数据集的数量及仓储的数量分布情况

地理空间元数据用于描述数据集覆盖的地理空间位置，如国家、城市、经纬度等。在领域元数据中，地理空间元数据被使用的最多，在人文社科数据集中占比达 57.29%，相应的数据仓储数量也达到 46 个。期刊元数据用于描述数据集关联期刊的卷、期、出版时间等信息，虽然已有越来越多的期刊要求作者在发表论文时共享研究数据，但是共享的人文社科数据集中使用该类元数据的比例仍然比较低，仅为 13.36%，分布的数据仓储数量为 23 个。社会科学和人文元数据用于描述数据的样本空间、分析单元、时间维度、数据收集者、数据收集频率、收集方法等更深层次的内容。这些信息能够帮助用户更好地理解数据集，并可为数据集搜索系统提供更丰富的检索点，然而该元数据仅被 9.15%

的人文社科数据集使用,分布的数据仓储数量为35个。

(2) 领域元数据在各数据仓储中的使用占比情况

图3.8、图3.9分别给出了46个使用过"地理空间元数据"、35个使用过"社会科学和人文元数据"的数据仓储中相应的人文社科数据集的数量,及其使用地理空间元数据、社会科学和人文元数据的比例。由于期刊元数据仅包含期刊的卷、期等少量信息,检索的价值相对不高,故此处不做详细分析。

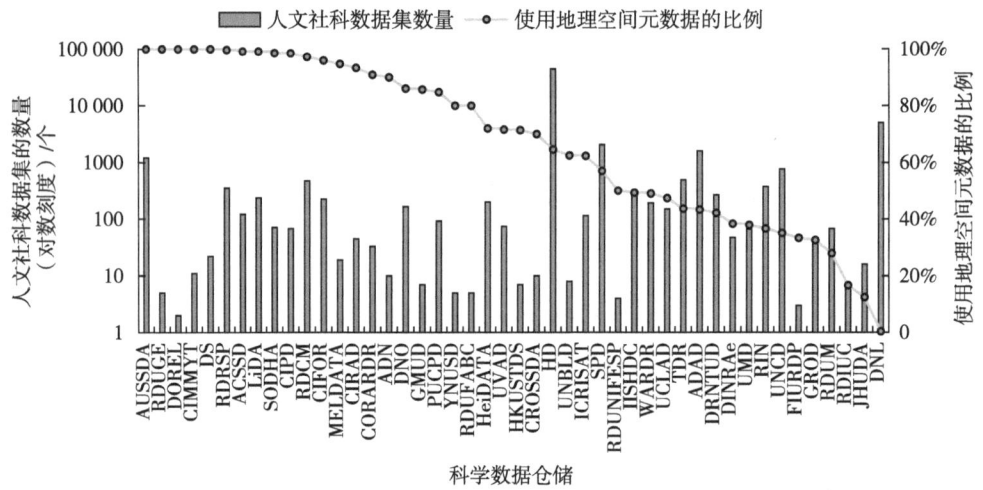

图3.8 各平台人文社科数据集使用地理空间元数据的比例

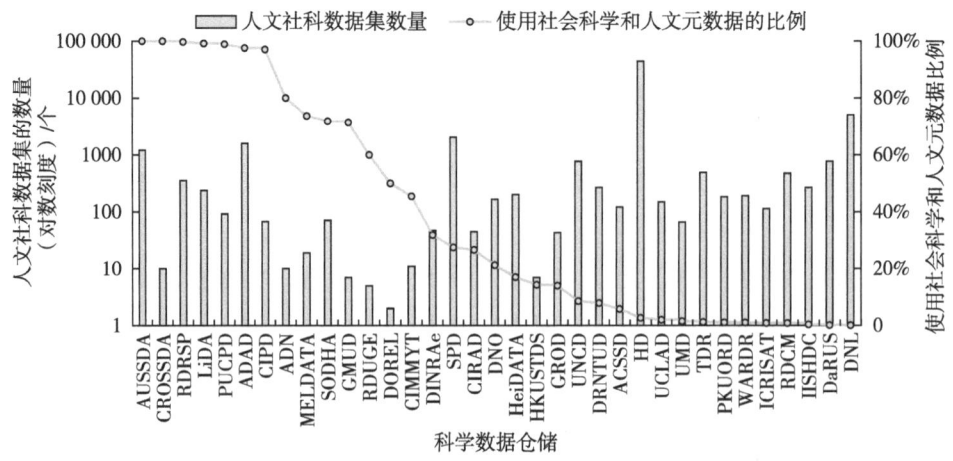

图3.9 各平台人文社科数据集使用社会科学和人文元数据的比例

从图中可以看出,部分平台使用这2种领域元数据的比例非常高。例如,奥地利社会科学数据档案馆(Austrian Social Science Data Archive,AUSSDA)、法国的巴黎政治学院研究数据仓储（Research Data Repository of Sciences Po，RDRSP）、立陶宛社会科学和人文数据档案（Lithuanian Data Archive for Social Sciences and Humanities，LiDA）使用2种领域元数据的比例均超过99%，比利时的社会科学和人文数据档案馆（Social Sciences and Digital Humanities Archive，SODHA）、黎巴嫩的阿拉伯社会科学理事会数据仓储（Arab Council for the Social Sciences Dataverse，ACSSD）使用地理空间元数据的比例超过98%，克罗地亚社会科学数据档案馆（Croatian Social Science Data Archive，CROSSDA）、澳大利亚数据档案馆数据仓储（Australian Data Archive Dataverse，ADAD）、秘鲁天主教大学数据仓储（Pontificia Universidad Católica del Perú Dataverse，PUCPD）使用社会科学和人文元数据的比例均超过97%。可以发现，使用领域元数据比例高的平台以面向人文社科的领域科学数据仓储为主。通用平台中人文社科数据集使用领域元数据的比例则相对较低，如加拿大的学者门户数据仓储（Scholar Portal Dataverse，SPD）使用地理空间元数据、社会科学和人文元数据的比例分别为57.01%、27.55%，美国的哈佛大学数据仓储（Harvard Dataverse，HD）使用的比例分别为64.59%、2.68%，荷兰数据仓储（Dataverse NL，DNL）使用的比例分别仅为0.34%、0.1%。

整体来看，互联网上共享的人文社科数据集使用领域元数据的比例较少，部分专业性强的数据仓储使用领域元数据的比例较高。对于发现系统来说，利用领域元数据增强数据集的检索功能仅对部分数据集有效。在领域元数据中，地理空间元数据的使用比例较高（达到57.29%），在2.1.4.3小节相关文献的研究中也发现数据集检索中包含地理空间查询的占比高。因此，地理空间元数据在人文社科数据集的发现系统中具有相对较大的应用价值。除此以外，期刊元数据仅对关联期刊的卷、期和出版时间进行描述，使用比例小，应用价值不高。社会科学和人文元数据包含了对数据集内容更为丰富的描述，但由于使用比例小（仅为13.36%），在发现系统中的应用价值也相对有限。不同科学数据仓储中使用领域元数据的比例差异极大，专业性更强的学科数据仓储通常包含了丰富的领域元数据。因此，在这些仓储中实现数据集检索时，可以利用领域元数据提供更为丰富的检索功能。

3.3.2 元数据字段的完整性

元数据由不同的字段组成，描述数据集的元数据字段数量越多，则检索系统可提供的检索点也越多，从而越有可能帮助用户查找到相关的数据集。在本小节中，将从2个角度对人文社科数据集的元数据字段的完整性进行分析：以元数据字段为对象，分析各字段被数据集使用的比例情况；以数据集为对象，分析其拥有的元数据字段的数量情况。

（1）各元数据字段被人文社科数据集使用的比例情况

图3.10给出了引用元数据各字段被人文社科数据集使用的占比情况。从图中可以看出，少量字段使用占比高，大多数字段使用占比较低。在Dataverse的引用元数据中，标

题（title）、作者（author）、学科（subject）、描述（description）、联系人（contact）为必填字段，这 5 个字段被人文社科数据集使用的比例高达 100%。存放时间（deposit date）、存放人（depositor）2 个字段在 Dataverse 系统的元数据录入界面中会填入默认值，其使用比例也超过 80%。关键词（keyword）字段被使用的比例为 72.53%，除此以外，其他字段的使用比例都低于 45%。事实上，这些低使用率的字段能够对数据内容进行更深层次的揭示，如数据种类（kind of data）、数据收集的时间（date of collection）、数据集的语言（language）、资助信息（grant information）等。

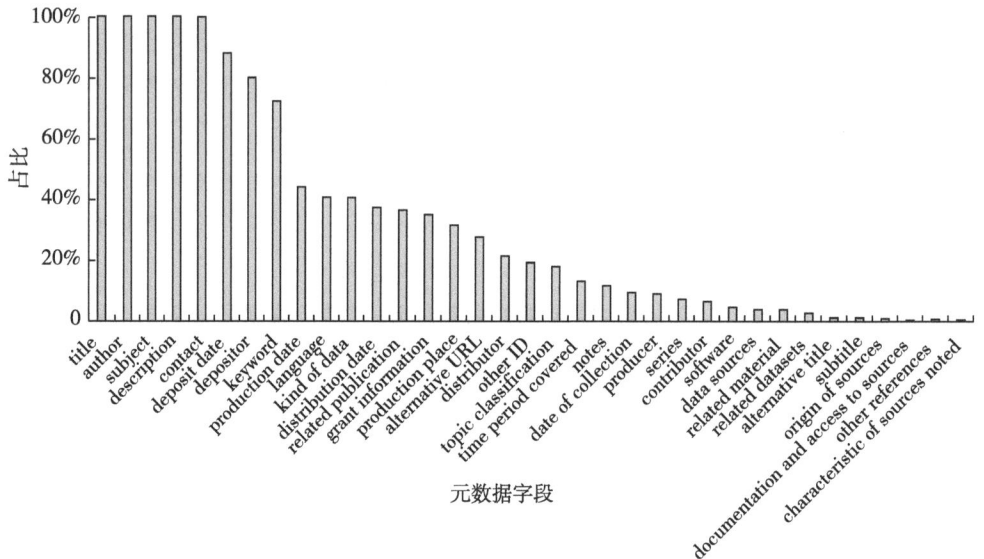

图 3.10　人文社科数据集中引用元数据各字段使用占比

图 3.11 给出了领域元数据各字段被人文社科数据集使用的占比情况。其中，左起第 1~3 根柱子为地理空间元数据、左起第 4~5 根柱子为期刊元数据、其他为社会科学和人文元数据。从图中可以看出，地理空间元数据的使用占比相对较高。其中，地理覆盖范围（geographic coverage）使用占比超过 50%，其他 2 个字段使用占比也在 30% 左右。对于期刊元数据、社会科学和人文元数据，其使用占比都低于 10%。由于占比非常低，数据集发现系统很难有效地利用这 2 个领域的元数据为用户提供更丰富的检索点。

（2）人文社科数据集元数据字段数量的分布情况

数据集元数据的字段数量越多，提供的描述信息越丰富，越有利于检索系统找到数据集。

图 3.12 给出了人文社科数据集元数据字段数量的分布情况。其中，黑色线条（三角形）为在所有人文社科数据集元数据上的统计结果。图中左侧点的取值较大，反映出元数据字段数量少的数据集较多。最小的元数据字段数量为 5 个（Dataverse 有 5 个必填字

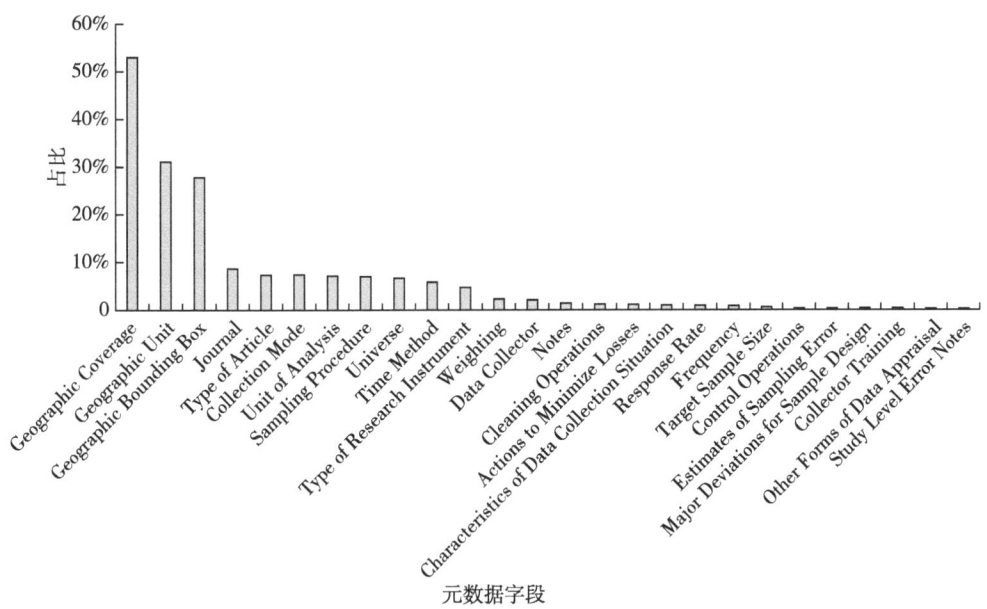

图 3.11　人文社科数据集中领域元数据各字段使用占比

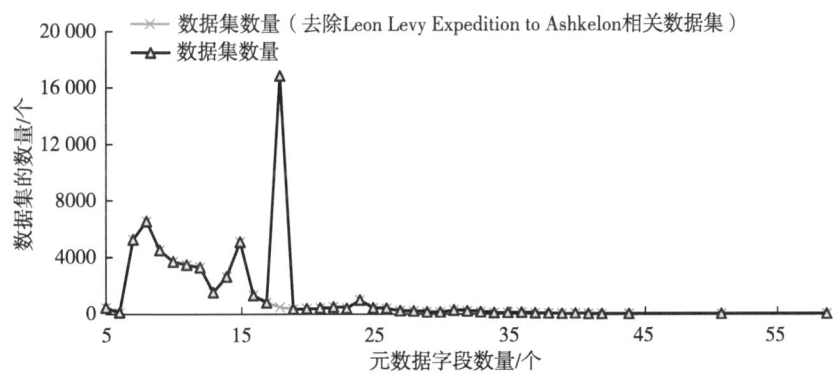

图 3.12　人文社科数据集元数据字段数量的分布

段），最大的元数据字段数量为 59 个，元数据字段数量在 7~18 个的数据集的数量最多，占比达到 89.91%。在字段数量为 18 个处有一明显异常，这是由于 Harvard Dataverse 中数据空间"Leon Levy Expedition to Ashkelon Dataverse Collection"下的数据集使用了统一的元数据描述字段，并且数据集的数量很多。将该数据空间下的数据集去除后统计（图中灰色线条和乘法符号），该点的取值变得较为平滑。去除异常点后，整体来看具有 8 个元数据字段的人文社科数据集的数量最多，随着字段数量的增加，对应的数据集的数量逐渐减少。

总体来看，在通用元数据中，主题相关的元数据字段（标题、描述、关键词）、所有者元数据字段（作者、联系人、存放人）的完整性较高；在领域元数据中，地理覆盖范围的完整性相对较高；除此以外，其他对数据集进行深层描述的通用和领域元数据字段的完整性都较低，难以被数据集检索系统所利用；绝大多数（占比 89.91%）的数据集拥有的描述字段数量在 7~18 个，仅少量数据集拥有非常多的描述字段。因此，对于人文社科数据集发现系统，通常仅能够依赖标题、描述和关键词进行主题检索，也可以对数据集的所有者相关字段进行检索，依据地理空间元数据和发布时间筛选数据集，其他元数据字段由于完整度很低，在检索系统中的利用价值较为有限。

3.3.3 主题元数据字段的信息量

数据集与用户需求的主题性是检索排序最重要的依据，在元数据字段中，标题、关键词、描述 3 个字段是描述数据集的主题内容最为重要的字段。元数据的描述文本越长，提供的信息量越大，数据集被查询匹配的概率也越大。共享的人文社科数据多由用户自由撰写，通常没有严格的质量控制。学术论文的元数据通常由作者、期刊编辑、审稿专家等经过仔细斟酌而形成，用词规范、质量很高。在本小节中，将针对人文社科数据集的标题、描述、关键词 3 个元数据字段的文本长度进行分析，并将其与文献的元数据进行对比，以揭示人文社科数据集的主题元数据字段所包含的信息量特征。

所采集的人文社科数据集的数量有 61 188 个，通过 langdetect 识别出的英文元数据的数量为 55 474 个，占比 90.66%。由于不同语言的特点不一样，如中文的一个字符（汉字）与英文的一个字符（字母）不具有可比性。因此，本小节以占主体的英文元数据为分析对象。英文中的基本语言单位为单词，通常以空格分隔。因此，在标题和描述 2 个字段的分析中，以空格分隔的单词数量来分析其文本的长度。关键词可能由一个或多个单词组成，但通常被视为一个整体。因此，在关键词字段的分析中，以关键词的数量来分析其所包含的信息量。

（1）标题字段的文本长度分析

当前，科学数据的管理规范还不够完善，许多数据集由用户自发地上传到科学数据仓储中共享，缺乏严格的审核机制和质量控制，这会使得用户提供的元数据相对随意。图 3.13 分别给出了人文社科数据集、人文社科论文的标题文本长度分布情况。从图中可以发现，对于描述规范、质量较高的人文社科论文的标题，其长度分布曲线非常光滑，趋近正态分布，均值为 11.92，众数为 10，随着两边文本长度的增加或者减少，对应的论文数量也逐渐减少。图中人文社科数据集标题的长度分布则与之呈现出鲜明的对比，其分布曲线非常不光滑，出现较大的波动。标题长度为 1 个单词的数据集的数量最多，占比达到 29.97%；标题长度为 12 个、4 个、13 个、11 个单词的数据集的数量也较多，分别占比为 6.00%、4.60%、4.50%、4.40%。对标题长度为 1 个单词的数据集进行分析发现，大多数的数据集标题以"A86_991.jpg"形式命名，还有一些诸如"COVID19WorkStressHealth""CRD""DIME+""ERRHS_Capital"形式的标题。可以发现，这些长度为 1 个单词的数据集标题命名不规范、含义不明确、过多使用英文简写,导致难以通过数据集的名称判断数据内容,进而使得检索系统难以准确地计算数据集与用户需求的相关性。

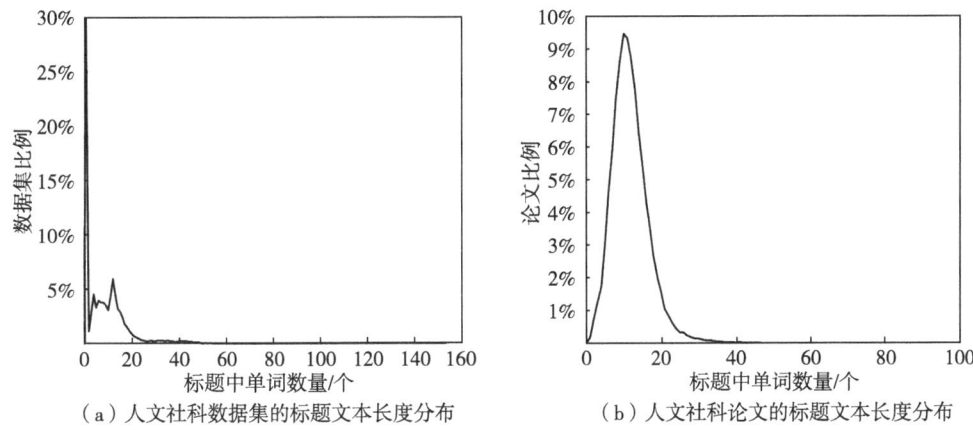

图3.13 人文社科数据集与论文的标题文本长度分布的对比

(2) 描述字段的文本长度分析

图3.14分别给出了人文社科数据集与论文的描述文本长度分布的对比情况。从图中可以发现,对于描述规范、质量较高的人文社科论文的描述(即摘要)文本,其长度分布曲线接近正态分布,均值为171.06,众数为155,随着两边描述文本长度的增加或者减少,对应的论文数量总体上也呈现出逐渐减少的趋势。

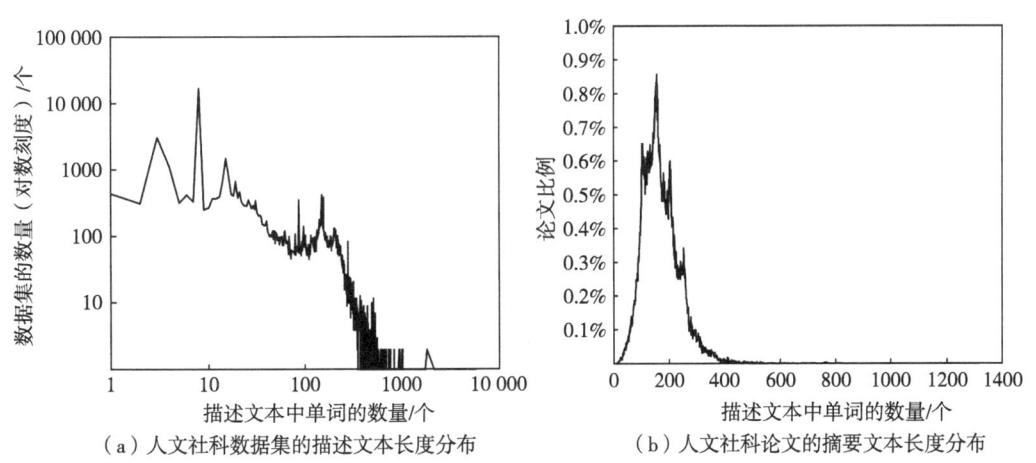

图3.14 人文社科数据集与论文的描述文本长度分布的对比

图3.14中人文社科数据集的描述文本长度分布则与论文完全不同。在对数坐标系下,图中的数据点大致呈现线性趋势,因而更加接近幂律分布。也即大量数据集的描述

文本非常短，少量数据集的描述文本较长。有 41.61% 的数据集的描述文本长度在 10 个单词以内；52.61% 的数据集描述文本长度在 20 个单词以内。长度较短的描述文本通常没有意义，如 "Desc" "Data" "N/A" "Newspaper" "see title" "Collected data" "Stata files" "VBM preprocessed Files" "No abstract available" 等描述文本几乎无法揭示数据的内容。与论文相比，人文社科数据集的描述文本长度的变化范围更广，最长达到 5579 个单词。数量众多的人文社科数据集描述文本稀少，这会严重影响依赖该字段的数据集检索效果。

（3）关键词字段的关键词数量分析

图 3.15 分别给出了人文社科数据集、人文社科论文的关键词数量分布情况。从图中可以发现，对于描述规范、质量较高的人文社科论文的关键词，其数量分布曲线也接近正态分布，均值为 4.90，众数为 5，随着两边关键词数量的增加或者减少，对应的论文比例总体上也呈现出逐渐减少的趋势。图中人文社科数据集的关键词数量分布则与论文完全不同。在对数坐标系下，图中的数据点大致呈现线性趋势，因而更接近幂律分布，即大量数据集的关键词数量非常少，少量数据集的关键词数量较多。有 62.38% 的数据集仅有 0 或 1 个关键词。大量人文社科数据集的关键词数量稀少，依赖该字段的数据集检索效果会受到影响。

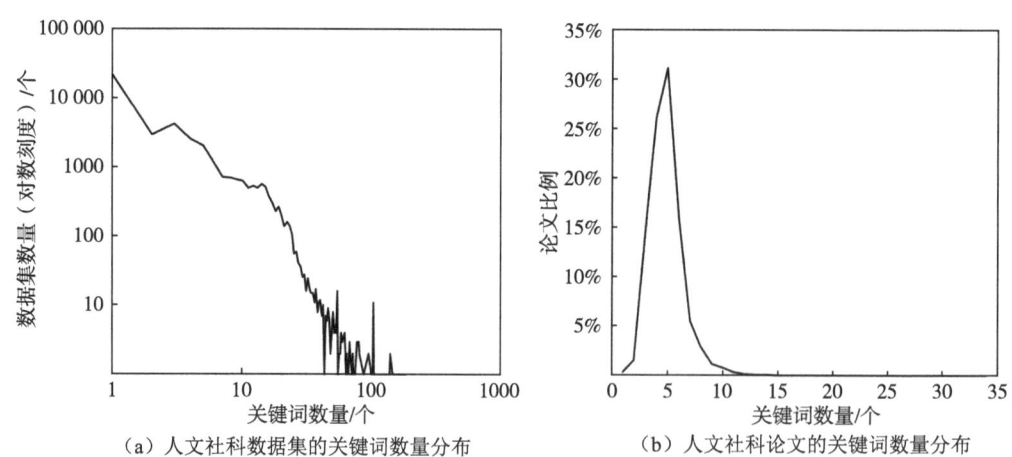

（a）人文社科数据集的关键词数量分布　　　（b）人文社科论文的关键词数量分布

图 3.15　人文社科数据集与论文的关键词数量分布的对比

整体来看，有 29.97% 的人文社科数据集的标题长度为 1 个关键词，41.61% 的人文社科数据集的描述文本长度在 10 个关键词以内，62.38% 的人文社科数据集仅有 0 或 1 个关键词。由此可见，人文社科数据集的主题元数据字段的信息量严重不足，与规范的人文社科论文元数据的信息量差距很大。这会导致基于元数据的数据集检索系统缺乏足够的信息将数据集与用户查询进行匹配，使得大量缺乏元数据信息的数据集无法被用户查找和利用。

3.4 人文社科数据集的数据文件特征分析

目前，在数据集的检索研究和应用中很少利用数据文件，本节将对人文社科数据集的数据文件特征进行深入分析，以期为人文社科数据集检索中数据文件的挖掘和利用提供参考依据。具体地，本节将对数据文件的缺失情况、数据文件的类型分布、数据文件的开放程度、数据集与数据文件的容量大小等方面进行分析。考虑到在数据文件特征方面，人文社科与其他学科的数据集存在较多的差异。因此，本节将会展示其他学科数据文件的特征，通过对比分析深入揭示人文社科数据集的数据文件特征。

3.4.1 数据文件的缺失情况

通常情况下，数据集包含了元数据和数据文件，但也存在一定比例的数据集仅有元数据信息。这些数据集的数据内容可能存储在其他位置，也可能是由于某种原因数据共享者未能上传。数据文件是数据内容的载体，数据文件的缺失会给用户获取数据带来一定障碍，同时也会使得基于数据文件的分析挖掘变得不可行。

图 3.16 给出了各个学科数据集中数据文件的缺失情况。从图中可以发现，人文和艺术数据集的数据文件缺失率最低，仅为 0.46%；社会科学的缺失率也较低，居第 5 位，为 2.71%；医学、健康和生命科学的缺失率最高，达到 80.78%（这是由于 Data INRAe 平台中大量数据集仅有元数据，去除该平台后，医学、健康和生命科学的数据文件缺失率为 14.35%，也高于其他学科，与化学的 13.04% 接近）。通过以上分析发现，相比于其他学科，人文社科数据集中数据文件的缺失率较低，这不仅有利于用户获取数据内容，也为基于数据文件的分析、挖掘和利用奠定了基础。

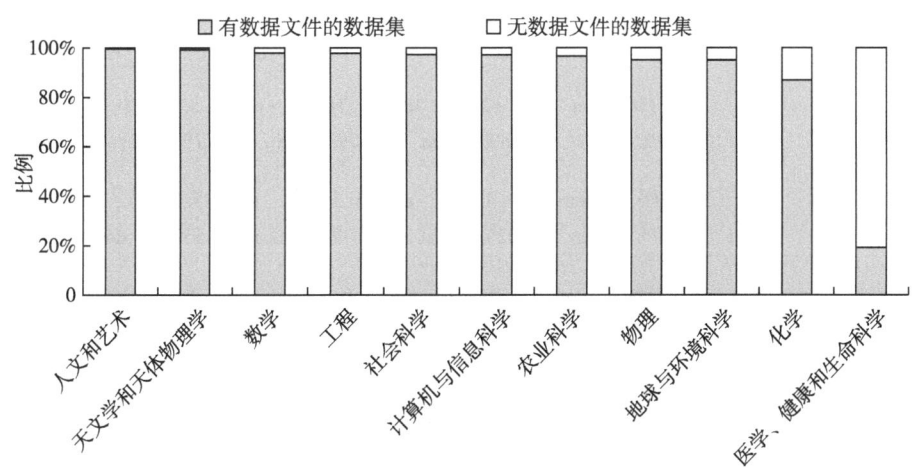

图 3.16 各学科数据集中数据文件缺失情况

3.4.2 数据文件的类型分布

不同类型数据文件挖掘利用的难度不同。一些数据文件（如 doc、pdf 等文档）中包含了相对丰富的文本信息，可以直接和用户查询进行匹配；另一些数据文件（如 jpg、png 等图像）中没有或者缺少文本信息，难以直接匹配用户查询。由于不同学科采集的数据的特点不同，其共享的数据文件类型也会有各自的特色。本小节将从文件扩展名、文件的内容类型 2 个角度对文件类型进行分析，并相互验证。

（1）按照文件扩展名进行分析

不同格式的文件常常具有特定的扩展名。例如，". xlsx"通常为 Excel 表格文件，". docx"通常为 Word 文档文件，". txt"通常为纯文本文件。表 3.2 给出了按照文件扩展名区分的各个学科主要的数据文件类型。从表中可以看出，不同学科占主导的文件格式存在一定的差异，如人文和艺术学科中 jpg 文件最多，社会科学中 pdf 文件最多，天文学和天体物理学中 fits 文件最多。

表 3.2 各学科主要的数据文件类型

学科	文件类型（TOP 10）
社会科学	pdf（13.74%），txt（10.99%），csv（10.79%），dta（8.19%），json（5.21%），do（4.95%），zip（4.42%），xlsx（4.14%），r（3.93%），jpg（3.58%）
人文和艺术	jpg（29.71%），fh（13.94%），txt（9.18%），tif（8.50%），xml（6.26%），pdf（5.14%），png（3.46%），arw（2.64%），zip（2.46%），csv（2.22%）
地球与环境科学	txt（21.73%），nc（18.42%），tif（12.14%），fh（7.37%），jpg（7.22%），png（2.86%），csv（2.72%），zip（2.66%），pdf（2.36%），xml（2.06%）
医学、健康和生命科学	dcm（15.84%），tif（11.94%），jpg（10.27%），roi（9.86%），csv（5.67%），mat（5.22%），txt（4.62%），gz（3.48%），pdf（2.46%），png（2.12%）
工程	jpg（24.77%），nc（20.12%），tif（8.18%），png（5.26%），fits（4.64%），mat（4.39%），csv（4.08%），txt（3.35%），zip（2.77%），arw（2.40%）
物理	txt（35.20%），dcm（24.49%），gz（6.51%），fits（5.01%），png（2.62%），mat（2.27%），npy（2.02%），tif（1.87%），mca（1.33%），dat（1.19%）
计算机与信息科学	jpg（37.78%），csv（9.81%），png（6.89%），tif（6.72%），txt（6.37%），mp4（3.60%），zip（3.09%），arw（2.68%），npz（1.49%），pdf（1.34%）
农业科学	xlsx（9.92%），csv（9.51%），tif（9.25%），pdf（8.09%），xls（7.95%），gz（6.31%），dta（6.16%），jpg（5.62%），zip（4.09%），txt（3.85%）

续表

学科	文件类型（TOP 10）
天文学和天体物理学	fits（28.20%）, nc（11.38%）, dat（9.12%）, gif（7.89%）, mat（7.54%）, uvfits（6.82%）, npy（6.39%）, gz（5.00%）, png（2.92%）, txt（2.25%）
化学	csv（10.94%）, png（7.81%）, xyz（6.08%）, mca（5.93%）, txt（5.87%）, nxs（5.19%）, mp4（4.61%）, tif（2.83%）, zip（2.74%）, gro（2.29%）
数学	fits（30.74%）, dat（14.84%）, txt（7.35%）, csv（6.59%）, net（3.03%）, jpg（2.79%）, vtu（2.60%）, graphml（2.55%）, rdata（2.44%）, stl（2.40%）

在社会科学数据集中，文档类型、表格数据类型的文件占据了主体。典型的文档类型文件包括 pdf、txt 文件，共计占比达 24.73%。典型的表格数据文件包括 csv、dta、xlsx 文件，共计占比 23.12%。此外，还有代码文件（do、r）、其他类型数据文件（json）、归档文件（zip）、图像文件（jpg）等。类型最多的前 10 种文件占社会科学数据集文件总数的 69.94%。

在人文和艺术数据集中，图像类型、文档类型的文件占据了主体。典型的图像文件包括 jpg、tif、png、arw 文件，共计占比高达 44.31%。典型的文档文件包括 txt、pdf，共计占比 14.32%。此外，还有 fh 文件（一种纯文本文件，仅来自荷兰 DataverseNL 平台）、xml 文件、归档文件（zip）、表格数据文件（csv）。类型最多的前 10 种文件占据人文和艺术数据集文件总数的 83.51%。

（2）按照文件的内容类型进行分析

用户在向数据平台上传文件时，主要基于 HTTP 协议来传输数据。HTTP 协议中的"Content-Type"指明了所传输数据的内容类型，如"text/html""application/msword"。Dataverse 中保存了数据文件的内容类型，并根据内容类型将数据文件划分为文档（document）、文本（text）、代码（code）、数据（data）、形状（shape，即地理空间类型的文件）、归档（archive，即 zip 等压缩文件）、图像（image）、音频（audio）、视频（video）、网络数据（network data，即 GraphML 图形描述语言文件）等种类[205]。图 3.17 给出了依据文件内容类型得到的社会科学、人文和艺术数据集文件类型分布情况（图中数值均按照小数点后保留 2 位有效数字进行了四舍五入，因此总和可能不等于 100%）。

在社会科学数据集中，数据类型的文件最多，占比 36.34%。如 csv、tsv、Excel 等表格数据文件，Stata、SAS、SPSS、MATLAB、R 等软件工具数据存储文件。文档、文本类型紧随其后，共占比 29.58%。文档类型如 PDF、Word 等文档文件，文本类型如 txt、RTF、Markdown、HTML、XML 等文本文件。第 4 大类为代码文件，如 R、SAS、Python、Java、MATLAB 等程序代码，占比 10.23%。其他诸如图像、音频、视频等文件则占比相对较少，这一分析结果与按照文件扩展名分析的结果一致，即社会科学数据集中，数据

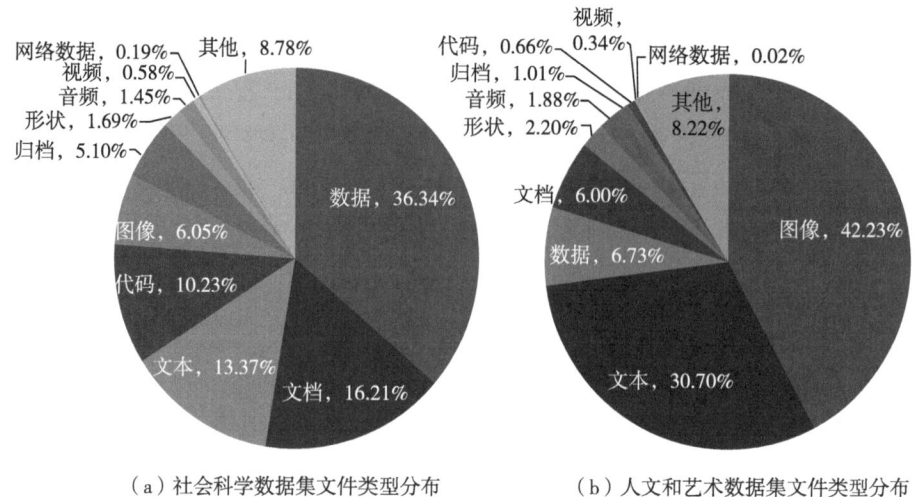

（a）社会科学数据集文件类型分布　　　（b）人文和艺术数据集文件类型分布

图 3.17　人文社科数据集文件类型分布

文件、文档和文本文件占据主体。

在人文和艺术数据集中，图像文件占比最多，达到 42.23%，如 jpg、tif、png 等文件。文本、文档类型文件分别排名第 2 位、第 4 位，共占比 36.70%。数据类型文件排名第 3 位，占比 6.73%。音频、视频等其他类型文件占比相对较少。这一分析结果也与按照文件扩展名分析的结果一致。即人文和艺术数据集中，图像文件、文档和文本文件占据主体。

通过以上对人文社科数据集中数据文件的扩展名和内容类型的分析可以发现，有大约 1/3 的数据文件为文档或文本类型，这些数据文件中包含丰富的文本信息，有利于检索系统对其进行分析挖掘。在社会科学数据集中，csv、tsv 等数据文件占比最多，这些文件通常也可以进行解析，如获取 csv 文件表格字段名称（通常为变量名），也有可能用于数据集的检索优化。而在人文和艺术数据集中，图像文件占比最多，挖掘利用的难度更大，需要一些图像检索方法对其进行挖掘和利用。

3.4.3　数据文件的开放程度

在共享的数据文件中，一些数据文件完全开放，用户可以自由下载，另外一些为受限数据文件，无法直接下载，用户需要向数据共享者申请，经过审核通过后方可下载。完全开放的数据文件不仅方便用户获取数据，也有利于采集程序自动抓取数据，进而可能对其进行分析挖掘。

图 3.18 给出各学科数据文件的开放比例，从图中可以看出，天文学和天体物理学、计算机与信息科学、数学 3 个学科完全开放的数据文件的比例非常高，均超过了 98%。

与之相比，人文社科数据文件完全开放的比例相对较低，其中，人文和艺术为 90.63%、社会科学为 85.26%，在所有学科中排名相对靠后。尽管如此，共享的人文社科数据文件中，绝大多数数据文件都是完全开放的，用户可以自由下载。同一个数据集下可能有多个数据文件，其中一些数据文件可能会受限，另一些数据文件则有可能是开放的，这些开放的数据文件也有可能用于分析挖掘。图 3.19 给出以数据集为单位统计的各学科开放比例。其中，受限数据集指仅有受限数据文件，部分开放数据集指同时有受限和开放的数据文件，完全开放数据集指仅有开放的数据文件。从图中可以发现，虽然与其他学科相比人文社科完全受限数据集的比例仍然相对较高，但是比例有所降低。其中，人文和艺术类部分开放和完全开放数据集的比例达 93.38%，社会科学类数据集达 90.12%。

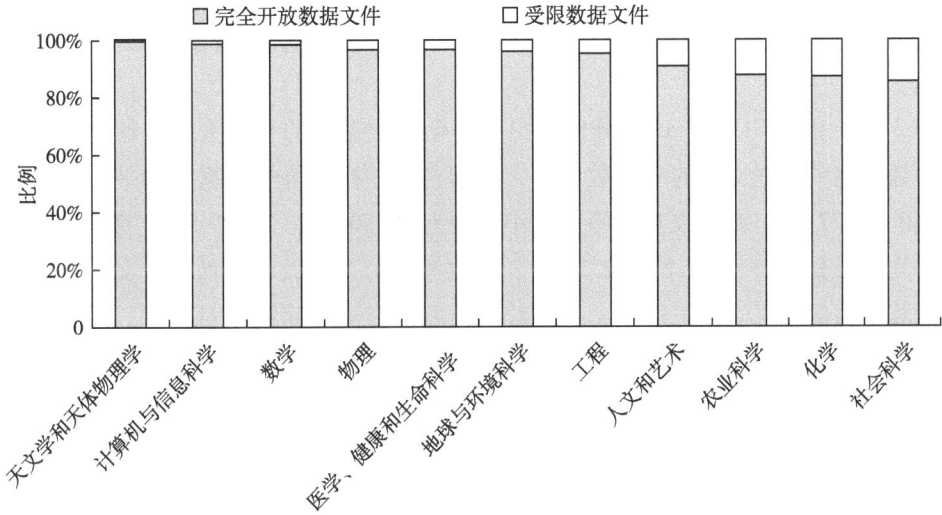

图 3.18　各学科数据文件开放比例

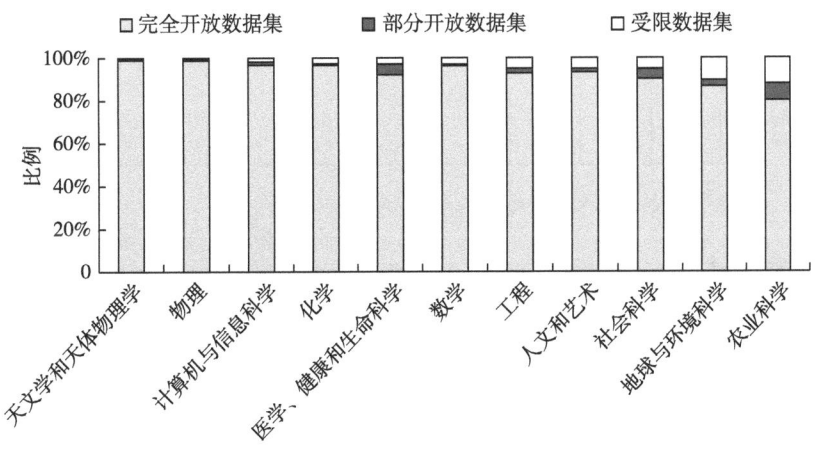

图 3.19　各学科数据集开放比例

总体而言，在互联网上共享的数据集整体的开放程度都很高，在包含数据文件的数据集中，所有学科超过 80% 的数据集都完全开放，88% 以上的数据集都包含了开放的数据文件。与其他理工科数据集相比，人文社科数据集的开放程度相对较低。即便如此，在共享的人文社科数据集中绝大多数数据集都拥有开放的数据文件，仅有不超过 10% 的人文社科数据集无法通过程序自动采集。这使得数据集发现系统能够对数据文件进行采集和挖掘，从而为基于数据内容的检索优化奠定基础。

3.4.4 数据集与数据文件容量大小

在能够获取数据文件之后，需要估计数据文件获取的成本，如果数据文件非常大，需要消耗大量的网络流量和存储空间，使得基于数据内容的分析挖掘变得不合算。因此，本小节对数据集的大小、数据文件的大小、数据集中数据文件的数量进行分析。

图 3.20、图 3.21、图 3.22 分别给出了各学科数据集的平均大小、数据文件的平均大小、数据集中数据文件的平均数量。人文和艺术、社会科学数据集的平均大小分别为 0.28 GB、0.27 GB，数据文件的平均大小分别为 35.50 MB、22.49 MB，数据集中数据文件的平均数量分别为 8.21 个、12.28 个。在数据集的平均大小方面，天文学和天体物理学、计算机与信息科学、工程等学科的数据集所占存储空间都相对较大，达到数吉字节（GB），远高于人文社科数据集。在数据文件的平均大小方面，天文学和天体物理学、计算机与信息科学、地球与环境科学等学科的数据文件也相对较大，是人文社科数据集的 2~4 倍。在数据集中数据文件的平均数量方面，物理、工程、数学等学科的数据文件数量也是人文社科数据的约 5~10 倍。

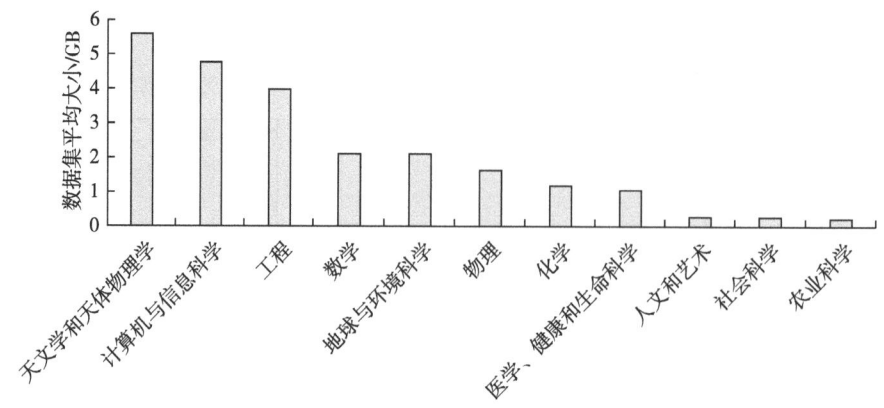

图 3.20　各学科数据集的平均大小

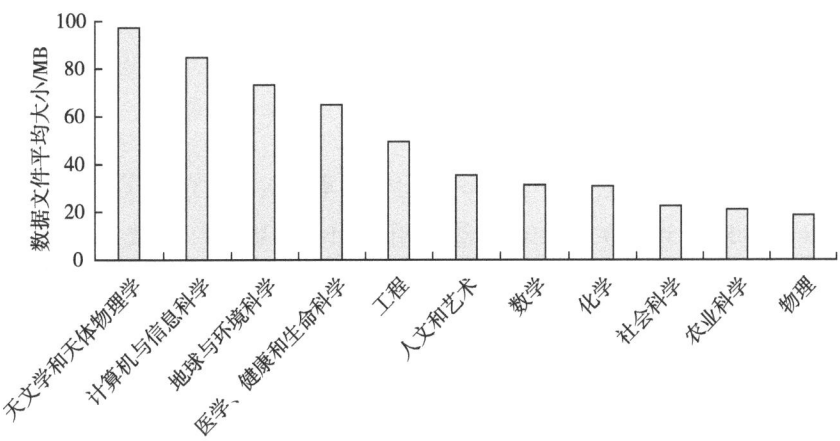

图 3.21 各学科数据文件的平均大小

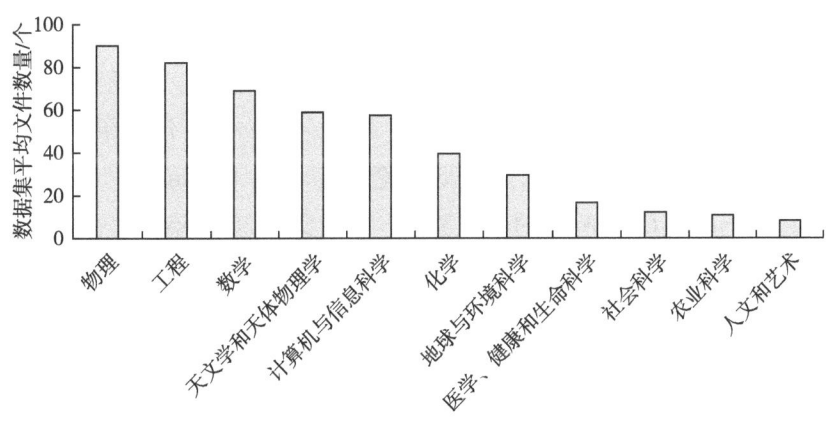

图 3.22 各学科数据集中数据文件的平均数量

总体而言，与其他学科相比，人文社科数据集在数据集的大小、数据文件的大小、数据集中数据文件的数量方面都偏小，这使得下载和保存数据文件的成本相对更低，从而使得人文社科数据集发现系统有可能去采集并挖掘这些文件内容。不过即便如此，与元数据相比，采集人文社科数据文件的成本也相对很高。

3.5 人文社科数据集的关联文献特征分析

人文社科数据集通常不是单独存在的，它主要用于支撑科学研究，而科学研究的成果常以论文的形式发表。因此，人文社科数据集会存在关联文献，这些关联文献对数据集的检索和发现有着潜在的价值。在本节中，首先将对数据集关联文献的识别方法进行研究，然后在此基础上对人文社科数据集关联文献分布情况、关联文献主题元数据的信息量、关联文献与数据集主题元数据的相似度进行分析，同时会根据需要适时地对不同学科进行对比分析。

3.5.1 数据集关联文献识别

在本小节中笔者主要通过3种方法识别出数据集的关联文献：①利用数据集的标题"Replication Data for"识别关联文献；②利用"相关出版物"元数据中的标识符（如DOI等）和URL链接识别关联文献；③利用"相关出版物"元数据中的引文文本识别关联文献。同时，从Semantic Scholar中匹配并获取关联文献的详细元数据。在数据集关联文献的识别方法中，前2种方法相对简单，但识别出的关联文献数量相对有限，第3种方法相对复杂，但可以获取更多的关联文献。

（1）利用数据集的标题识别关联文献

Dataverse提供对普通论文支撑数据的存储服务，并要求数据集的标题以"Replication Data for"开头[206]，表示基于该数据可以复现研究者出版物（期刊论文、学位论文等）中的结论。图3.23为Havard Dataverse中的一个数据集，标题为 *Replication Data for：Civilian Casualties，Humanitarian Aid，and Insurgent Violence in Civil Wars*，它包含了一些表格数据和代码文件。该数据集为期刊论文 *Civilian Casualties，Humanitarian Aid，and Insurgent Violence in Civil Wars* 的支撑数据，该论文为2019年发表在 *International Organization* 中的一篇研究论文，在Semantic Scholar中可以获取该论文的详细信息，如图3.24所示。

图3.23 拥有关联文献的数据集样例

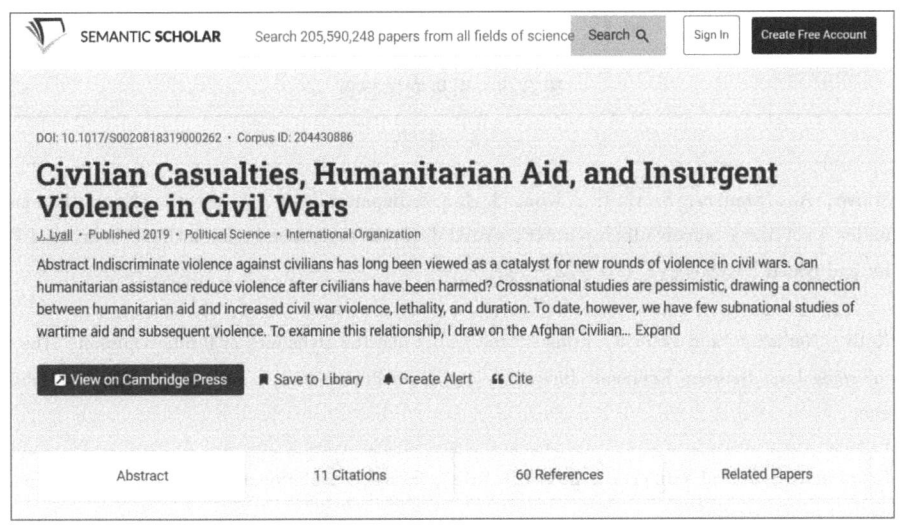

图 3.24　数据集对应的 Semantic Scholar 中的关联文献

在利用数据集的标题识别关联文献的方法中，首先从元数据中抽取数据集的标题；然后判断标题是否以"Replication Data for"（不区分大小写）开头；如果是，则抽取标题中"Replication Data for"之后的文本内容作为查询条件，利用 Semantic Scholar 的关键词搜索 API[200]检索文献；对返回的前 10 个检索结果，计算数据集标题与文献标题的编辑距离；选择编辑距离数值最小，取值小于文献标题长度的 1/10（存在一些文献的标题与其支撑数据集的标题不完全一致），且与数据集至少有一个相同作者（共享的数据集元数据填写不规范，常常不会把所有的作者都填入）的论文作为数据集的关联文献。

（2）利用"相关出版物"元数据中的标识符和 URL 链接识别关联文献

在 Dataverse 数据集的"相关出版物"元数据字段中，用户可能会填入关联文献的标识符（DOI 等），或者是文献的 URL 链接。如图 3.23 所示，数据集的元数据中给出了关联文献的 DOI 标识符。利用标识符或者 URL 链接，可以唯一准确地定位关联文献。

在利用标识符和 URL 链接识别关联文献的方法中，首先从"相关出版物"元数据字段中抽取出关联文献的标识符（如 DOI、ARXIV、PMID 等），以及 URL 链接（主要为来自 arxiv.org、aclweb.org、acm.org 等网站的链接）；然后利用 Semantic Scholar 的论文详情获取 API[201]，根据标识符或者 URL 链接获取关联文献的详细元数据。

（3）利用"相关出版物"元数据中的引文文本识别关联文献

许多数据集的"相关出版物"元数据字段中并不存在关联文献的标识符或者 URL 链接，而仅以引用文本的形式描述关联文献。这些文本的格式多样、不规范、不统一（表 3.3），使得直接基于规则来识别关联文献的方法不具有普适性。在本小节的研究中，将引用文本中的文献标题、作者视为一种实体，并利用命名实体识别方法来识别这些实体,然后基于识别出的实体去检索和匹配文献。

表3.3 引用文本样例

编号	样例
1	Muise, A., Stanton, S. C. E., Kim, J. J., & Impett, E. A. (2016). Not in the mood? Men under (not over) perceive their partner's sexual desire in established relationships. Journal of Personality and Social Psychology, 110, 725–742.
2	Kelly, Nathan J. and Peter K. Enns. "Inequality and the Dynamics of Public Opinion: The Self-Reinforcing Link Between Economic Inequality and Mass Preferences." American Journal of Political Science.
3	Respiratory Syncytial Virus genotype BA in Kilifi, Kenya: evolutionary dynamics, 15 years on. ~ manuscript in preparation.
4	Can Invalid Bioactives Undermine Natural Product-Based Drug Discovery? J. Med. Chem.
5	PhD thesis: Learned infinite elements for helioseismology Author: Janosch Preuß Advisors: Prof. Christoph Lehrenfeld, Prof. Thorsten Hohage, Dr. Damien Fournier.
6	This data set is referenced in the paper "Good Sex Matters: Pleasure as a driver of online sex education for young people" by Lindsay van Clief and Elianne Anemaat.

为了能够识别引用文本中的文献标题和作者,首先需要构建用于模型训练的数据集。笔者从所有数据集的"相关出版物"元数据中随机抽样了1000个引用文本。利用数据标注工具Label Studio[207]提供的基于Web的可视化界面,手动对这1000个引用文本进行标注。标注的实体主要包括文献的标题和作者,标注模式为IOB2。在数据标注完毕后,将其按照8∶2的比例随机分成训练集和测试集。在此基础上,笔者选用了3种模型进行引用文本的标题和作者实体的识别实验,分别是:条件随机场(conditional random field,CRF)模型、BERT+全连接层模型、BERT+CRF模型。在此基础上选用实验效果最优的模型来对未标注的引用文本中关联文献的标题和作者实体进行识别。如下对3种模型及其实现做简要介绍。

① CRF模型。CRF是Lafferty等[208]提出的一种序列标注模型,是给定一组输入随机变量条件下另一组输出随机变量的条件概率分布模型,其特点是假设输出随机变量构成马尔可夫随机场。CRF模型的训练需要输入文本的特征,在具体实现中首先利用NLTK对引用文本进行分词和词性标注,然后抽取每个词对应的词性、是否小写、是否大写、是否标题格式、是否为数字、单词后缀、前一个单词的词性、前一个单词是否小写、前一个单词是否大写、前一个单词是否为标题格式等作为特征。在具体实现中,使用

sklearn-crfsuite[209]实现的 CRF 进行模型的训练和测试。

②BERT+全连接层模型。BERT 模型具有很强的特征抽取能力，无需像 CRF 那样人工制作数据的特征，直接将文本内容输入模型即可。在模型实现中，笔者基于 Hugging Face 中提供的预训练模型，利用 PyTorch 深度学习框架，在 BERT 模型后接入一层全连接神经元，对输出进行 Softmax 操作获取各个单词对应实体类型的概率分布。尝试的 BERT 预训练模型包括 bert-base-cased、bert-base-uncased、bert-base-multilingual-cased、bert-base-multilingual-uncased。

③BERT+CRF 模型。在本模型中，利用 BERT 抽取文本深层语义特征，然后使用 CRF 进行序列标注建模，以期望能够获取更好的实体抽取效果。在模型实现中，笔者基于 Hugging Face 中提供的预训练 BERT 模型和 pytorch-crf[210]分别实现 BERT 和 CRF 模型，利用 PyTorch 深度学习框架，实现模型的组装、训练和预测。尝试的 BERT 预训练模型包括 bert-base-cased、bert-base-uncased、bert-base-multilingual-cased、bert-base-multilingual-uncased。

对于模型的实体识别效果，使用精度 P_{NER}、召回率 R_{NER}、F1 值来进行评价，其计算公式如下。在具体实现中，使用 seqeval[211]工具自动计算评分结果。

$$P_{NER} = \frac{\text{正确的实体数量}}{\text{模型识别出的实体数量}}, \quad (3.1)$$

$$R_{NER} = \frac{\text{正确的实体数量}}{\text{所有已标注的实体数量}}, \quad (3.2)$$

$$F1 = \frac{2 \times P_{NER} \times R_{NER}}{P_{NER} + R_{NER}}. \quad (3.3)$$

表 3.4 给出了各模型对应的实体识别效果。整体来看，"BERT+全连接层"与"BERT+CRF"模型的效果比较接近，其中"BERT+全连接层"在本实验的实体识别上效果更优。区分大小写的预训练模型（后缀为"cased"）初始化的"BERT+全连接层"与"BERT+CRF"模型效果明显优于 CRF。由于引用文本中，作者、标题等实体中的单词常常会首字母大写，并且引用文本中会有少量非英文文本的样例。因此，使用区分大小写的多语言 BERT 预训练模型（bert-base-multilingual-cased）初始化的"BERT+全连接层"模型效果最优，该模型的 F1 值为 0.9230，高出 CRF 模型约 4 个百分点。

表 3.4　各模型对应的实体识别效果

模型	预训练模型	精度	召回率	F1 值
CRF	—	0.8562	0.9175	0.8848
BERT+全连接层	bert-base-cased	0.8941	0.9407	0.9166
	bert-base-uncased	0.8519	0.9262	0.8873
	bert-base-multilingual-cased	**0.9002**	0.9479	**0.9230**
	bert-base-multilingual-uncased	0.8650	0.9059	0.8847
BERT+CRF	bert-base-cased	0.8916	0.9465	0.9182
	bert-base-uncased	0.8316	0.9334	0.8795
	bert-base-multilingual-cased	0.8829	**0.9522**	0.9162
	bert-base-multilingual-uncased	0.8500	0.9175	0.8824

表 3.5 给出了最优模型对应的不同类型实体的识别效果。可以看出，作者实体的识别效果最好，其召回率高达 0.9856，F1 值达 0.9475。与之相对，标题实体的识别效果相对差一些，召回率只有 0.8592，F1 值为 0.8655，比作者实体的识别效果低了约 10 个百分点。这可能是由于标题通常比较长，在结果评价中，多一些或者少一些单词都会被认为识别错误。表 3.6 中的样例 1 和样例 2 为最优模型识别的标题结果比真实值少了或者多了一部分单词。虽然这在评价中被认为识别错误，不过在之后与 Semantic Scholar 进行文献匹配时，可以通过模糊匹配来弥补标题识别的不完整。此外，BERT 模型具有很强的泛化能力，一些人工标注错误，且具有较大识别难度的引用文本也可被正确地识别出。例如，表 3.6 中的样例 3，由于标题、作者、文献来源之间缺失了应有的分隔符，使得人工标注时也出现了将第一个作者错误标注到标题之中的情况，但是本小节的最优模型能够正确地识别该引用文本中的所有作者和标题。

表 3.5　最优模型对应的不同类型实体的识别效果

模型	实体类型	精度	召回率	F1 值
BERT+全连接层（bert-base-multilingual-cased）	标题	0.8719	0.8592	0.8655
	作者	0.9122	0.9856	0.9475

表 3.6　最优模型识别的标题实体样例

编号	类型	样例文本
样例 1	引用文本	Survey of awareness, attitudes, and compliance with COVID-19 measures among Vermont residents（pending）
	人工标注	Survey of awareness, attitudes, and compliance with COVID-19 measures among Vermont residents（pending）
	预测结果	Survey of awareness, attitudes, and compliance with COVID-19 measures among Vermont residents
样例 2	引用文本	Merschitz, Peter（2008）: Politische Einstellungen von Jungwählern und Jungwählerinnen in Österreich. Eine empirische Studie. Wien: Transparenz Verlag
	人工标注	Politische Einstellungen von Jungwählern und Jungwählerinnen in Österreich
	预测结果	Politische Einstellungen von Jungwählern und Jungwählerinnen in Österreich. Eine empirische Studie
样例 3	引用文本	A method for measuring investigative journalism in local newspapers Eray Turkel, Anish Saha, Rhett Carson Owen, Gregory J. Martin, Shoshana Vasserman Proceedings of the National Academy of Sciences Jul 2021, 118（30）e2105155118; DOI: 10.1073/pnas. 2105155118
	人工标注	A method for measuring investigative journalism in local newspapers Eray Turkel
	预测结果	A method for measuring investigative journalism in local newspapers

利用训练得到效果最好的"BERT+全连接层"（以 bert-base-multilingual-cased 初始化）模型对未标注引文文本内容进行识别，获取其中的标题实体和作者实体。以标题实体作为查询词，利用 Semantic Scholar 的关键词搜索 API[200]检索文献；对返回的前 10 个检索结果计算识别出标题实体与文献标题的编辑距离；选择编辑距离数值最小，取值小于搜索出的文献标题长度的 1/10，且与数据集至少有一个相同作者的论文作为数据集的关联文献。通过人工抽样核验了非精确匹配的结果，发现匹配的准确率很高。

（4）最终的识别关联文献数量

标题以"Replication Data for"开头或者"相关出版物"元数据字段中有值的数据集总量为 40 906 个。通过利用数据集的标题"Replication Data for"标识、"相关出版物"元数据中的标识符或 URL 链接，以及命名实体识别"相关出版物"元数据中的引用文本这 3 种方法分别获得了 10 757 个、9972 个、20 088 个数据集的关联文献，去重后共计获得 26 955 个数据集的关联文献。由于部分数据集的关联文献为图书、学位论文等，而 Semantic Scholar 中主要收录的为期刊会议论文，因而理论上从其中不可能找到所有数据集的关联文献。

3.5.2 数据集关联文献分布情况

在科学数据仓储平台中存储的数据集主要用于支撑学者的科学研究，因而通常会有关联的文献。笔者根据标题是否以"Replication Data for"开头或者"相关出版物"元数据字段中是否有值，来判断数据集是否存在关联的文献，进而分析人文社科数据集中关联文献的比例状况。

图 3.25 给出了各学科数据集有关联文献的比例情况。可以发现，不同学科领域中关联文献的比例相差较大。其中，社会科学数据集中有关联文献的比例最高，达到 66.09%；人文和艺术学科中有关联文献的数据集的比例较低，仅为 9.05%。造成这一现象的可能原因为：许多社会科学期刊都制定了相应的数据政策，要求或者鼓励作者共享期刊论文的支撑数据。例如，Key 等[212]对 2013—2014 年 6 个政治学领域顶级期刊的论文分析中发现，约有 60% 的期刊论文有关联的支撑数据。哈佛大学 Crosas 等[213]于 2017 年对 291 个高质量社会科学期刊的数据政策研究发现：有超过一半的期刊有数据政策，其中经济学领域的比例高达 74%，心理学、政治学和国际关系领域也达到 60%，并且经济学中有 36% 的期刊强制要求共享数据。与之相对，历史学领域仅有 18% 的期刊有数据政策，并且没有强制共享的数据政策[213]。Rousi 等[214]于 2019 年对神经科学、物理学和运筹学 3 个学科 120 个高质量期刊的分析发现，分别有 87.5%、65.0%、77.5% 的期刊有数据政策。由此可见，不同学科数据共享的实践程度不一，也就造成了科学数据仓储平台中数据集关联文献比例的差异。

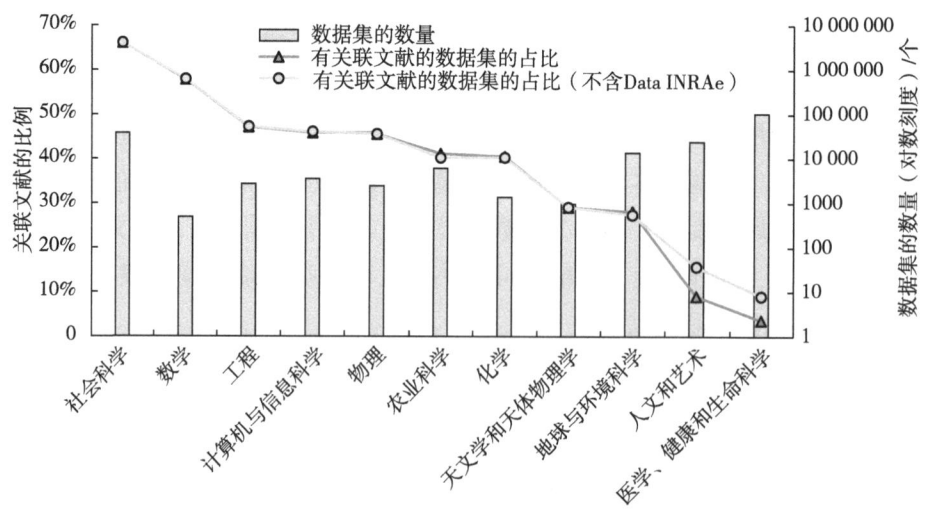

图 3.25 各学科有关联文献的数据集的比例情况

需要注意的是，以上分析是对数据集中的关联文献比例的下限估计，这是因为本小节分析所用数据集的关联文献可能并不完整。例如，一些数据集可能有同属于相同作者的关联文献，或者可能有其他论文作者对该数据集的引用，但这些文献并没有在数据集的元数据中标识出来。因此，如果有更大规模的文献数据库，通过对论文元数据和全文的分析挖掘，有可能获取更多的数据集关联文献。

总体来看，不同学科的数据集都存在一定比例的关联文献，其中社会科学有较高比例的数据集含有关联文献，而人文和艺术学科数据集含有关联文献的比例则相对较低。考虑到关联文献与数据集的密切关系，并且关联文献包含丰富的文本信息，通过对关联文献的挖掘和利用，能够在一定程度上优化数据集的检索效果。由于社会科学数据集关联文献比例最高，利用关联文献信息增强数据集的描述会使许多社会科学数据集受益，因而更有可能提升检索效果。

3.5.3 关联文献主题元数据的信息量

关联文献和数据集的关系密切，如果关联文献存在丰富的文本信息，则有可能补充对数据集的描述。关联文献有元数据和全文内容，本小节主要针对关联文献的元数据进行分析。Semantic Scholar 提供了文献的标题、摘要等元数据字段，未提供关键词。因此，本小节针对人文社科数据集关联文献的标题和摘要 2 个主题元数据字段的信息量进行分析（相应的文本长度计算方法与 3.3.3 小节相同），并将其与人文社科数据集的主题元数据字段的信息量进行对比。

（1）关联文献标题字段的文本长度分析

图 3.26 给出了人文社科数据集关联文献的标题长度（以空格分隔的单词数量）分布情况（同一篇文献被多个数据集关联则多次计数）。从图中可以看出，关联文献的标题长度分布接近正态分布，长度为 12 个单词的关联文献的数量最多，在其两边的关联文献数量总体上呈下降趋势。大多数关联文献具有相对较长的标题，长度在 5 个单词及以下的关联文献的占比仅为 5.23%，长度在 6~15 个单词的关联文献占比高达 80.33%。这一分布与人文社科数据集的标题长度分布有较大差异。由 3.3.3 小节可知，人文社科数据集的标题长度偏短，其中标题长度为 1 个单词的数据集占比高达 29.97%，长度为 5 个单词及以下的数据集的占比达到 41.94%。图 3.26 中标题长度为 12 个单词的关联文献的占比较为异常，分析发现是由于有大量数据集关联到了 *Harvard Law Review* 中的一篇论文 *The Failed Transparency Regime for Executive Agreements: An Empirical and Normative Analysis*。将该关联文献去掉之后，标题长度为 12 个单词的关联文献占比为 7.46%。此时，长度为 10 个单词的关联文献的占比最多，与 3.3.3 小节中分析的一般文献标题长度的众数一致。

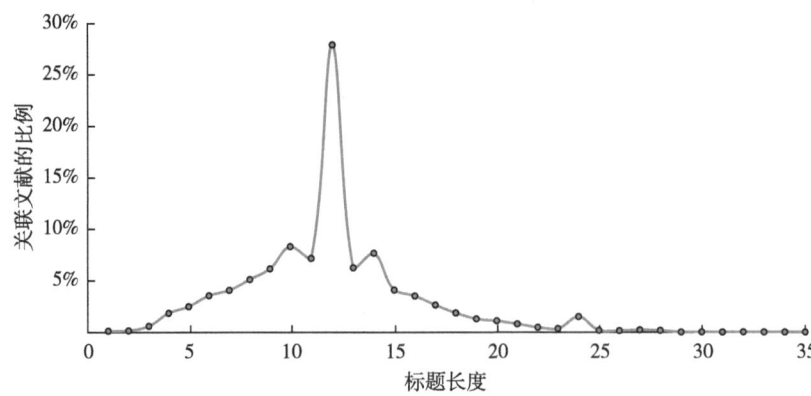

图 3.26　人文社科数据集关联文献标题长度分布

通过以上分析可知，人文社科数据集关联文献标题比数据集标题的文本信息量大，具有补充数据集描述信息的潜在价值。事实上，共享的人文社科数据集的元数据通常没有严格的质量控制，用户在为数据集命名时较为随意。例如，"Supplemental Files" "Appendix" 等命名无法反映数据集的内容特征，考虑到这些数据集通常支撑了某些论文的研究，其关联文献的标题更能提供关于数据集主题内容的描述信息。

（2）关联文献摘要字段的文本长度分析

图 3.27 给出了人文社科数据集关联文献的摘要长度分布情况，由于摘要长度为 0 和 360 的 2 个点取值较大，为了显示方便图中去除了这 2 个点。经过核查，摘要长度取值为 0 的点通常是由于 Semantic Scholar 没有能够提供文献的摘要数据，而这些文献实际上是有摘要的；摘要长度取值为 360 的点是由于文献 The Failed Transparency Regime for Executive Agreements: An Empirical and Normative Analysis 被大量数据集关联，导致其对应的摘要长度数量大幅增加。在去除 0 和 360 的 2 个点后，图 3.27 的曲线仍不平滑，有多个点取值较高，经核查这也是因为某些文献被较多数据集关联所导致的。观察图 3.27 可以发现，关联文献的摘要长度也大致接近正态分布，长度为 150 的关联文献数量最多，与 3.3.3 小节分析的一般文献的摘要长度的众数接近。在人文社科数据集中，有 41.61% 的描述文本长度在 10 个单词以内，52.61% 的数据集描述文本长度在 20 个单词以内，其描述文本平均长度为 69.74 个，而关联文献的摘要平均长度为 190.01 个（含异常值点）和 174.13 个（不含异常值点），显著高于人文社科数据集的描述文本长度。

与关联文献标题的情况类似，数据集的共享者常常未能提供高质量的数据集描述信息，诸如 "Desc" "Data" "see title" "Collected data" "Stata files" 等数据集的描述文本难以揭示主题内容，而与之关联的文献则能够提供更高质量且丰富的描述文本。例如，图 3.28 为 Havard Dataverse 中的一个数据集（DOI 为 10.7910/DVN/M8LRKR），其描述内容为 "Collected data"，显然这一描述未提供任何有价值的信息。相比而言，该数据集所支撑的研究论文（DOI 为 10.1007/978-3-030-85447-8_27）则具有更高质量的元数据，其摘要信息与数据集的主题内容高度相关。因此，具有更大信息量的关联文献摘要文本可进一步补充对数据集内容的描述。

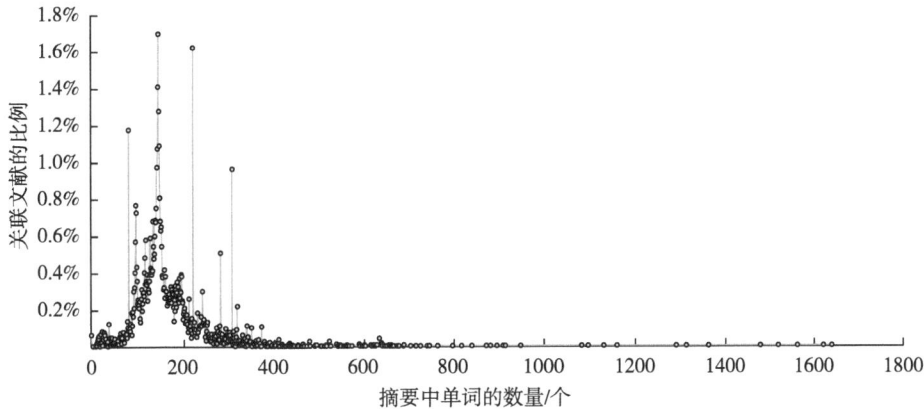

图 3.27　人文社科数据集关联文献摘要长度分布

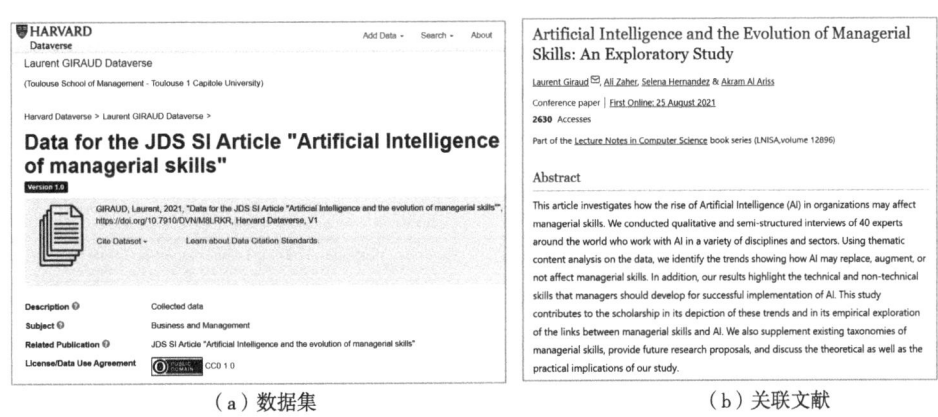

图 3.28　描述信息缺乏的数据集与其关联文献示例

总体来看，与人文社科数据集的元数据相比，关联文献的标题和摘要文本内容更长，具有为数据集提供更多补充描述信息的潜力，有助于提高数据集与用户查询的匹配度。由于本小节所分析的关联文献主要为数据集所直接支撑的普通研究论文，少量为描述数据集的数据论文，它们通常出自相同的作者，因此数据集和关联文献的关系密切。关联文献的描述信息通常与数据集的主题内容相关度很高，对关联文献的元数据信息进行挖掘和利用，将有助于优化数据集的检索效果。

3.5.4 关联文献与数据集主题元数据的相似度

在本小节中,将对关联文献与数据集的主题元数据字段(即标题和描述字段)的相似度进行分析。如果两者的相似度较高,则关联文献提供的补充信息有限,对优化人文社科数据集检索的价值不高;反之,则可能提供更多数据集元数据所缺乏的信息,有助于提升数据集的检索效果。

共享数据集的元数据常由用户提供,缺乏质量控制,而关联文献的元数据则更为规范,可提供比数据集元数据更多的信息。图 3.29 给出了一个数据集(DOI 为 10.15139/S3/QNVHJY)及其关联文献样例。可以看出,图中样例数据集的标题含义并不明确,只是指示出该数据集为"补充文件",而数据集的关联文献"中国健康与营养调查,1989—2011"则更为明确地指明了数据集的主题内容;同时,关联文献的摘要也提供了比数据集描述字段更多的内容信息。为了从整体上认识人文社科数据集与其关联文献元数据的相似度,笔者采用文本的向量空间表示及其之间的余弦值来进行度量。

图 3.29 数据集及其关联文献样例

假定给定语料有 $t_1, t_2, \cdots, t_N$ 共 N 个词,向量空间模型将文本表示为以这 N 个词为维度的向量,各维度的取值使用 TF-IDF 方法进行计算。即文本 d 表示为:

$$d = (w_{t_1}, w_{t_2}, \cdots, w_{t_N}) = (tf_{t_1,d} \times idf_{t_1}, tf_{t_2,d} \times idf_{t_2}, \cdots, tf_{t_N,d} \times idf_{t_N}), \quad (3.4)$$

其中,$tf_{t_k,d}$ 为词项 t_k 在文本 d 中出现的频率,idf_{t_k} 为词项 t_k 的逆文档频率,$k = 1, 2, \cdots, N$,计算公式为:

$$idf_{t_k} = \ln \frac{M}{df_{t_k}}, \tag{3.5}$$

其中，M 为文档总数量，df_{t_k} 为含有词项 t_k 的文档数量。最终，文档 d_i、d_j 之间的相似度为

$$sim(d_i, d_j) = \cos(d_i, d_j) = \frac{w_{it_1} \times w_{jt_1} + \cdots + w_{it_N} \times w_{jt_N}}{\sqrt{w_{it_1}^2 + \cdots + w_{it_N}^2} \times \sqrt{w_{jt_1}^2 + \cdots + w_{jt_N}^2}}, \tag{3.6}$$

其中，$sim(d_i, d_j)$ 取值越大，表示两个文本相似度越高，反之则差异性越大。在具体计算时，对文本做了预处理，主要包括：去除文本中的标点符号，将文本转为小写；对于数据集标题，去除以"replication data for"开头的文本部分。

（1）关联文献与数据集标题字段的相似度分析

图 3.30（a）给出了所有人文社科数据集的标题与其关联文献标题的相似度分布情况。整体来看，有 40.99% 的关联文献与数据集的标题完全一样（相似度得分为 1），这部分关联文献的标题无法为数据集检索提供更多可用信息。除此以外，有 59.01% 的关联文献与数据集标题对存在不同程度的差异，有 46.01% 的标题对相似度在 0.4 以下，并且有 10.42% 的标题对相似度为 0。对于这部分数据集来说，关联文献可为数据集检索提供更多的补充文本信息。例如，关联文献与数据集的标题对"Building an Open Resources Repository for COVID-19 Research"和"Baidu Mobility Data"、"TABOO：Detecting Unstructured Sensitive Information Using Recursive Neural Networks"和"EDENCE"，可以看出这些标题对的差异较大，并且关联文献标题可以对数据集的主题内容或者其用途等提供补充说明。

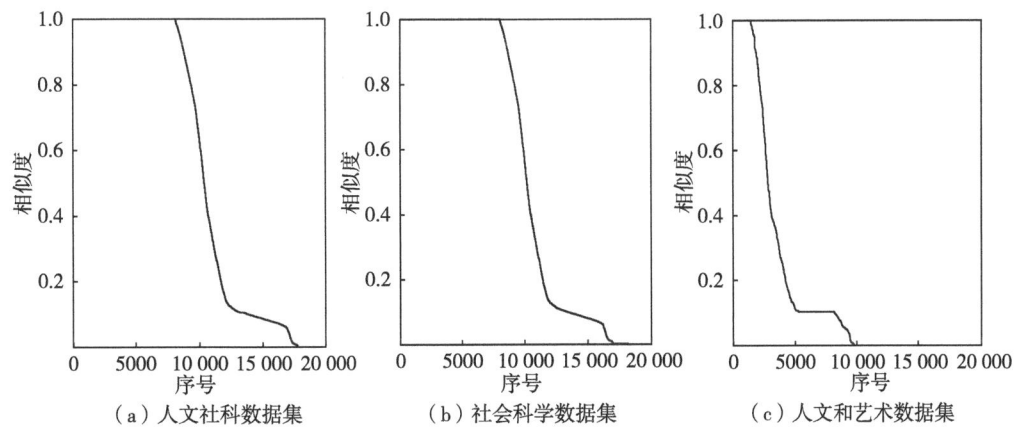

图 3.30　人文社科数据集标题与其关联文献标题的相似度

图 3.30（b）、图 3.30（c）分别给出了社会科学、人文和艺术学科数据集的标题与其关联文献标题的相似度分布情况。与人文社科数据集的整体情况相比，社会科学数据

集与关联文献标题对的相似度更高。有44.07%的标题对完全相同，42.35%的标题对相似度在0.4以下，仅有6.60%的标题对完全不同。相比而言，人文和艺术学科数据集与关联文献标题对的相似度更低。仅有7.51%的数据集与关联文献的标题完全相同，有83.94%的标题对相似度在0.4以下，高达49.24%的标题对完全不同。

（2）关联文献与数据集描述字段的相似度分析

图3.31（a）给出了人文社科数据集的描述与其关联文献摘要的相似度分布情况。与标题相比，描述字段的相似度水平总体更低。在所有描述对中，仅有6.35%的人文社科数据集与其关联文献的摘要完全相同（相似度得分为1），有69.64%的描述对相似度低于0.4，并且有16.39%的描述对完全不同（相似度得分为0）。对于相似度得分为0的描述对，通常数据集的描述文本都很短（单词数量均值为5.18个），对应的关联文献的描述文本较长（单词数量均值为319.60个）。例如，图3.28中数据集的描述内容为"Collected data"，相比而言其关联文献的摘要更能反映数据集的主题内容。

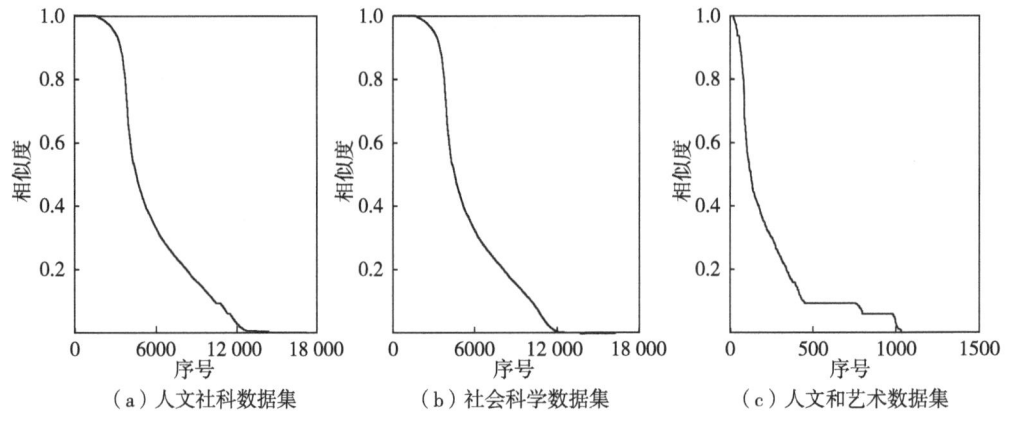

图3.31 人文社科数据集描述与其关联文献摘要的相似度

图3.31（b）、图3.31（c）分别给出社会科学、人文和艺术学科数据集的描述与其关联文献摘要的相似度分布情况。与标题类似，人文和艺术学科数据集及其关联文献描述对的相似度比社会科学普遍更低。在社会科学数据集中，有68.29%的描述对相似度低于0.4；而在人文社科数据集中，这一比例高达87.33%。同时，社会科学、人文和艺术学科中数据集描述与关联文献摘要完全相同的比例都低于7.00%。由3.3.3小节分析可知，数据集描述字段的长度分布接近幂律分布，绝大多数描述文本长度都很短。在具有关联文献的人文社科数据集中，其长度分布也接近幂律分布，单词数量的均值为89.42个，而与之相对应的关联文献描述字段的单词数量均值为190.01个。由于人文社科数据集与其关联文献的描述字段差异较大，并且关联文献提供了更长的描述文本，因而可为数据集检索提供更多可用的匹配文本。

第三章 面向数据集检索的人文社科数据集的特征研究

总体来看,人文社科数据集与关联文献的主题元数据字段存在不同程度的差异。其中,标题的相似度更高（完全相同的比例占 40.99%）,摘要的相似度更低（完全相同的比例占 6.35%）,相比而言关联文献摘要可提供更多不同的描述文本内容。考虑到关联文献与数据集的密切联系,这些差异化的关联文献元数据可以为人文社科数据集的检索提供更多潜在的匹配信息,有助于优化数据集的检索效果。

3.6 本章小结

（1）相关问题讨论

本章以数据集检索为目的,从元数据及现有研究忽视的数据文件和关联文献 3 个角度进行特征分析,有助于建立起对开放人文社科数据集的全面认识。现有数据集特征相关研究主要集中在元数据质量分析方面,通常是对单个或者少量数据仓储的分析,如 Rousidis 等[90-91]对 Dryad 仓储、Gonçalves 等[92]对 BioSample 和 BioSamples 仓储中数据集的元数据质量进行了研究。元数据质量分析通常会考虑准确性、完整性、一致性等维度,本章则以检索为目的,关注元数据是否提供了足够的信息与用户查询进行匹配,并对来自全球数十个仓储的人文社科数据集进行了分析。现有研究缺乏对数据文件和关联文献特征的研究,数据文件是数据集的重要组成部分,关联文献与数据集的关系密切,对数据文件和关联文献的特征分析有助于全面地认识开放人文社科数据集,并可为其挖掘利用奠定基础。与现有研究相比,本章研究分析的维度更为全面,能够更好地帮助研究者认识、挖掘和利用开放人文社科数据集。

本章选择了以 Dataverse 为基础构建的科学数据仓储平台中的人文社科数据集为分析对象,该数据集具有一定的代表性,所得结论有一定程度的普适性。由于需要对人文社科数据集的元数据、数据文件、关联文献做全面分析,因此需要获取足够细粒度的数据。以 Dataverse 为基础的仓储平台使用的基础设施相同,便于数据采集与处理。Dataverse 最早起源于社会科学数据共享领域,并逐渐扩散到各个学科,其使用范围广,具有较好的代表性。在所选择的科学数据仓储平台中,包含了 Harvard Dataverse 等全球知名的数据仓储,且 Harvard Dataverse 拥有的人文社科数据集的数量最多,在所分析的数据集中占比较高；所选择的科学数据仓储中有大量国家级平台,如 ADAD、AUSSDA、LiDA、CROSSDA、SODHA 等；此外,还有在各国具有一定影响力的数据仓储,如加拿大的 SPD、新加坡 DR-NTU、中国北京大学开放研究数据平台等。因此,所选择的仓储平台在人文社科领域具有一定的代表性,基于其中数据集分析得到的结论具有一定程度的普适性。

数据文件的获取和存储成本高,对数据文件进行挖掘利用需要权衡获取的收益与付出的成本。笔者通过对数据文件的特征分析发现,天文学和天体物理学数据集平均大小在5.59 GB，计算机与信息科学、工程等学科也达到数 GB，即使最低的农业科学数据集平均大小也在 220 MB。假设需要获取 10 万个数据集，则总容量最高约 545 TB（天文学和天体物理学），最低约为 21 TB（农业科学），远远高于获取元数据所需的网络带宽和存储成本。由于数据文件获取和存储成本高，在数据集检索中需要仔细权衡数据文件挖掘利用带来的收益与付出的成本。人文和艺术、社会科学数据集的平均大小分别为 280 MB、270 MB，它们的数据文件平均大小分别为 8.21 MB、12.28 MB，在所有学科数据集中几乎排名最后。因此，与其他学科相比，人文社科数据集的数据文件获取和存储的成本相对较低。考虑到人文社科数据集中约 1/3 为文本、文档文件，可提取丰富的文本信息，一种权衡的方法是仅采集部分高检索价值的数据文件，对其建立索引，并与用户查询进行匹配。

（2）主要研究结论

本章通过采集人文社科数据集的相关信息，从数据集的元数据、数据文件、关联文献 3 个方面进行了分析，主要有如下结论：

①元数据信息稀缺，不利于人文社科数据集的有效检索。从数据集描述的元数据模型来看，主要使用通用元数据对数据集进行描述，绝大多数领域元数据的使用量都很少，仅地理空间元数据使用量相对较多。从元数据字段的完整性来看，仅数据集的标题、作者、学科、描述、联系人、存放时间、存放人、关键词的完整性较高，其他绝大多数元数据字段都存在较高比例的缺失。从主题元数据字段的信息量来看，标题和描述的文本长度通常很短，关键词的数量也普遍较少，与人文社科论文的元数据存在较大差距。

②数据文件开放程度高、数据量相对小，丰富的文本、文档、表格、图像文件具有挖掘利用的潜力。从数据文件的缺失率来说，人文和艺术数据集的缺失率最低，社会科学数据集的缺失率也较低（居第 5 位）。从数据文件类型分布来看，约 1/3 为文档或文本文件，包含丰富的文本信息；社会科学数据集中 1/3 强为 CSV、Stata 等数据文件，人文和艺术数据集中 2/5 为图像文件，都具有挖掘利用的可能和潜在的检索价值。从数据文件的开放程度和容量大小来看，仅有不超过 10% 的人文社科数据集中的所有数据文件无法自由下载，并且与其他学科数据集相比，人文社科数据集的数据量相对较小，能够以相对更低的成本获取和保存。

③社会科学数据集中含有关联文献的比例高，关联文献元数据具有补充数据集描述的潜在价值。从数据集关联文献的分布情况来看，社会科学数据集中存在关联文献的比例高达 66.09%，而人文和艺术学科的比例较低（仅为 9.05%）。从主题元数据分析来看，关联文献的标题和摘要字段的文本量比人文社科数据集更大，并且两者之间存在一定的差异。由于所识别的关联文献与数据集的关系密切（主要为论文作者所创建的用于支持研究结论的数据集），关联文献元数据可用于补充对数据集的描述。

通过以上研究结论可以发现，人文社科数据集的元数据信息稀缺，这使得检索系统更加迫切地需要基于语义来检索数据集；关联文献的元数据信息量更大、质量更高，可用于补充对数据集的描述，提升检索匹配的效果。在本书的第四章，将关注人文社科数据集检索的主题性，基于深度学习和利用关联文献等元数据扩充方法，提升数据集的语义检索效果。在本书的第五章，将关注包含主题性在内的诸多相关性影响因素，通过利用主题元数据的信息量、数据文件的开放程度、所识别出的关联文献等信息，构建人文社科数据集检索结果的综合排序模型，从而进一步优化数据集的检索效果。

第四章

基于深度学习的人文社科数据集语义检索方法研究

现有数据集检索方法主要基于传统信息检索模型,通常利用查询和数据集元数据的字面匹配来检索数据集。本章通过对数据集的元数据和关联文献等的挖掘利用,基于可抽取丰富语义信息的深度学习模型,探索人文社科数据集的语义检索方法。

4.1 研究思路

本章主要解决用户查询与人文社科数据集主题性的计算问题。现有数据集检索相关的研究和应用主要利用传统信息检索模型,基于查询和数据集元数据的字面匹配来实现数据集的检索[46-47,53-62]。自然语言中广泛存在同义词、近义词、一词多义、概念包含等语言现象,传统信息检索模型难以从语义层面实现文本匹配。同时,从第三章的分析可知开放人文社科数据集的元数据信息较为缺乏,这进一步降低了查询与数据集的匹配效果。为了帮助用户更好地查找利用开放人文社科数据集,检索模型需要具有语义检索能力。在图情领域,语义检索是指通过正确分析语法格式,在理解词语的准确意思和词语之间关系的条件下,检索系统根据要求从语义层面上自动从信息源中查询和提取有关信息的过程[215];在计算机领域,语义检索是指在信息检索技术中加入语义模型的检索技术[216]。基于 Transformer 的深度学习模型能够从文本中抽取深层语义信息,如研究表明 BERT 模型从低到高的各神经网络层类似一个传统的自然语言处理流水线,越是高层的神经网络输出,其语义信息越丰富[217]。在本章的研究中,通过使用 BERT 等基于 Transformer 深度学习模型对文本进行分析,解决训练数据缺失情况下模型的调优问题,实现更优化的文本语义表示和相关性计算,同时对数据集的元数据和关联文献进行挖掘利用,探索适合开放人文社科数据集的语义检索方法。

图 4.1 给出了本章人文社科数据集语义检索方法研究思路。主要包括 4 个部分:测评数据集的构建,基于弱监督学习的稠密检索模型,基于元数据扩充的稀疏检索模型,融合检索模型。

第四章 基于深度学习的人文社科数据集语义检索方法研究

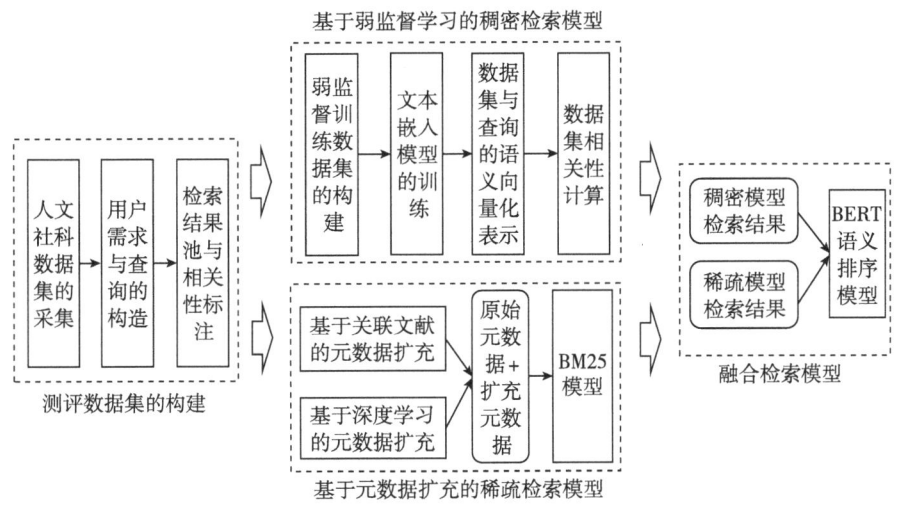

图 4.1 人文社科数据集语义检索方法研究思路

为了能够对检索方法进行客观公正的评价，需要相关的测评数据集。目前，仅生物医学[139]和生物多样性[218]领域存在测评数据集，人文社科数据集检索领域还缺乏此类数据。为此，本章首先构建了面向人文社科数据集检索模型评价的测评数据集，主要包括3个步骤：人文社科数据集的采集，用户需求与查询的构造，检索结果池与相关性标注。为了使得待检索的数据集更具有代表性，选择国内外著名的科学数据仓储平台，采集其中人文社科数据集的元数据；邀请志愿者从已有研究论文中提取数据需求并构造查询语句；利用构造的查询语句并基于多种检索模型对人文社科数据集进行检索，选择排序靠前的数据集构成检索结果池，并请志愿者对其中数据集与查询的相关性进行标注。基于所构建的测评数据集，使用精度、归一化折扣累计增益等指标对各模型的检索效果进行评测。

为了实现数据集的语义检索，本章探索利用稠密检索模型将人文社科数据集和用户查询表示为稠密语义向量。由于稠密检索模型需要在领域相关的标注数据上进行模型的训练，而人文社科数据集检索领域缺乏大规模标注数据。因此，本章探索利用弱监督学习方法实现模型的训练，主要包括4个步骤：弱监督训练数据集的构建，文本嵌入模型的训练，数据集与查询的语义向量化表示，数据集相关性的计算。利用待检索数据集元数据各字段之间潜在的相关性构造弱监督训练数据集，基于对比学习方法在弱监督训练数据集上进行文本嵌入模型的调优，利用调优后的文本嵌入模型将数据集的元数据和用户查询表示为语义向量，基于数据集的元数据向量与查询向量之间余弦相似度实现人文社科数据集的检索。

由于人文社科数据集的元数据信息稀缺，本章还探索利用深度学习文本生成方法和关联文献对数据集的元数据进行扩充,在此基础上利用稀疏检索模型实现数据集的高效检索。具体地,该方法主要包括 3 个步骤:基于关联文献的元数据扩充,基于深度学习的元数据扩充,利用 BM25 模型,基于扩充后的元数据实现人文社科数据集的检索。在基于关联文献的元数据扩充中,主要利用关联文献的标题、摘要等主题元数据字段补充对数据集的描述。在基于深度学习的元数据扩充中,利用深度学习模型从海量文本中学习到的语义知识,为给定数据集的元数据生成语义相关的补充描述信息。最后,在两种方法扩充后的元数据之上建立倒排索引,利用 BM25 模型实现数据集的检索。由于深度学习文本生成模型能够产生与原始元数据语义相关的描述文本,同时关联文献也能从不同的角度补充对数据集的描述,因此基于元数据扩充的数据集稀疏检索方法能够在一定程度上实现语义检索。

前述稠密与稀疏检索模型是 2 种差异较大的信息检索模型,它们各有优劣。稠密检索模型将数据集和查询表示为语义向量,可找到更多语义相关而字面不能完全匹配的数据集,但是也可能存在语义编码失真,导致字面匹配度高的数据集排名靠后的情况。稀疏检索模型经历了长时间的研究探索和实践检验,能够很好地找到字面匹配度高的数据集,但是会遗漏字面匹配度不高而语义相关的数据集。通过将 2 个模型结合,充分利用各自的优势,则有可能进一步提升检索效果。为此,将人文社科数据集的检索过程分为 2 个阶段:在第一阶段,使用前述稠密检索和稀疏检索模型获取初始的检索结果,取 2 种模型排名靠前的检索结果组成候选数据集集合;在第二阶段,使用基于深度学习的排序模型(如 BERT 语义排序模型)计算查询和候选数据集的相关性,并依据相关性得分重新排序候选数据集。

根据以上研究思路,本章内容安排如下:4.2 节对测评数据集的构建方法进行介绍;4.3 节、4.4 节、4.5 节这 3 节分别给出基于弱监督学习的数据集稠密检索方法、基于元数据扩充的数据集稀疏检索方法、融合稠密与稀疏模型的数据集检索方法,同时在测评数据集上对这些方法的检索效果进行评测、比较和分析;4.6 节对本章相关研究内容进行讨论和总结。

4.2 测评数据集的构建

测评数据集用于模型检索效果的评测,是检索模型研究的基础。在科学数据集检索领域,目前仅存在生物医学[139]、生物多样性[218] 2 个领域的测评数据集,人文社科数据集检索领域还缺乏测评数据。为此,本章将构造面向人文社科数据集检索模型研究的测评数据集,主要包括 3 个步骤:人文社科数据集的采集,用户需求与查询的构造,检索结果池与相关性标注。

4.2.1 人文社科数据集的采集

本小节中数据集的采集均指采集数据集的元数据,具体的人文社科数据集的采集与处理方法包括:选定国内外具有影响力的人文社科相关数据仓储平台,采集这些平台中数据集的元数据,对元数据进行规范化处理,将不同来源的元数据映射到同一个元数据模型。

(1)科学数据仓储的选择

在第三章人文社科数据集的特征研究中,为了便于数据的获取与处理,以及数据集相关特征的全面分析与对比,选择了以开源软件 Dataverse 为基础构建的科学数据仓储为采集对象。在本章中,关注人文社科数据集的语义检索,主要利用数据集的主题元数据等相关信息实现检索匹配。为了使得采集的人文社科数据集来源更加贴近发现系统所面临的多源异构科学数据仓储,本章研究中仓储的选择不再局限于特定的软件平台,而是依据仓储的影响力进行选择。具体地,主要依据高水平大学和重要期刊出版机构的推荐来选择人文社科相关数据仓储。

对于高水平大学推荐的数据仓储,笔者于 2021 年 1 月分别收集了 QS 和 US News 世界大学排名中排前 10 所的大学,找出这些大学研究数据主页和图书馆数据管理主页推荐的人文社科相关的数据仓储平台,统计各个仓储的推荐频次。表 4.1 给出了来自高水平大学推荐频次在 2 次及以上的人文社科相关数据仓储。对于重要期刊出版机构推荐的数据仓储,于同一时间段统计了 Spring Nature、Elsevier、PLoS 推荐的期刊支撑数据存储平台。表 4.2 给出了来自这些出版机构推荐的人文社科相关数据仓储。分析表 4.1 和表 4.2 中仓储平台的来源地发现均为欧美国家,为了提高所收集数据集的代表性,笔者还补充了来自澳大利亚的"Research Data Australia",以及来自国内的"复旦大学社会科学数据平台""北京大学开放研究数据平台""图书馆杂志数据出版管理平台""科学数据银行"。最终,采集的数据仓储平台如表 4.3 所示。

表 4.1 高水平大学推荐的人文社科相关数据仓储

学科	仓储名称	推荐频次
社科	ICPSR	7
社科	UK Data Service	5
人文社科为主	Harvard Dataverse	3
人文	The Digital Archaeological Record	3
社科	Qualitative Data Repository	2
社科	The Council of European Social Science Data Archives	2

表4.2 重要期刊出版机构推荐的人文社科相关数据仓储

学科	仓储名称	推荐频次
人文社科为主	Harvard Dataverse	3
社科	UK Data Service	2
社科	Qualitative Data Repository	2
人文	Archaeology Data Service	2
社科	openICPSR	1

表4.3 测评数据集的来源科学数据仓储

学科	仓储名称	URL
社科	ICPSR	http://www.icpsr.umich.edu/
社科	UK Data Service	http://ukdataservice.ac.uk/
人文社科为主	Harvard Dataverse	https://dataverse.harvard.edu/
人文	The Digital Archaeological Record	http://www.tdar.org/
社科	Qualitative Data Repository	https://qdr.syr.edu/
社科	The Council of European Social Science Data Archives	http://www.cessda.org/
人文	Archaeology Data Service	https://archaeologydataservice.ac.uk/
社科	openICPSR	http://www.openicpsr.org/
多学科	Research Data Australia	https://researchdata.edu.au/
社科	复旦大学社会科学数据平台	https://dvn.fudan.edu.cn/
人文社科为主	北京大学开放研究数据平台	https://opendata.pku.edu.cn/
社科	图书馆杂志数据出版管理平台	http://data.libraryjournal.com.cn/home/
多学科	科学数据银行	https://www.scidb.cn/

（2）数据集元数据的采集

确定了待采集的科学数据仓储之后，便需要对仓储中数据集的元数据进行采集。各平台所使用的软件基础设施差异较大，因此针对每个平台开发了定制化的采集程序。通过利用各平台提供的 API 接口（如 Research Data Australia 的 OAI-PMH 接口、Harvard Dataverse 的 Native API 接口）或者直接抓取数据集页面的方式，于 2021 年 1 月末至 3 月初，采集了选定的 13 个仓储中的所有数据集的元数据。本章关注人文社科数据集，对于一些包含多学科数据集的仓储平台，通过元数据中提供的学科信息，筛选出人文社科数据集。最终，共采集了 105 497 条人文社科数据集的元数据，其中绝大多数为英文元数据

(共计 104 683 条),采集的各平台人文社科数据集的数量如表 4.4 所示。

表 4.4 采集的各数据仓储平台中人文社科数据集的分布情况

仓储名称	人文社科数据集的总数量/条	英文元数据的人文社科数据集的数量/条
Research Data Australia	38 886	38 883
Harvard Dataverse	24 503	24 496
The Council of European Social Science Data Archives	13 264	13 264
ICPSR	10 894	10 894
UK Data Service	8196	8196
openICPSR	4897	4897
the Digital Archaeological Record	1957	1957
Archaeology Data Service	1949	1949
The Qualitative Data Repository	81	81
复旦大学社会科学数据平台	555	61
北京大学开放研究数据平台	231	2
图书馆杂志数据出版管理平台	71	2
科学数据银行	13	1
合计	105 497	104 683

(3) 元数据的规范化

所采集的科学数据仓储使用了不同的元数据模型来描述数据集,如 ICPSR 元数据模型为"数据文档倡议"(data documentation initiative,DDI)、Research Data Australia 为"注册交换格式-集合和服务"(registry interchange format-collections and services,RIF-CS)、Harvard Dataverse 为自定义的元数据模型。为了以统一的方式对不同来源的数据集进行检索,需要将不同格式的元数据映射为同一个元数据模型。参照现有一些数据集的发现系统的做法(如 gesisDataSearch[47]、Federated Research Data Repository[79]),笔者选择都柏林核心(DC)作为统一元数据模型,将来自 13 个平台数据集的元数据都映射到 DC。在映射过程中,参照已有的一些元数据映射方案(如 DDI 到 DC[219]、RIF-CS 到 DC[220]),人工制定了相应的映射规则(见附录 C)。

4.2.2 用户需求与查询的构造

用户在使用检索系统查找数据集时,会根据研究所需的数据需求构造查询语句。为了获取贴近真实研究需求的用户查询,本章的研究从已发表的学术论文中寻找数据需求,进而根据数据需求构造查询语句。具体流程为:招募志愿者,选定人文社科领域的期刊论文,提取论文的数据需求并构造查询。

在志愿者招募方面,邀请了5名图书情报领域的研究生和从业人员。其中,1名为高校图书馆拥有高级职称的数据馆员,2名为图书情报领域的博士研究生,2名为图书情报领域的硕士研究生。志愿者均具有不同程度的研究经历,能够较好地理解学术研究的数据需求。

在人文社科领域的期刊论文选择方面,由志愿者各自独立选择近年来发表的人文社科数据驱动的研究论文,并且优先从国内外人文社科核心期刊中选择论文。每名志愿者负责从不同学科中选择3篇论文,最终从8个学科中共选出了15篇论文,各学科论文数量的分布如表4.5所示。

表4.5 查询构造中来自各学科的论文数量分布 单位:篇

学科	论文数量	学科	论文数量
管理学	5	法学	2
经济学	3	教育学	1
历史学	3	文学	1

在数据需求提取和用户查询构造方面,为了使志愿者能够和数据集检索系统交互,构建出贴近实际需求的用户查询。笔者使用ElasticSearch对采集的人文社科数据集的元数据建立索引,并利用Flask开发了基于Web的数据集检索应用,所采用的检索模型为经典的BM25概率模型。志愿者首先阅读各自选择的研究论文,从论文中提取研究者的数据需求。然后,志愿者基于提取的数据需求和在检索系统中的尝试,形成用户查询。最终,共构造了15个用户查询,如表4.6所示。

表4.6 构造的用户查询

编号	查询	编号	查询
1	COVID-19 twitter data	9	research data sharing behavior
2	fake news text	10	global urbanization
3	China Biographical Database	11	Library RFID Application
4	Oil prices	12	World War II economics
5	United States Census Data	13	The first industrial revolution
6	global life expectancy	14	EU refugee
7	global terrorism	15	Labor quality, natural unemployment, and US inflation
8	school bullying		

4.2.3 检索结果池与相关性标注

为了对模型的检索效果进行评价，需要对查询和数据集的相关性进行标注。理论上需要对所有查询和所有数据集的组合进行相关性标注，然而由于标注的数量过多，这一方法不具有可行性。为了解决这一问题，通常采用缓冲池法（pooling）进行数据标注[221]。对于每一个查询语句，利用各种检索模型检索数据集；获取各模型前 N 个检索结果，将这些数据集检索结果汇集到一起，形成一个缓冲池；邀请专家对池中数据集的相关性进行判断。缓冲池法仅需要对部分数据集的相关性进行标注，不在缓冲池中的数据集被认为不相关，从而使得需要标注的查询与数据集对的数量大大降低。

为了使更多的相关数据集汇集在缓冲池中，笔者采用了多种不同类型的检索模型，包括稀疏检索模型、稠密检索模型、稠密检索+深度学习排序模型，如图4.2所示。由于本章主要关注数据集与查询的主题性，因而在检索模型实现过程中，利用数据集的标题、主题、描述3个DC元数据字段实现检索匹配。

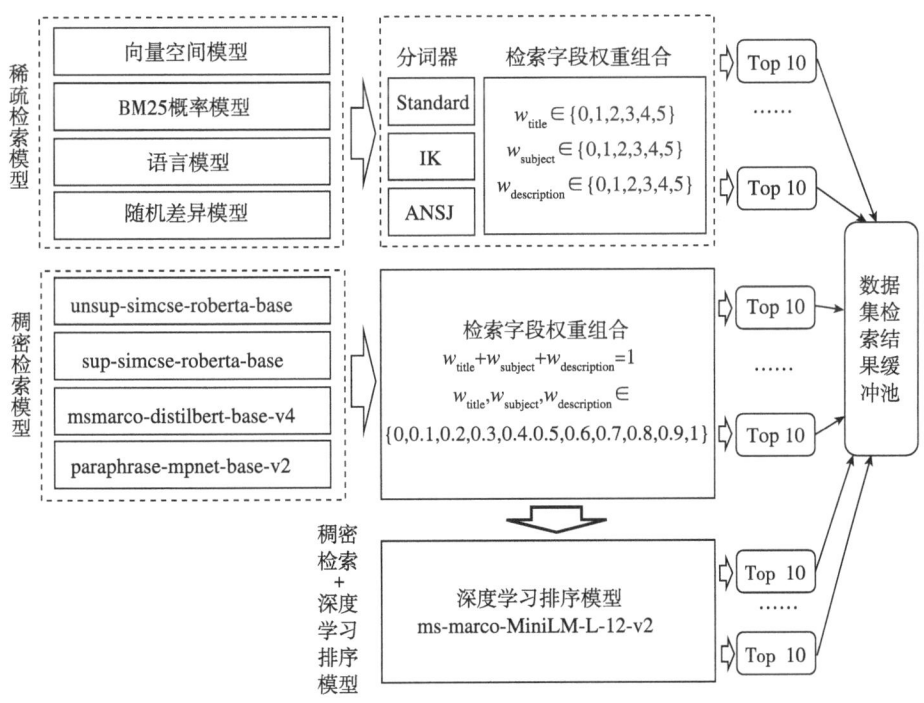

图 4.2 测评数据集中检索结果缓冲池构造方法

在稀疏检索模型中，选择了向量空间模型（vector space model，VSM）、BM25概率模型、语言模型（language model，LM）、随机差异模型（divergence from randomness，DFR）对数据集进行检索。考虑到所采集的数据集中有少量中文，对各个稀疏检索模型组合使用了 Standard[222]、IK[223]、ANSJ[224] 3 种可同时处理中英文文本的分词器。考虑到不同元数据字段的重要性不同，对标题、主题、描述 3 个字段分别从 {0,1,2,3,4,5} 中取值进行权重组合。

在稠密检索模型中，选择了 4 种公开可用的文本嵌入模型将文本表示为稠密向量，包括：基于 100 万英语维基百科句子无监督训练得到 "princeton-nlp/unsup-simcse-roberta-base" 模型[225]，基于 SNLI 和 MNLI 两个自然语言推理数据集有监督训练得到 "princeton-nlp/sup-simcse-roberta-base" 模型[225]，基于 MSMARCO Passage Ranking 数据集有监督训练得到 "sentence-transformers/msmarco-distilbert-base-v4" 模型[226]，基于 SNLI、MNLI、sentence-compression、MSMARCO Passage Ranking 等十余个数据集有监督训练得到 "sentence-transformers/paraphrase-mpnet-base-v2" 模型[227]。用这些文本嵌入模型将用户查询和数据集（仅英文描述的数据集）的标题、主题、描述文本表示为向量，然后分别计算查询向量与标题、主题、描述向量的余弦相似度，最终相关性得分由各字段的相似度加权得到。3 个字段分别尝试了 {0,0.1,0.2,0.3,0.4,0.5,0.6,0.7,0.8,0.9,1} 中不同的权重组合，同时满足各字段权重相加为 1。

在稠密检索+深度学习排序模型中，取前述稠密检索模型在各种参数下的前 100 个检索结果，利用基于 MSMARCO Passage Ranking 数据集有监督训练得到的深度学习排序模型 "cross-encoder/ms-marco-MiniLM-L-12-v2"（图 4.2 中简写为 ms-marco-MiniLM-L-12-v2）[228] 对检索结果重新排序。深度学习排序模型将用户查询和待检索文本同时作为输入并计算相关性，通常可获得比稀疏检索模型更优的检索效果。不过该方法计算量大，只适用于对少量候选结果的排序做优化。在检索结果的重排序实现中，将数据集的标题、主题、描述文本直接拼接作为待检索文本，并将其与查询一起输入模型，根据模型计算得到的相关性得分重新排序检索结果。

在 Web 检索中，用户通常只会查看检索结果的第一页（一般包含 10 个结果），例如对 Excite 搜索引擎查询日志的分析显示，78%的用户不会翻页，Altavista、Tiscali 等搜索引擎也有类似的结论[229]。一些已有的数据集检索研究也依据前 10 个检索结果对模型效果进行评价[60,106]。因此，本章研究也采取这一策略，取以上各模型在各种参数设置下的前 10 个检索结果放入缓冲池。最终，汇集了 2968 个待标注的查询与数据集对。在数据标注中，依据查询与数据集的主题性进行标注，并将相关性分为 3 个等级：完全相关，部分相关，不相关。每个查询与数据集对先由 2 名志愿者（从 5 名志愿者中任选 2 名）独立进行标注，标注的一致率为 87%；对于标注不同的查询与数据集对，再由这 2 名志愿者讨论确定最终标注结果。表 4.7 给出了各相关性等级标注的数量情况，其中标注为完全相关的查询与数据集对的数量最少，不相关的标注数量最多。最后，将所有标注结果整理成 TREC 的 qrels[230] 文件格式，以便使用 TREC 的检索评价工具 trec_eval[231] 对各模型的检索效果进行评测。

表4.7 测评数据集中各相关性等级标注的数量情况

类型	标注数量
完全相关	368
部分相关	665
不相关	1935

4.2.4 模型检索效果的评价指标

笔者选用 P@N 和 NDCG@N 2 个指标对各模型的检索效果进行评价，其中 N 指前 N 个检索结果。P@N 为检索结果的精度，即前 N 个检索结果中完全或部分相关的数据集的比例，其定义如下：

$$P@N = \frac{\text{前 } N \text{ 个检索结果中完全相关或部分相关的数据集的数量}}{N}。 \qquad (4.1)$$

P@N 没有考虑检索结果的顺序，具有局限性，归一化折扣累计增益（normalized discounted cumulative gain，NDCG）可以为检索结果中相关性高且名次靠前的排序赋予更高的得分，其计算公式如下：

$$NDCG@N = \frac{DCG@N}{IDCG@N}, \qquad (4.2)$$

$$DCG@N = \sum_{i=1}^{N} \frac{rel_i}{\log_2(i+1)}, \qquad (4.3)$$

其中，rel_i 表示第 i 个位置检索结果的相关性取值，完全相关、部分相关、不相关的取值分别为 2、1、0。检索结果中相关性高的数据集排序越靠前，则其 DCG 值越高。IDCG@N 为某一查询理想排序（即越相关的结果排序越靠前）的 DCG 值，通过除以该理想值，可以使得不同查询之间的得分具有可比性。

考虑到 Web 检索中用户通常只会查看检索结果的第一页（一般包含 10 个结果）[229]，一些已有的数据集检索研究也依据前 10 个检索结果对模型效果进行评价[60,106]。因此，在模型检索效果评价时，将 N 的取值设置为 10。由于 P@N 没有考虑检索结果相关性水平和排序的差异，本章主要用 NDCG@10 作为检索结果质量的评价指标，同时将 P@10 作为辅助参考指标。在具体计算中，使用 trec_eval 的 Python 接口包装工具 pytrec_eval[232] 计算各指标得分。

4.3 基于弱监督学习的数据集稠密检索方法

基于 Transformer 的预训练语言模型具有很强的特征抽取能力，能够从文本中提取深层语义信息。将该类模型应用于数据集检索需要大量有标注数据进行模型的调优,然而目前人文社科数据集检索领域缺乏大规模标注数据。在本节的研究中,将探索构造领域相关的弱监督训练数据集,对预训练语言模型进行调优,得到能够将文本表示为语义向量的文本嵌入模型(text embedding model);用该模型将数据集的元数据和用户查询表示为语义向量,根据向量之间的相似度实现人文社科数据集的语义检索。

4.3.1 检索模型设计

基于弱监督学习的人文社科数据集稠密检索模型的框架如图 4.3 所示,包括 3 个部分:预训练语言模型的调优,查询和数据集的向量化,数据集相关性的计算。在预训练语言模型的调优阶段,首先需要构造训练数据集。考虑到同一个人文社科数据集的不同元数据字段具有一定的相关性(如标题和描述、主题和描述),从待检索数据集的元数据中提取这些潜在相关的文本对,并利用相关方法过滤掉低质量的文本对,形成弱监督训练数据集。然后在该数据集上,基于对比学习方法微调预训练语言模型,得到可以将文本表示为稠密语义向量的文本嵌入模型。在查询和数据集的向量化阶段,探索了 2 种将数据集的不同元数据字段表示为稠密向量的方法;对于查询,也使用文本嵌入模型将其转换为稠密向量。数据集和查询的稠密向量表示中包含了文本的深层语义特征,在数据集相关性的计算阶段,直接计算向量之间的相似度得到查询和数据集之间的相关性得分,按照相关性降序排序数据集并呈现给用户。

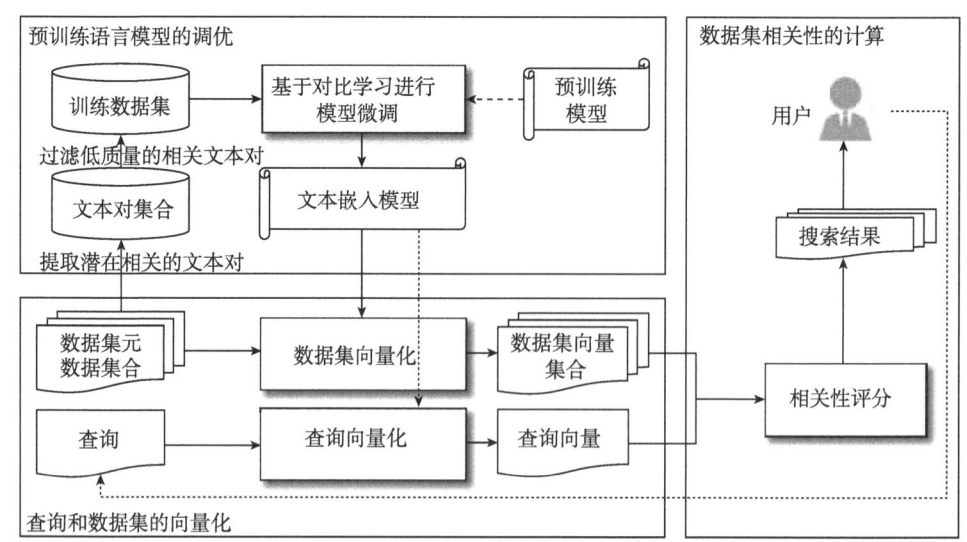

图 4.3 基于弱监督学习的人文社科数据集稠密检索模型的框架

4.3.1.1 预训练语言模型的调优

人文社科数据集检索领域缺乏大规模的标注数据，因此笔者通过利用数据集元数据中不同字段之间的潜在相关性来构建弱监督训练数据集，并基于对比学习方法在该数据集上进行模型调优，从而获得更适合人文社科数据集检索的文本嵌入模型。

（1）弱监督训练数据集的构建

同一个数据集的不同元数据字段都是对数据集内容的描述，通常这些元数据字段之间会存在一定的相关性，如图4.4所示的数据集，元数据中的标题、关键词和描述字段之间具有很高的相关性，并且标题中的"Coronavirus"与描述中"COVID-19"、标题中的"Tweet"与描述中的"Twitter"还蕴含着语义相关性。如果将标题或者关键词看作用户查询，则描述文本可看作相关的文档。因此，从待检索数据集的元数据中抽取出所有的标题和描述文本对、主题（DC字段，主要对应关键词）和描述文本对，组成候选的相关文本对集合。该集合可用于文本嵌入模型的训练，但由于存在噪声样本，还需要做进一步的过滤。

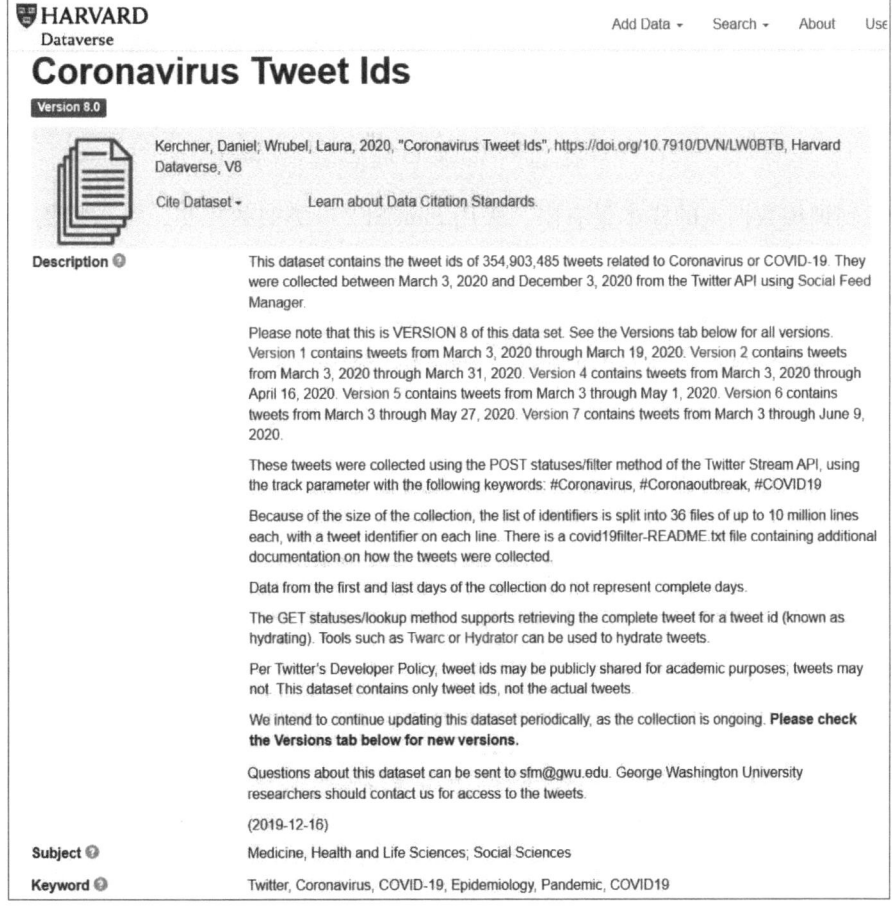

图4.4 元数据字段之间存在相关性的数据集示例

弱监督学习方法通常包括不完全监督、不确切监督和不准确监督三类[233]。本小节的研究方法属于不准确监督，即构造的训练数据集中存在错误的样本，这主要是因为数据集的元数据多由用户提供，存在一定的质量问题。不准确监督学习方法的基本思想是识别训练数据中的错误样本以便提高学习的效果[233]，在本小节的研究中采用 BM25 算法对潜在的不相关文本对进行识别和过滤，该方法在相关研究中被证明具有一定的效果[234-235]。具体地，对元数据中的描述字段建立倒排索引，将标题或者主题字段中的文本作为查询，使用 BM25 模型对描述文本进行检索。对于数据集 d_i，其标题和描述文本对、主题和描述文本对分别为 $(d_i^{title}, d_i^{desc})$、$(d_i^{subject}, d_i^{desc})$。如果 d_i^{desc} 出现在 d_i^{title} 检索到的描述文本的前 K 个结果中，则选择它作为训练样本，即：

$$T_{title-desc}^{K} = \{(d_i^{title}, d_i^{desc}) | d_i \in D \text{ 且 } d_i^{desc} \in \max_{d_j^{desc}}^{K} bm25(d_i^{title}, d_j^{desc})\}, \quad (4.4)$$

其中，D 表示待检索的数据集集合，$bm25(d_i^{title}, d_j^{desc})$ 为标题和描述之间的 BM25 得分。类似地，获得了由主题和描述文本对组成的训练样本集合，即：

$$T_{subject-desc}^{K} = \{(d_i^{subject}, d_i^{desc}) | d_i \in D \text{ 且 } d_i^{desc} \in \max_{d_j^{desc}}^{K} bm25(d_i^{subject}, d_j^{desc})\}。 \quad (4.5)$$

由两者的并集组成训练数据集 $T_{field-pair}^{K}$，即：

$$T_{field-pair}^{K} = T_{title-desc}^{K} \cup T_{subject-desc}^{K}。 \quad (4.6)$$

考虑到训练数据集的样本量有限，采用 SimCSE[174] 类似的思想，将数据集的标题及其本身 (d_i^{title}, d_i^{title})、主题及其本身 ($d_i^{subject}, d_i^{subject}$) 作为相关的文本对加入训练数据集（相同的文本对可以看作高度相关）。由于描述文本相对较长，而用户查询通常很短，所以没有将描述文本及其本身作为相关文本对加入训练数据集。最终的训练数据集为：

$$T^{K} = T_{field-pair}^{K} \cup \{(t_i, t_i) | (t_i, t_i^{+}) \in T_{field-pair}^{K}\}。 \quad (4.7)$$

（2）文本嵌入模型的训练

基于 Transformer 的预训练模型包含了丰富的语言知识、强大的特征抽取和学习能力，通过利用预训练模型在弱监督训练数据集上进行模型训练，能够在一定程度上学习到人文社科数据集中的领域知识。在模型训练中，从 T^K 中取出一个大小为 N 的小批量训练样本 $T_{batch} = \{(t_i, t_i^{+})\}_{i=1}^{N}$，其中 t_i 和 t_i^{+} 为相关文本对。将文本分别输入到预训练模型 f（如 BERT 等）中，通过特定方式（如将模型中输出的各个单词对应的向量取平均值）可以得到固定维度的稠密向量表示 $H_{batch} = \{(h_i, h_i^{+})\}_{i=1}^{N}$，其中 h_i 和 h_i^{+} 为对应的稠密向量。然后，基于对比学习损失函数 l 优化模型 f，即：

$$l_i = -\ln \frac{e^{sim(h_i, h_i^{+})/\tau}}{\sum_{j=1}^{N} e^{sim(h_i, h_j^{+})/\tau}}, \quad (4.8)$$

其中，τ 为超参数，sim 为余弦相似度。该损失函数的含义是：在一个小批量训练样本集合中，将 t_i 和 t_i^+ 作为正例对，t_i 和 $t_j^+(i \neq j)$ 作为负例对，优化模型使得正例对的余弦分数尽可能高，负例对的余弦分数尽可能低。通过在构建的弱监督训练数据集上进行模型微调，可以获得更适用于人文社科数据集检索的文本嵌入模型 f'，该模型将用于查询和数据集的向量化表示。

4.3.1.2 查询和数据集的向量化

查询的向量化方法较为简单，直接将其输入到文本嵌入模型 f'，即可获得对应的向量表示 v_q。由于数据集的元数据由多个字段组成，其向量化方法相对复杂，笔者探索了 2 种数据集元数据向量（后文简称"数据集向量"）化方法：方法一是将每个元数据字段分别向量化，在相关性得分计算时，对不同字段进行加权获得最终的相关性得分；方法二是假设深度学习模型能够从文本中自动提取重要的信息，因此将不同元数据字段直接拼接在一起得到一个文本串，然后将该文本串表示为向量。假设数据集 d_i 有 M 个可搜索的元数据字段，即 $d_i = (d_i^1, d_i^2, \cdots, d_i^M)$，2 种向量化方法详细描述如下。

①方法一：字段独立向量化，即对每个元数据字段分别进行向量化。由于元数据字段中的文本长度可能超过模型 f' 可以处理的最大长度 L，需要将文本切分成不超过 L 的子文本串。设数据集 d_i 的 m 字段文本内容为 d_i^m，将 d_i^m 分成 N 个文本串，即 $(d_i^{m1}, d_i^{m2}, \cdots, d_i^{mN})$。在文本切分时，先将其按照句子进行切分；然后从前往后取尽可能多的句子拼接在一起构成 d_i^{m1}，并确保 d_i^{m1} 不超过 L；之后再按照相同的方式从剩余的句子中取 d_i^{m2} 到 d_i^{mN}，直到不再有剩余的句子。通过这种以句子为边界的切分方法，可以确保各部分子文本串语义的相对完整。将所有子文本串分别输入到模型 f' 中，可以获得数据集 d_i 的 m 字段向量化表示 $v_i^m = (v_i^{m1}, v_i^{m2}, \cdots, v_i^{mN})$。最终，数据集 d_i 可表示为向量 $v_i^{sep} = (v_i^1, v_i^2, \cdots, v_i^M)$。

②方法二：字段拼接向量化，即将数据集的各元数据字段直接拼接成一个长文本串，然后对该文本串进行向量化。首先，以句号为分隔符，将各元数据字段直接拼接在一起得到 d_i^{concat}。考虑到拼接后的文本长度可能会超过模型 f' 可以处理的最大长度 L，按照方法一中的方式将其切分成 M' 个部分，即 $(d_i^{concat_1}, d_i^{concat_2}, \cdots, d_i^{concat_{M'}})$。然后，将切分后的文本 $d_i^{concat_{m'}}$ 输入到模型 f' 中，得到对应的稠密向量表示 $v_i^{concat_{m'}}$。最终，数据集 d_i 可以表示为 $v_i^{concat} = (v_i^{concat_1}, v_i^{concat_2}, \cdots, v_i^{concat_{M'}})$。

4.3.1.3 数据集相关性的计算

针对前述 2 种数据集向量化方法，相应的采用以下 2 种方法来计算查询 q 和数据集 d_i 之间的相关性得分。

①方法一：加权平均得分（记为 Weighted），即最终的相关性得分为查询 q 的稠密向量与数据集 d_i 每个元数据字段向量表示之间的相似度的加权平均。具体地，查询向量 v_q 与数据集的第 m 个字段向量 v_i^m 的相似度为：

$$sim(\boldsymbol{v}_q, \boldsymbol{v}_i^m) = Agg_{n=1}^N \cos(\boldsymbol{v}_q, \boldsymbol{v}_i^{mn}) \tag{4.9}$$

其中，Agg 为聚合函数，可以取最大值（记为 Weighted-MAX）、均值（记为 Weighted-MEAN），也可以直接选择第一个子文本串的相似度得分（记为 Weighted-FIRST），Weighted-FIRST 等价于截断超过模型可以处理的最大长度的文本（元数据为数据集的简要描述，其长度通常较短，因而该方法具有可行性）；cosine 为两个向量之间的余弦相似度。最终，查询 q 与数据集 d_i 之间的相关性得分，由查询向量与各元数据字段向量的相似度的加权平均得到，即

$$sim(q, d_i) = sim(\boldsymbol{v}_q, \boldsymbol{v}_i^{sep}) = \sum_{m=1}^{M} \alpha_m \times sim(\boldsymbol{v}_q, \boldsymbol{v}_i^m), \tag{4.10}$$

其中，α_m 为 m 元数据字段的权重，并满足 $\sum_{m=1}^{M} \alpha_m = 1$。

②方法二：直接拼接得分（记为 Concatenated），即最终的相关性得分为查询 q 的稠密向量与数据集 d_i 各元数据字段直接拼接后得到的稠密向量表示之间的相似度。即

$$sim(q, d_i) = sim(v_q, v_i^{concat}) = Agg_{m'=1}^{M'} \cos(\boldsymbol{v}_q, \boldsymbol{v}_i^{concat_{m'}}), \tag{4.11}$$

其中，Agg 可以取最大值（记为 Concatenated-MAX）、均值（记为 Concatenated-MEAN）或选择第一个子文本串的相似度得分（记为 Concatenated-FIRST）。

4.3.2 实验设置

为了验证所提出的数据集检索方法的效果，使用 4.2 节构建的测评数据集进行检索实验，基于数据集的标题、主题和描述 3 个元数据字段实现主题性检索。以下详述实验相关设置。

（1）弱监督训练数据集的构建

使用信息检索工具 ElasticSearch 对所有数据集的描述字段建立倒排索引，从数据集的元数据中提取所有的（标题，描述）、（主题，描述）文本对，基于 BM25 模型，利用标题、主题字段中的文本检索描述字段，按照 4.3.1.1 小节中所述弱监督训练数据集的构建方法筛选出高相关度的文本对。在参数 K（前 K 个检索结果）的设置方面，尝试了 10、50、100 这 3 个取值，对应构建了这 3 个训练数据集 T^{10}、T^{50}、T^{100}，后文将分析在不同训练数据集上得到检索模型的效果。训练数据集中加入了（标题，标题）、（主题，主题）文本对来扩充训练样本，后文也将分析不同训练样本扩充方法对检索效果的影响。

（2）预训练模型的选择与调优

本实验尝试了 3 种基于 Transformer 的预训练模型，包括 BERT[185]、MPNet[188] 和 MiniLM[191]。在模型调优时，需要选择具体的预训练模型对参数进行初始化，本实验的初始化模型可分为 2 类：一类是原始预训练模型，包括 bert-base-uncased、microsoft/mpnet-base 和 nreimers/MiniLM-L6-H384-uncased；另一类是基于原始预训练模型在特定数据集上微调后的文本嵌入模型，包括 sentence-transformers/msmarco-bert-base-dot-v5、sentence-transformers/all-mpnet-base-v2、sentence-transformers/all-MiniLM-L6-v2。在第二类模型中，第一个文本嵌入模型基于"MS MARCO"段落检索数据集训练得到，后2个文本嵌入模型基于"MS MARCO""S2ORC""GOOAQ""AllNLI"等30多个数据集训练得到，这些训练数据集涉及段落检索、科学文献、问答、自然语言推理等领域，共计11.7亿个相似或相关文本对，可以将它们看作通用领域的文本嵌入模型。

在模型调优过程中，在整个训练数据集上进行一次迭代（epoch）训练，学习率为2×10^{-5}，批量大小为64（这3个参数也尝试过其他取值，但未取得更优结果）。对于模型处理的最大文本长度L尝试了64、128、256、384、512这5种不同的取值，后文主要报告效果最好$L=256$的实验结果，同时也会对L的不同取值效果进行分析。对于第一种相关性评分方法，字段权重α_m以0.1为步长，取0~1所有值的组合。对于第二种相关性评分方法，数据集的元数据按标题、主题和描述的顺序依次拼接。对于聚合函数，尝试了取最大值、平均值及第一个子文本串的相似度得分的方法。

（3）检索效果比较的基准模型

稀疏检索模型。向量空间模型和BM25概率模型是2个经典的稀疏检索模型，在信息检索研究中经常被用作基准模型。本实验基于 ElasticSearch 实现这2个模型，使用 Standard 分析器解析文本。对数据集的标题、主题和描述3个字段的权重尝试取{0,1,2,3,4,5}的各种组合（记该评分方法为 Weighted），选择最佳结果进行实验报告。

静态词向量模型。静态词向量模型通过计算文本中所有词向量的均值，可将文本表示为稠密向量。本实验使用待检索数据集的标题和描述来训练 Word2vec[171]、FastText[236]和 Glove[237]模型。在获得数据集各字段的向量表示，或者各元数据字段拼接文本的向量表示后，使用类似于4.3.1.3小节中描述的2种评分方法计算数据集与查询的相关性分数（分别记为 Weighted-MEAN、Concatenated-MEAN）。

通用领域文本嵌入模型。为了对比本小节领域相关的文本嵌入模型的检索效果，实验中也使用了通用领域文本嵌入模型来检索数据集，包括 princeton-nlp/unsup-simcse-roberta-base、sentence-transformers/msmarco-bert-base-dot-v5、sentence-transformers/all-mpnet-base-v2 和 sentence-transformers/all-MiniLM-L6-v2。第一个模型为在100万个英文维基百科句子上无监督学习得到，其他3个模型的训练数据在前面已经描述。使用4.3.1小节中描述的方法向量化查询和数据集，并计算它们之间的相关性分数。

4.3.3 模型效果分析

4.3.3.1 各模型检索效果对比

表4.8给出了各检索模型最优的评测结果。元数据是对数据集的简要描述，其长度

通常很短，在使用基于 Transformer 的稠密向量表示检索数据集时，实验结果表明，选择第一个子文本串的相似度得分方法（即截断文本，忽略超出模型最大处理长度的部分），通常优于或等于取最大值或平均值的方法。因此，表4.8主要给出了截断文本方法的评价结果。

表4.8 稠密检索模型与基准模型的检索效果

	模型	评分方法	P@10	NDCG@10
稀疏检索模型	VSM	Weighted	0.7133	0.6544
	BM25	Weighted	0.8400	0.7732
静态词向量模型	FastText	Weighted-MEAN	0.1867	0.1708
	Word2vec	Weighted-MEAN	0.3400	0.2861
	Glove	Weighted-MEAN	0.3400	0.3138
通用领域文本嵌入模型	princeton-nlp/unsup-simcse-roberta-base	Weighted-FIRST	0.6600	0.6083
		Concatenated-FIRST	0.4933	0.4630
	sentence-transformers/msmarco-bert-base-dot-v5	Weighted-FIRST	0.7467	0.7504
		Concatenated-FIRST	0.7267	0.7553
	sentence-transformers/all-mpnet-base-v2	Weighted-FIRST	0.8000	0.7706
		Concatenated-FIRST	0.7800	0.7699
	sentence-transformers/all-MiniLM-L6-v2	Weighted-FIRST	0.8000	0.7841
		Concatenated-FIRST	0.7666	0.7667
领域相关文本嵌入模型	BERT（以 bert-base-uncased 初始化，在 T^{50} 上训练）	Weighted-FIRST	0.7333	0.7216
		Concatenated-FIRST	0.7267	0.7179
	MPNet（以 microsoft/mpnet-base 初始化，在 T^{50} 上训练）	Weighted-FIRST	0.8067	0.7443
		Concatenated-FIRST	0.7867	0.7505
	MiniLM（以 nreimers/MiniLM-L6-H384-uncased 初始化，在 T^{50} 上训练）	Weighted-FIRST	0.6733	0.6562
		Concatenated-FIRST	0.6200	0.6120
	BERT（以 sentence-transformers/msmarco-bert-base-dot-v5 初始化，在 T^{50} 上训练）	Weighted-FIRST	0.8467	0.7794
		Concatenated-FIRST	0.8000	0.7873
	MPNet（以 sentence-transformers/all-mpnet-base-v2 初始化，在 T^{50} 上训练）	Weighted-FIRST	0.8533	0.7927
		Concatenated-FIRST	0.8400	0.7943
	MiniLM（以 sentence-transformers/all-MiniLM-L6-v2 初始化，在 T^{50} 上训练）	Weighted-FIRST	0.8133	0.7876
		Concatenated-FIRST	0.8467	0.8316

从表中可以看出，使用静态词向量模型的数据集检索方法效果最差。$P@10$ 和 $NDCG@10$ 的得分明显低于 VSM 和 BM25 这 2 种经典的稀疏检索模型。这表明通过 FastText、Word2vec 和 Glove 等静态词向量获得的文本稠密向量表示不能有效地表达文本语义。

通用领域文本嵌入模型可以实现比静态词向量模型更好的检索效果。基于无监督训练的文本嵌入模型（princeton-nlp/unsup-simcse-roberta-base）的检索效果与 VSM 相当；基于"MS MARCO"数据集有监督训练的模型（sentence-transformers/msmarco-bert-base-dot-v5）的检索效果优于 VSM，略低于 BM25；基于"MS MARCO""S2ORC""GOOAQ""AllNLI"等大量数据集有监督训练的模型（sentence-transformers/all-mpnet-base-v2 和 sentence-transformers/all-MiniLM-L6-v2）的检索效果与 BM25 相当甚至略优。这表明：一方面，与静态词向量相比，基于 Transformer 的文本嵌入模型可以更有效地捕捉文本的语义信息；另一方面，与传统的稀疏检索模型相比，在人文社科数据集检索领域无关的数据上训练得到的文本嵌入模型，可以达到相当甚至更好的性能。

在本章方法所构建的领域相关的弱监督数据上训练得到的文本嵌入模型，可获得比通用领域文本嵌入模型更好的检索效果。基于原始的预训练模型（bert-base-uncased、microsoft/mpnet-base、nreimers/MiniLM-L6-H384-uncased）训练获得的文本嵌入模型，其检索效果通常优于 VSM 和无监督训练得到的通用领域文本嵌入模型（princeton-nlp/unsup-simcse-roberta-base）。基于通用领域文本嵌入模型（sentence-transformers/msmarco-bert-base-dot-v5、sentence-transformers/all-mpnet-base-v2、sentence-transformers/all-MiniLM-L6-v2）训练得到的领域相关文本嵌入模型，可获得比 BM25 和通用领域文本嵌入模型更好的检索效果。其中，基于 sentence-transformers/all-MiniLM-L6-v2 训练得到领域相关文本嵌入模型（使用 Concatenated-FIRST 评分方法）的检索性能最优，其 $NGDC@10$ 的得分为 0.8316，比通用领域文本嵌入模型最佳得分和 BM25 分别提高了 4.75 个和 5.84 个百分点。

以上实验结果表明：在训练文本嵌入模型时，首先基于各个领域大量的相关文本对数据集训练获得通用领域文本嵌入模型（该模型包含了通用的相关性判断知识），然后在此基础上利用本章方法所构建的弱监督数据集训练获得领域相关文本嵌入模型（进一步学习到了人文社科数据集检索领域的相关性判断知识），利用该文本嵌入模型可以得到更优的数据集向量表示，并显著提升数据集检索的效果。

4.3.3.2 模型的参数取值分析

在弱监督训练数据集的构建中，不同的 K 值可能会影响训练数据的质量。表 4.9 以效果最优的 MiniLM 为例，给出了不同训练数据集对最终检索性能的影响。从表中可以看出，当 K 值在 50 以内时，$NDCG@10$ 得分差异不大。随着 K 值的增加，$NDCG@10$ 得分降低。尽管如此，在 T^{100} 上训练得到的文本嵌入模型的检索性能仍然优于通用领域文本嵌入模型和 BM25 模型。这表明本章使用的相关文本对过滤方法可以提高训练数据的质量，从而获得更好的数据集检索效果。

表 4.9 不同 K 值获得的训练数据集对检索性能的影响（以 MiniLM 为例）

模型	训练数据集	评分方法	P@10	NDCG@10
MiniLM（以 sentence-transformers/all-MiniLM-L6-v2 初始化）	T^{10}	Concatenated-FIRST	0.8267	**0.8318**
	T^{50}	Concatenated-FIRST	**0.8467**	0.8316
	T^{100}	Concatenated-FIRST	0.8333	0.8116

在弱监督训练数据集的构建中，加入了同一数据集的（标题，标题）、（主题，主题）文本对来扩充原始的（标题，描述）、（主题，描述）训练数据（即 $T^{K}_{field-pair}$）。表 4.10 给出了以效果最优的 MiniLM 模型为例，在 $T^{50}_{field-pair}$ 基础上不同的训练数据集扩充方法对检索效果的影响。从表中可以看出，使用（标题，标题）+（主题，主题）的扩充效果最佳，加入（描述，描述）或者单独使用（描述，描述）的检索效果都变得更差。造成这一现象的可能原因在于：描述文本较长而用户查询较短，将描述字段类比为用户查询与真实数据集检索中的查询长度存在差异，从而影响了模型学习的效果。与之相对，标题和主题字段通常较短，因而能在一定程度上提升模型的训练效果。

表 4.10 不同训练数据集扩充方法的检索效果（以 MiniLM 为例）

训练数据集	评分方法	P@10	NDCG@10
$T^{50}_{field-pair}$	Concatenated-FIRST	0.8266	0.8105
$T^{50}_{field-pair}$+（标题，标题）+（主题，主题）	Concatenated-FIRST	0.8467	0.8316
$T^{50}_{field-pair}$+（描述，描述）	Concatenated-FIRST	0.8133	0.8030
$T^{50}_{field-pair}$+（标题，标题）+（主题，主题）+（描述，描述）	Concatenated-FIRST	0.8200	0.8072

在文本嵌入模型的训练中，需要设置模型输入的最大文本长度 L。当 L 越小时，模型训练和推理的速度会越快；反之则越慢。表 4.11 以效果最优的 MiniLM 模型为例，给出不同 L 取值下，人文社科数据集的最终检索效果。从表中可以看出，当 L 取值为 256 时，检索效果最佳。当 L 取值更小或更大时，NDCG@10 得分下降。对此的一种可能的解释为：数据集的元数据文本长度通常都相对较短，截取"标题+主题+描述"文本串的前 256 个词，能够较为有效地捕获到绝大多数重要的信息，从而可以获得最优的检索效果；使用更短的 L（部分文本信息被丢弃）或更长的 L（提高模型捕捉到重要信息的难度）则可能会降低模型学习到的语义知识，从而使得模型的检索效果降低。

表 4.11 不同词嵌入模型的输入文本最大长度对检索效果的影响（以 MiniLM 为例）

模型	长度	评分方法	P@10	NDCG@10
MiniLM（以 sentence-transformers/all-MiniLM-L6-v2 初始化，在 T^{50} 上训练）	64	Concatenated-FIRST	0.8200	0.8155
	128	Concatenated-FIRST	0.8333	0.8286
	256	Concatenated-FIRST	**0.8467**	**0.8316**
	384	Concatenated-FIRST	**0.8467**	0.8214
	512	Concatenated-FIRST	0.8333	0.8143

4.4 基于元数据扩充的数据集稀疏检索方法

在 4.3 节中，利用深度学习模型将数据集的元数据与用户查询表示为稠密向量，可以在一定程度上实现人文社科数据集的语义检索。然而，通过第三章的研究分析可知，人文社科数据集的元数据信息稀少，仅利用有限的信息实现查询匹配会影响检索的效果。在本节中，将探索利用数据集的关联文献和深度学习文本生成模型，来扩充数据集的元数据信息。在此基础上，使用稀疏检索模型，便可以有效提升人文社科数据集的检索效果。

4.4.1 检索模型设计

基于元数据信息扩充的人文社科数据集稀疏检索模型框架如图 4.5 所示，主要包括 3 个部分：基于关联文献的元数据扩充，基于深度学习的元数据扩充，基于元数据扩充的数据集检索。在人文社科数据集中，有相当比例的数据集存在关联文献，而关联文献的元数据通常具有更高的质量。因此，本小节研究通过识别和获取数据集的关联文献，并利用关联文献的信息来扩充数据集的描述元数据。考虑到 BM25 等稀疏检索模型主要通过词频等方法对文档打分，难以从语义上提取文本的重要特征，同时自然语言中还存在同义词、近义词等语言现象。因此，本小节研究还探索利用深度学习文本生成模型，为数据集的元数据生成扩充信息。最后，将 2 种扩充的元数据信息相结合，基于扩充后的元数据建立倒排索引，使用 BM25 模型检索数据集，以期得到更好的检索效果。

4.4.1.1 基于关联文献的元数据扩充

数据集的关联文献通常具有标题、描述等元数据信息，这些信息可以作为数据集元数据的补充。设数据集 d_i 的主题元数据字段为 $(d_i^{title}, d_i^{subject}, d_i^{desc})$，$d_i$ 的关联文献集合为 P_i，其中文献 p_{ij} 的主题元数据字段为 $(p_{ij}^{title}, p_{ij}^{desc})$（后文实验中通过 Semantic Scholar 获取关联文献的元数据信息，缺乏关键词字段，因而仅选用了标题和描述作为文献的主题元数据字段）。考虑到仅部分数据集有关联文献，如果将关联文献描述信息作为对数据集进

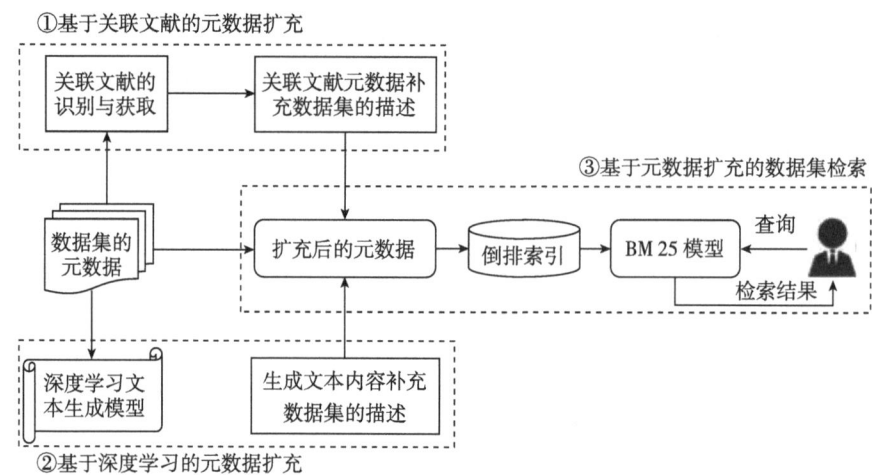

图 4.5　基于元数据信息扩充的人文社科数据集稀疏检索模型框架

行描述的独立元数据字段，则会导致没有关联文献的数据集在该字段的取值为空，使得这类数据集在后续各字段加权汇总相关性得分时处于不利地位。因此，笔者采用了将关联文献元数据与数据集元数据直接融合的方法。具体地，数据集 d_i 扩充后的元数据为：

$$d_i = (d_i^{title}, d_i^{subject}, d_i^{desc} + P_i^{title}, d_i^{desc} + p_i^{supported-desc}), \quad (4.12)$$

$$P_i^{title} = \sum_j p_{ij}^{title}, \quad (4.13)$$

其中，元数据字段相加指以句号为分隔符的文本字符串拼接。$p_i^{supported-desc}$ 指数据集 d_i 所直接支撑的关联文献 $p_i^{supported}$ 的描述字段，也即研究者在发表论文时，应期刊要求或自发意识将相关支撑文献研究结论的数据打包共享形成数据集，通常该数据集与其直接支撑的关联文献具有相同或相似的标题和作者。关联文献的标题是其内容的高度浓缩，可以很好地概括数据集的应用场景，将其直接补充到描述字段中，可以增强对数据集的内容描述。关联文献描述（摘要）字段文本内容较多，很多内容可能是特定研究相关的信息，与数据集本身的关联不大，一些数据集可能会有大量的关联文献，如果将其全部引入则会增加很多噪声数据。因而，笔者仅将数据集直接支撑的关联文献的摘要引入数据集的描述中。

4.4.1.2　基于深度学习的元数据扩充

深度学习模型能够从海量的文本数据中学习语言知识，这些学习到的知识可以用来为给定文本生成更多的相关描述信息，在本小节的研究中将探索利用 docT5query[238] 文本生成模型来扩充数据集的元数据。文本到文本迁移转换器（text-to-text transfer transformer，T5）[194] 是一种序列到序列的深度学习模型，即输入为文本，输出也为文本。T5 模型采用了整个 Transformer 的神经网络结构（包含了 Transformer 的编码器和解码器），与仅包含 Transformer 编码器的 BERT 模型相比，T5 模型不仅可以处理文本分类等自然语言理解问题，也能胜任自然语言文本生成任务。通过在 750G 的 C4（colossal clean crawled corpus）数据集上进行模型预训练，T5 模型学习到了丰富的语言知识。docT5query 模型则利用了 T5 模型的自然语言生成能力，通过将给定待检索的文本作为输入，训练模型来预测待检索文本可能匹配的用户查询，即输出为潜在的查询。如图 4.6 所示，图中左侧为模型的输入文本，"text2query"和"abstract2title"为 2 种不同的文本前缀，用于提示模型生成不同类型的查询；右侧为模型的输出，根据不同的输入前缀，可生成不同类型的潜在查询文本。

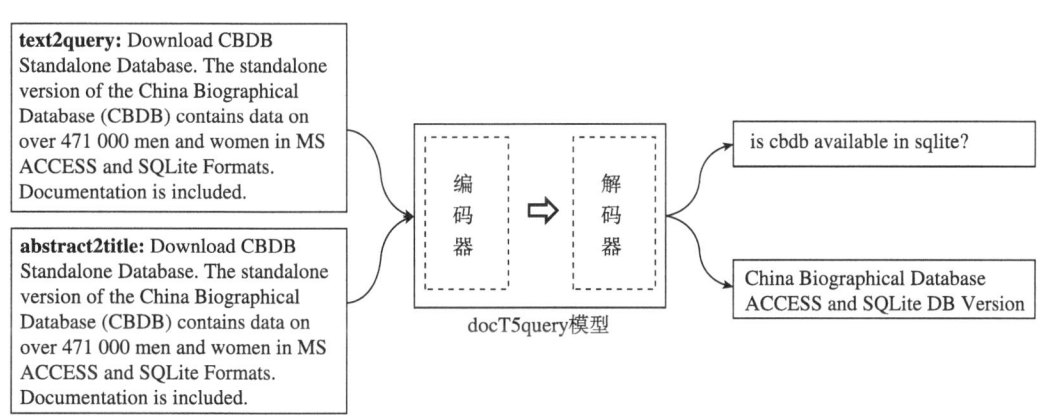

图 4.6　docT5query 模型示意

docT5query 模型在预训练 T5 模型的基础上进行微调，与 BERT 模型微调需要添加非线性层不同，T5 模型微调时无须对模型做任何改动，只需要提供输入文本和输出文本对的集合即可（输入文本需要添加前缀申明，用于标识不同的任务）。笔者尝试了在 2 种数据集上微调的模型：一种是在问答数据集上微调的模型，文本对为相关的回答文本和用户查询的问题；另一种是在文献数据集上微调的模型，文本对为论文的摘要和题目。设数据集 d_i 的主题元数据字段为 $(d_i^{title}, d_i^{subject}, d_i^{desc})$，将 d_i 的标题、主题和描述字段直接拼接在一起（以句号为分隔符），输入 docT5query 模型中，可得到模型预测的用户查询 q'_i。对于同一个输入文本，docT5query 每次运行可产生不同的输出，为了能够以更大的概率匹配上真实用户查询，可获取 K 个预测查询 $\{q'_{i1}, q'_{i2}, \cdots, q'_{iK}\}$。在数据集元数据表示中，将该扩展信息作为一个单独的字段，即数据集 d_i 扩充后的元数据表示为：

$$d_i = (d_i^{title}, d_i^{subject}, d_i^{desc}, \sum_{j=1}^{K} q'_{ij}), \qquad (4.14)$$

$$q'_{ij} = \text{docT5query}(d_i^{title} + d_i^{subject} + d_i^{desc})。\qquad (4.15)$$

4.4.1.3 基于元数据扩充的数据集检索

上述2种元数据扩充方法具有不同的特点。基于关联文献的元数据扩充方法利用数据集本身关联的外部知识，补充和完善对数据集的描述。例如，其他学者的研究论文引用了某个学者创建的数据集，这些论文提供了数据集可能适用的研究问题和研究领域；特定论文的元数据则可以补充其研究结论的直接支撑数据集的元数据信息。基于深度学习文本生成模型的元数据扩充方法则是利用从大规模文本数据中学习到的语言知识，在已有元数据的基础上，提取重要的文本特征，生成用户可能使用的查询词汇。因此，通过将这2种方法相结合，有可能进一步提升人文社科数据集的检索效果。具体地，融合2种方法的数据集 d_i 扩充后的元数据表示为：

$$d_i = (d_i^{title}, d_i^{subject}, d_i^{desc} + P_i^{title}, d_i^{desc} + p_i^{support-desc}, \sum_{j=1}^{K} q'_{ij}) \text{。} \quad (4.16)$$

基于以上扩充后的元数据，采用 BM25 模型对数据集进行检索。首先，对扩充后元数据的各字段文本建立倒排索引；然后，使用 BM25 评分器对各字段的相关性进行打分；最后，对不同字段相关性得分加权得到整体的相关性。即用户查询 q 与数据集 d_i 的相关性得分为：

$$rel(q, d_i) = bm25(q, d_i) = \sum_j \beta_j \times bm25(q, d_i^{field_j}), \quad (4.17)$$

其中，$\beta_j \geq 0$，$field_j$ 为数据集元数据扩充后第 j 个元数据字段。

4.4.2 实验设置

为了验证所提出的基于元数据扩充的数据集检索方法的效果，使用4.2节构建的测评数据集进行检索实验，基于数据集的标题、主题和描述3个元数据字段实现主题性检索。以下对实验相关设置进行详细介绍。

（1）关联文献的提取

本实验所用的人文社科数据集的关联文献，主要从数据集本身提供的元数据信息中获取。对于来自于 Dataverse 相关数据仓储（如 Harvard Dataverse、The Qualitative Data Repository 等）的数据集，利用3.5.1小节的方法获取数据集的关联文献。即利用数据集的标题 "Replication Data for" "相关出版物" 元数据中的标识符（如 DOI 等）和 URL 链接、"相关出版物" 元数据中的引文文本识别关联文献。对于来自 ICPSR 的数据集，数据采集时利用 OAI-PMH 收割带有详细关联文献的元数据，从其中直接提取文献的作者、标题和标识符信息，之后利用3.5.1小节的方法获取这些文献在 Semantic Scholar 中对应的详细元数据。对于来自其他平台的数据集，首先从元数据中提取关联文献的文本描述，利用3.5.1小节训练得到的文献标题和作者识别模型提取文献的标题和作者，并从

Semantic Scholar 中获取文献的详细元数据。最终，共有 23 216 个数据集获取了关联文献。

在 $p_i^{supported}$ 关联文献识别中，将数据集 d_i 标题中可能的"Replication Data for"前缀去掉；然后将数据集标题和关联文献标题中的所有标点符号去除，并将文本转为小写；最后判断数据集标题与文献标题是否相同，如果相同则认为文献 $p_i^{supported}$ 的直接支撑数据集为 d_i。最终，共获取了 4694 个数据集所直接支撑的关联文献。

（2）docT5query 元数据扩充信息的生成

笔者尝试了在 2 种数据集上训练得到的 docT5query 模型。一种是问答数据集上训练获得的模型，记为 docT5query（text2query），训练文本对为相关问题的回答文本和用户查询的问题，包括了来自必应搜索的 MS MARCO 数据集[239]，以及来自谷歌搜索的 GOOAQ[240] 和 Natural Questions 数据集[241]。另一种是在科学文献数据集上训练的模型，记为 docT5query（abstract2title），文本对为论文摘要和标题，来自 Semantic Scholar 的 S2ORC 数据集[242]。T5 模型包含了 Transformer 完整的编码器和解码器模块，其解码器文本生成过程是串行进行的，因此 docT5query 模型的训练需要消耗大量的计算资源和 GPU 显存。在本小节的研究中，直接使用在上述数据集上训练好的模型"doc2query/all-with_prefix-t5-base-v1"[243]，并基于不同的前缀（即 text2query 和 abstract2title）来生成不同类型的潜在查询文本。

对于每个输入文本生成的潜在查询文本数量 K，尝试了 1、3、5、10、20、30 的不同取值。下文实验报告主要呈现了 $K=5$ 的检索效果，同时也会分析不同 K 值对检索效果的影响。docT5query 在模型推理阶段（即生成潜在查询）也需要消耗大量计算资源，以本小节研究中所使用的约 10 万个数据集为例，为每个数据集生成 30 个"abstract2title"类型的潜在查询需要在 Tesla P100 显卡上运行 30 多个小时。不过，一旦完成了元数据的扩充，在数据集检索阶段基于稀疏检索模型可以快速返回检索结果。

（3）检索效果比较的基准模型

与 4.3 节一样，选择在数据集的原始元数据上实现的 VSM 和 BM25 概率模型作为基准模型。同时，对不同的元数据扩充方法进行比较，包括仅使用关联文献的元数据扩充方法、仅使用 docT5query 的元数据扩充方法及关联文献+docT5query 的元数据扩充方法。基于 ElasticSearch 实现 VSM 和 BM25 模型，对元数据各字段权重取值 β_j 尝试了 {0,1,2,3,4,5} 的各种组合，选择最优检索效果进行实验汇报。

4.4.3 模型效果分析

4.4.3.1 各模型检索效果对比

表 4.12 给出了稀疏检索模型、关联文献+稀疏检索模型、docT5query+稀疏检索模型、关联文献+docT5query+稀疏检索模型的检索效果。从表中可知，在引入关联文献之后，"关联文献+稀疏检索模型"的检索效果较未扩充元数据的稀疏检索模型的效果有少

量提升。这是因为，关联文献提供的描述信息可补充对数据集的描述。例如，数据集（DOI 为 10.7910/DVN/PN7UPO）的标题"Plandemic tweets"与查询"COVID-19 twitter data"不存在相同的词汇，并且该数据集的描述文本非常简略，基于关键词也无法匹配上。但是数据集的关联文献标题为"The Twitter origins and evolution of the COVID-19 'plandemic' conspiracy theory"，利用关联文献提供的信息，可以提升该数据集的相关性得分。事实上"Plandemic"与"COVID-19"、"tweets"与"twitter"高度相关，这里的"Plandemic"特指新冠流行病。虽然关联文献扩充可以在一些情况下提升检索效果，但是也会引入一定的噪声数据，从而使得检索效果仅有少量的提升。

表 4.12 各元数据扩充方法的检索效果

类型	模型	P@10	NDCG@10
稀疏检索模型	VSM	0.7133	0.6544
	BM25	0.8400	0.7732
关联文献+稀疏检索模型	关联文献+VSM	0.7200	0.6564
	关联文献+BM25	0.8400	0.7821
docT5query+稀疏检索模型	docT5query（text2query）+VSM	0.7400	0.7101
	docT5query（abstract2title）+VSM	0.8333	0.7779
	docT5query（text2query）+BM25	0.8400	0.7863
	docT5query（abstract2title）+BM25	0.8933	0.8378
关联文献+docT5query+稀疏检索模型	关联文献+docT5query（abstract2title）+BM25	0.8933	0.8406

表 4.12 还给出了利用 docT5query 为数据集的元数据生成的 5 个潜在查询的检索效果。从表中可以看出，基于 docT5query 的元数据扩充方法的检索效果提升显著。其中，docT5query（abstract2title）+ BM25 的检索模型效果较优，其 NDCG@10 得分达到 0.8378，较 BM25 模型高出了约 6 个百分点。docT5query 显著提升检索效果的原因在于它能够从数据集的元数据文本中提取重要的特征词。例如，某一数据集（DOI 为 10.7910/DVN/F6BBOF）的标题为"ACCESS and SQLite DB Version（November 10 2020）"，它是 2020 年 11 月版的"中国历代人物传记资料数据库"，然而该标题无法准确地反映数据集的内容特征。利用 docT5query 模型，可以从数据集的元数据集中提取出类似"China Biographical Database ACCESS and SQLite DB Version（November 10 2020）"（使用 abstract2title 前缀）这样的潜在查询，而这一信息能够较为准确地反映数据集的核心内容。比较 abstract2title 和 text2query 这 2 种不同类型的元数据扩充方法的检索效果可以发现，前者的检索效果更优。这是因为 abstract2title 更能提取主题内容，如前述数据集生成的

text2query 类型的潜在查询类似"is cbdb available in sqlite？"，这些查询多为问句，不如在科学文献数据中训练得到的 abstract2title 类型潜在查询的质量高。

将效果较优的"关联文献+BM25"和"docT5query（abstract2title）+ BM25"相结合，可以获得更好的检索效果。表 4.12 中"关联文献+docT5query（abstract2title）+ BM25"的 $NDCG@10$ 的得分达到 0.8406，比 VSM、BM25 模型分别高出约 18.6 个和 6.7 个百分点，具有最优的检索效果。

4.4.3.2 模型的参数取值分析

docT5query 模型每次运行可以产生不同的潜在查询，潜在查询的数量 K 可能会影响人文社科数据集的检索效果。为此，针对"关联文献+docT5query（abstract2title）+ BM25"模型，获取了不同 K 取值下的检索效果，如图 4.7 所示。从图中可以看出，当 K 取值 1~5 时，检索效果随着 K 取值的增加而逐渐提升，当 K 取值超过 5 以后，检索效果基本保持平稳，但有下降的趋势。因此，可以认为取 5 个 docT5query 生成的潜在查询即可达到最佳检索效果。这时，需要扩充的文本数量相对较少，docT5query 模型的计算量可以降低，同时倒排索引的文本数量也减少，检索效率可相对提高。

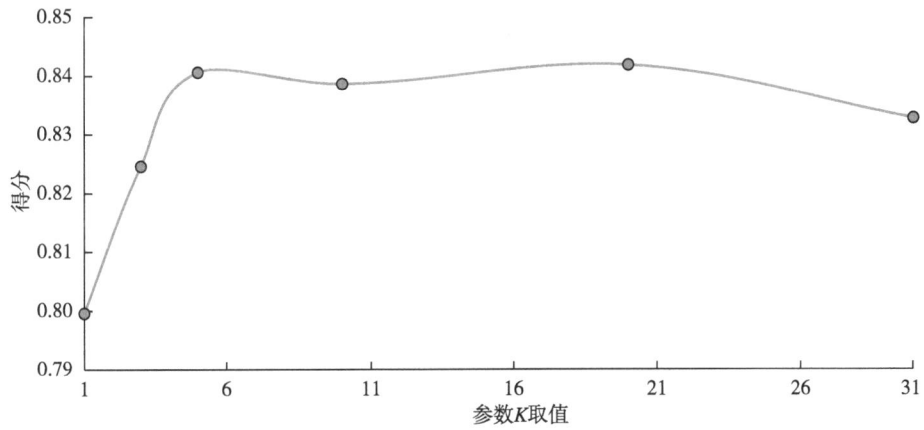

图 4.7 参数 K 不同取值下"关联文献+docT5query（abstract2title）+BM25"的检索效果

4.5 融合稠密与稀疏模型的数据集检索方法

第 4.3 节和第 4.4 节分别通过稠密检索和稀疏检索模型实现了人文社科数据集的检索，这 2 种检索模型存在一定的差异，前者可以匹配到语义相关但是字面不匹配的数据集，后者则是久经检验的基于字面匹配的经典检索模型。将两者结合起来，则有可能进一步发挥各自的优势，提升检索效果。因此，本节将探索融合稠密检索与稀疏检索的方法，以进一步提升人文社科数据集的检索效果。

4.5.1 检索模型设计

本小节融合稠密与稀疏检索模型的人文社科数据集检索模型的框架如图4.8所示，主要包括3个部分：数据集索引，候选数据集检索，候选数据集重排序。在数据集检索之前，需要对数据集的元数据建立索引。使用4.3.1.1小节的方法获得文本嵌入模型，将数据集元数据文本转换为向量，并建立向量索引；同时，基于4.4.1小节方法对数据集的元数据进行扩充，使用倒排索引器对扩充后的元数据建立倒排索引。在候选数据集检索阶段，使用文本嵌入模型将用户查询转换为查询向量，并基于查询向量和数据集向量之间的相似度，获取相关数据集；同时，使用分词器对用户查询进行分词，基于BM25评分在倒排索引中获取相关数据集；将基于向量相似度和BM25评分检索的各自前L个相关数据集进行合并，组成候选数据集的集合。候选数据集各自原始的评分结果（稠密向量相似度、BM25得分）无法相互比较，因此在候选数据集重排序阶段，使用基于BERT的排序模型[244]对候选数据集的相关性重新进行评分，依据评分结果对数据集进行排序，该排序结果作为最终检索结果输出给用户。

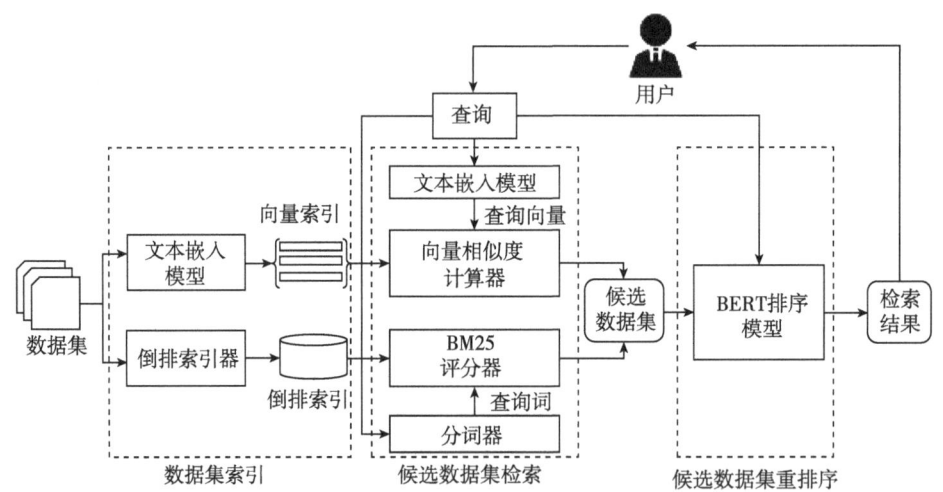

图4.8 融合稠密与稀疏检索模型的人文社科数据集检索模型的框架

4.5.1.1 数据集索引

数据集索引主要包括向量索引和倒排索引。在向量索引建立中，利用4.3.1.1小节方法基于数据集元数据所构造的弱监督数据训练得到领域相关的文本嵌入模型，使用该模型将数据集的元数据表示为向量，并对其建立向量索引。在数据集的数量不多时，可以使用精准最近邻查找工具实现向量索引，如Faiss[181]、ElasticSearch等。当数据集的数量很大时，精准最近邻查找的时间复杂度随数据集的数量呈线性增长，会导致检索延迟变大，这时可使用近似最近邻搜索工具建立向量索引，如 Faiss[181]。在倒排索引建立中，首先基于 4.4.1.1 小节和 4.4.1.2 小节方法，利用关联文献和深度学习文本生成模型对数据集的元数据进行扩充；然后在扩充后元数据的基础上建立倒排索引，在具体实现中可以利用 Lucene、Terrier、Solr、ElasticSearch 等信息检索工具。

4.5.1.2 候选数据集检索

在候选数据集检索阶段，利用 2 种信息检索范式来获取潜在相关的数据集：一种是基于深度学习模型的稠密检索模型，另一种是基于查询词字面匹配的稀疏检索模型。稠密检索模型基于深度学习模型获得文本的稠密向量表示，并利用向量之间的相似度实现检索。稀疏检索模型则基于文本字符串的字面匹配，主要依据查询词在待检索文档中出现的频率、查询词的逆文档频率、待检索文档的长度等信息实现数据集的检索评分。深度学习模型可以抽取文本的语义特征，因而稠密检索模型可以获取语义相关但字面无法匹配的数据集，而稀疏检索模型则更擅长依据字面匹配信息查找相关的数据集。将这两种检索范式结合，可以获取尽可能多的潜在相关数据集。

在稠密检索中，使用文本嵌入模型将查询 q 表示为向量，并在数据集的向量索引中进行最近邻搜索，详细的查询 q 与数据集 d_i 的相似度得分 $sim(\boldsymbol{q}, d_i)$ 计算方法见 4.3.1.3 小节。在稀疏检索中，利用分词器对查询 q 进行解析，然后在倒排索引中匹配数据集并计算 BM25 得分，详细的查询 q 与数据集 d_i 的相似度得分 $bm25(\boldsymbol{q}, d_i)$ 计算方法见 4.4.1.3 小节。最后，分别选择基于稠密检索相似度和稀疏检索相似度最高的前 L 个检索结果作为候选数据集的集合，即

$$D_{\boldsymbol{q}}^{candidate} = \max_{d_i \in D}^{L} sim(\boldsymbol{q}, d_i) \cup \max_{d_i \in D}^{L} bm25(\boldsymbol{q}, d_i),\quad(4.18)$$

其中，D 为所有待检索的数据集的集合。考虑到候选数据集重排序阶段所利用的 BERT 排序模型计算开销很大，候选数据集集合越小（即 L 越小），越有利于更快地返回检索结果。

4.5.1.3 候选数据集重排序

为了对候选数据集进行排序，笔者利用基于 BERT 的学习排序模型[244]预测数据集与查询的相关性得分，进而依据得分对检索结果重新排序。传统学习排序模型需要做大量特征工程，一些特征并非来自查询和文档内容本身（如文档的 PageRank 值）。BERT 排序模型具有很强的特征抽取能力，仅需要将用户查询和被检索文本输入模型，便可抽取深层语义特征，并据此来计算相关性。

BERT 排序模型结构如图 4.9 所示。在输入端，将用户查询 q 和数据集元数据文本 d 当作 2 个文本序列（d 由数据集各元数据字段直接拼接而成），按照"[CLS], q, [SEP], d, [SEP]"的格式传入 BERT 模型，其中 [CLS]、[SEP] 为 BERT 模型的 2 个特殊词

汇。在排序模型中，输入数据经过 BERT 模型后，会生成每个词汇对应的语义向量。由于相关性判断需要考虑整个输入数据，因此取[CLS]对应的向量 $v_{[CLS]}$，在其后接入神经元个数为 1 的全连接层。将相关性判断视为回归问题，模型训练采用均方误差损失函数。

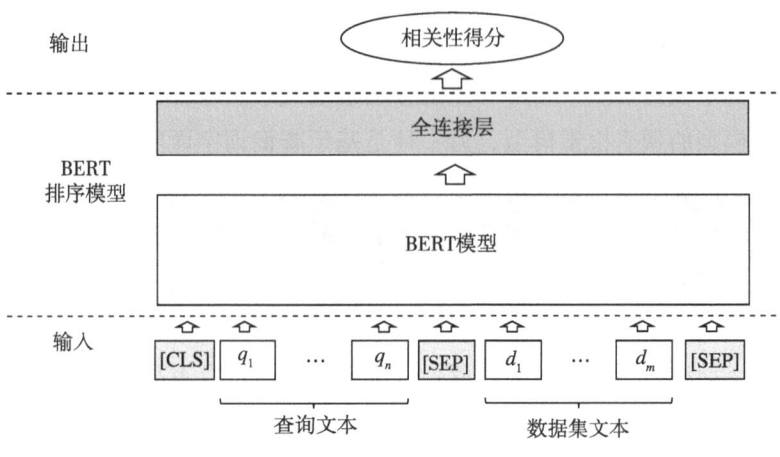

图 4.9 基于 BERT 的排序模型

BERT 排序模型需要大量数据进行模型训练，然而对于本章数据集检索来说，缺乏该领域的大规模标注数据。由于人工标注成本极高，手动构造训练数据集费时费力。为此，尝试了 2 种方法：一种方法是基于内容的弱监督学习[235]，从文献数据库中获取特定学科领域的论文题录信息，将同一篇论文的标题和摘要看作具有隐含的相关性，从而构造训练数据的正例，用该篇论文的标题检索（如 BM25）其他论文的摘要，从前 K 个相关结果中随机抽取一个摘要来构造负例；另一种方法是使用通用领域文档检索的大规模标注数据进行模型训练，考虑到相关性在不同领域具有一定的共性，通用领域的相关性判断能够在一定程度上迁移到数据集检索领域。下文实验部分将对 2 种方法的排序效果进行比较。

4.5.2 实验设置

为了验证所提出的融合稠密与稀疏模型的数据集检索方法的效果，使用 4.2 节构建的测评数据集进行检索实验，基于数据集的标题、主题和描述 3 个元数据字段实现主题性检索。以下对实验相关设置进行详细介绍。

（1）候选数据集检索模型的选择

在候选数据集的稠密检索模型中，尝试使用了 4.3.1.1 小节方法，分别以 sentence-transformers/msmarco-bert-base-dot-v5、sentence-transformers/all-mpnet-base-v2、sentence-transformers/all-MiniLM-L6-v2 为模型初始化参数，在 T^{50} 数据集上训练得到文本嵌入模型。为了显示方便，将 3 种模型分别记为 BERT、MPNet、MiniLM。对于最终数据集检索结果评分方法，尝试了 4.3.1.3 小节所有方法，发现聚合函数 FIRST 与 MAX 和 MEAN 最终的效果差异不大。因此，后文结果分析中仅展示了 Concatenated-FIRST、Weighted-FIRST 2 种评分方法的实验结果。在候选数据集的稀疏检索模型中，使用效果最优的"关联文献+docT5query(abstract2title)+BM25 模型"，即利用关联文献和 docT5query(abstract2title) 文本生成模型进行数据集的元数据扩充，再在扩充后的元数据上利用 BM25 模型实现数据集的检索。最后，分别取稠密检索模型和稀疏检索模型的前 100 个结果组成候选数据集的集合，该集合将作为候选数据集重排序的输入。

（2）排序模型的训练

对于基于内容的弱监督学习的排序模型，从 Scopus 中获取了 2011—2020 年发表的 12 万篇人文社科领域论文（包括 Scopus 的艺术与人文、商业管理和会计、决策科学、经济学计量学和金融学、心理学、社会科学共 6 个学科）。将同一篇论文的标题和摘要作为正例，基于 BM25 模型使用论文的标题检索所有论文的摘要，从前 100 个检索结果中随机选择 4 篇其他论文的摘要作为负例，最终共构造了 30 万个的训练样例。尝试了 BERT、SciBERT[245]等模型，在该数据集上进行排序模型的训练。最终选择效果较好的基于 SciBERT 训练得到的排序模型进行实验结果的报告，并将该方法得到的排序模型记为 Rerank(sp)。

对于利用通用领域文档检索数据集进行排序模型训练的方法，选择了 MSMARCO Passage Ranking[246]，它是微软基于必应搜索引擎真实用户查询构造的段落检索数据集，拥有数十万真实查询和数千万的训练样本。已有大量研究基于该数据集进行模型训练，笔者直接使用已训练好的"cross-encoder/ms-marco-MiniLM-L-12-v2"模型。该模型先基于 BERT-Base、BERT-Large、ALBERT-Large 在 MSMARCO Passage Ranking 上进行排序模型的训练，然后使用 MiniLM 模型进行知识蒸馏以得到运行速度更快的模型[247]。将使用 MSMARCO Passage Ranking 训练得到的排序模型记为 Rerank(ms)。

此外，在候选数据集重排序时，首先按照"题名""主题词""描述"的顺序将数据集的元数据文本拼接在一起（以英文句号为分隔），然后将查询和拼接后的文本输入排序模型得到数据集的相关性得分。

（3）基准模型

与 4.3 节和 4.4 节保持一致，选择在数据集的原始元数据上实现的向量空间模型和 BM25 概率模型作为基准模型。为了便于比较分析各类模型的检索效果，同时也将 4.3 节效果最优的稠密检索模型和 4.4 节效果最优的稀疏检索模型纳入比较范围。

4.5.3 模型效果分析

4.5.3.1 各模型检索效果对比

表4.13给出了各类模型最优的检索效果。对于基于Scopus文献数据训练得到的排序模型Rerank(sp)，如果稀疏检索模型基于Weighted-FIRST进行评分，则其NDCG@10的得分可超过0.85，优于原始的稠密检索和稀疏检索模型的检索效果。这说明，文献的标题和摘要具有较好的相关性，基于此构建的弱监督数据能够用于排序模型的训练，并可提升数据集的检索效果。与Weighted-FIRST评分相比，采用Concatenated-FIRST评分的检索效果较差，这可能是由于Concatenated-FIRST对数据集的描述字段赋予的权重不高，未能将更多潜在相关的数据集排序到前100，而Rerank(sp)排序的能力有限，未能做出更优的排序结果。

表4.13 各类模型最优的检索效果

模型类型	模型	评分方法/元数据扩充方法	P@10	NDCG@10
基准模型	向量空间模型	—	0.7133	0.6544
	BM25	—	0.8400	0.7732
稠密检索	BERT	Weighted-FIRST	0.8467	0.7794
		Concatenated-FIRST	0.8000	0.7873
	MPNet	Weighted-FIRST	0.8533	0.7927
		Concatenated-FIRST	0.8400	0.7943
	MiniLM	Weighted-FIRST	0.8133	0.7876
		Concatenated-FIRST	0.8467	0.8316
稀疏检索	BM25	关联文献+docT5query（abstract2title）	**0.8933**	0.8406
稠密检索+稀疏检索+排序模型（Scopus）	BERT+BM25+Rerank(ms)	Weighted-FIRST、关联文献+docT5query（abstract2title）	0.8800	0.8548
		Concatenated-FIRST、关联文献+docT5query（abstract2title）	0.8200	0.8090
	MPNet+BM25+Rerank(sp)	Weighted-FIRST、关联文献+docT5query（abstract2title）	0.8733	0.8514
		Concatenated-FIRST、关联文献+docT5query（abstract2title）	0.8067	0.8015
	MiniLM+BM25+Rerank(sp)	Weighted-FIRST、关联文献+docT5query（abstract2title）	0.8667	0.8530
		Concatenated-FIRST、关联文献+docT5query（abstract2title）	0.8600	0.8343

续表

模型类型	模型	评分方法/元数据扩充方法	P@10	NDCG@10
稠密检索+ 稀疏检索+ 排序模型 （MS MARCO）	BERT+BM25+ Rerank(ms)	Weighted-FIRST、 关联文献+docT5query（abstract2title）	0.8800	0.8782
		Concatenated-FIRST、 关联文献+docT5query（abstract2title）	0.8600	0.8574
	MPNet+BM25+ Rerank(ms)	Weighted-FIRST、 关联文献+docT5query（abstract2title）	0.8800	0.8772
		Concatenated-FIRST、 关联文献+docT5query（abstract2title）	0.8667	0.8661
	MiniLM+BM25+ Rerank(ms)	Weighted-FIRST、 关联文献+docT5query（abstract2title）	0.8800	0.8803
		Concatenated-FIRST、 关联文献+docT5query（abstract2title）	0.8467	0.8521

与 Rerank(sp) 模型相比，基于 MSMARCO Passage Ranking 数据集训练得到的 Rerank(ms) 排序能力则更强。如果稀疏检索模型基于 Weighted-FIRST 进行评分，则其 NDCG@10 得分可达到 0.88 左右（最高可达 0.8803），显著高于原始的稠密检索和稀疏检索模型的检索效果。即使采用 Concatenated-FIRST 评分方法，其 NDCG@10 的得分也超过了 0.85。由此可见，MSMARCO Passage Ranking 虽然面向的是通用搜索引擎领域，但是该数据集提供的相关性信息仍然适用于人文社科数据集检索，并强于文献标题和摘要提供的相关性信息。

此外，基于关联文献和 docT5query 元数据扩充的稀疏检索模型 P@10 得分最高，但其 NDCG@10 得分却显著低于"稠密检索+稀疏检索+排序模型（MS MARCO）"。造成这种现象的原因可能在于稀疏检索模型的结果中包含大量字面匹配的数据集，数据标注者在做判断时，倾向于将一些部分字面匹配的数据集标注为部分相关，而 P@10 在计算相关性时把部分相关和完全相关同等对待，使得该模型的精度得分较高。在本章中以 NDCG@10 作为主要评价指标，P@10 仅作为辅助参考，这 2 个指标具有较大的相关性，通常只有 P@10 足够高，NDCG@10 才能够达到一个较高的水平。

通过以上分析可知：在候选数据集阶段，利用稠密检索和稀疏检索这 2 种差异较大的检索模型，能够获取更多潜在相关的数据集；在候选数据集重排序阶段，利用基于 BERT 的排序模型可以获得更优的排序效果，并且基于通用搜索引擎数据训练的排序模型也能适用于人文社科数据集的检索。本小节"稠密检索+稀疏检索+排序模型"对人文社科数据集的检索效果提升显著，其 NDCG@10 的得分最高可达 0.8803；与基准的向量空间模型和 BM25 模型相比，分别提升了 22.59 个和 10.71 个百分点；与最优的基于弱监督的稠密检索模型相比，提升了 4.87 个百分点；与最优的基于元数据扩充的稀疏检索模型相比，提升了 3.97 个百分点。

4.5.3.2 模型语义检索能力分析

表 4.14 给出了各模型最优检索结果中与查询语义相关，但字面无法完全匹配的数据集的样例，表中的数字为数据集在对应模型检索结果中的排序。对于查询"COVID-19 twitter data"，数据集中出现的"tweet""Coronavirus"等词与查询有较高的相关性，但是字面上无法匹配。由于仅包含 COVID-19 或者 Twitter 的数据集很多，因而直接基于字面匹配的 BM25 模型没有能够将这些数据集排序到前 100 位。对于基于弱监督学习的数据集稠密检索方法，由于通过深度学习模型将数据集的元数据和查询表示为具有语义的稠密向量，能够在一定程度上实现语义检索，可以将字面匹配度不高但语义相关的数据集排序靠前，因而对于查询"COVID-19 twitter data"，样例中 2 个数据集的排序能够进入前 10 名。对于基于元数据扩充的数据集稀疏检索方法，关联文献可提供相关补充描述，同时深度学习文本生成模型可以生成语义相关的重要特征，因而也能在一定程度上实现数据集的语义检索，这使得对于查询"COVID-19 twitter data"，样例中的 2 个数据集能够排在 10~20 名。对于融合稠密与稀疏模型的数据集检索方法，使用 2 种检索模型尽可能多的获取与查询语义相关的数据集，在结果排序优化阶段利用基于 BERT 的排序模型实现语义相关性评分，也能够将语义相关但字面无法完全匹配的数据集排到前位，因而对于查询"COVID-19 twitter data"，样例中的 2 个数据集分别排在了第 7 名和第 10 名。同样，对于查询"World War II economics"，检索模型也能够将语义相关但字面不能完全匹配的数据集排序靠前。总体来看，本小节模型能够克服传统检索模型依赖字面匹配导致的问题，实现了对数据集的语义检索。

表 4.14　各模型最优检索结果中与查询语义相关数据集的样例及其排序位置

查询	数据集标题	BM25	稠密检索（MiniLM）	BM25（元数据扩充）	MiniLM+BM25（元数据扩充）+ Rerank(ms)
COVID-19 twitter data	covid-19-tweets	>100	2	14	7
	Coronavirus Tweet Ids	>100	4	10	10
World War II economics	The Financing of Worldwar I (1914/18) and Worldwar II (1939/45) in Germany	>100	3	96	7
	The German industry during the war from 1939 to 1945	>100	8	>100	13

4.6 本章小结

（1）相关问题讨论

测评数据集是检索模型研究的基础，本章构建的测评数据集可以用于相关研究检索模型效果的测评，有助于推动人文社科数据集检索方法的发展。据笔者调研所知，在科学数据集检索领域，目前仅生物医学[139]、生物多样性[218] 2 个领域有测评数据集。此外，也有一些针对政府数据集检索的测评数据集[140-141]，政府数据主要来自政府部门工作中产生的数据，虽然也可用于科学研究，但是与科学数据仓储中直接面向研究目的的数据集仍然存在一定的差异。目前，人文社科数据集检索领域缺乏测评数据，本章所构建的测评数据集可用于相关研究检索模型的评价。与前述生物医学、生物多样性 2 个领域的测评数据集一样，本章所构建的测评数据集仅包含了数据集的元数据，不包含数据文件。这是因为与元数据相比，数据文件的采集与存储成本都较高。在数据文件采集中，需要针对不同平台设计文件采集程序，同时依据第三章人文社科数据集的平均大小估算需要采集约 20 TB 的数据文件。考虑到共享的人文社科数据集中存在较高比例的文本、文档等有较高挖掘价值的数据文件，可以考虑针对特定类型数据文件进行采集，补充测评数据集中可供挖掘利用的信息。

深度学习需要基于大量数据进行模型训练，本章提出的相关方法能够以较低的成本在数据集检索领域应用深度学习模型。现有研究中数据集检索方法主要基于传统信息检索模型，利用用户查询和数据集元数据的字面匹配来检索数据集，并通过查询扩展等方法优化检索效果[58-62,104-106]。已有测评数据集中查询和标注数据的数据量都很小[139,218]，难以用于深度学习模型的训练。由于缺乏大规模公开可用的训练数据，而数据标注的成本极高，目前在数据集检索领域很少应用深度学习方法。在本章提出的稠密检索方法中，利用待检索人文社科数据集的元数据构造相关文本对，能够以极低的成本获取训练数据，所得到的领域相关文本嵌入模型能够实现更好的检索效果。在本章提出的稀疏检索方法中，利用已有的基于大规模文献数据训练得到的 docT5query 模型，根据人文社科数据集的元数据自动生成语义相关的文本描述，可以有效地提高稀疏检索模型的匹配效果。在融合稠密与稀疏模型的检索方法中，利用易于获取的人文社科论文元数据或通用领域文档检索构造的相关文本训练 BERT 排序模型，进一步提升数据集的检索效果。所使用的各种深度学习模型，无需针对本章研究进行训练数据的人工标注，能够以较低的成本在数据集检索领域进行应用，并取得更好的检索效果。本章所使用的训练数据还有进一步提升的空间。例如，在稠密检索模型中，可以利用 Snorkel[248] 等弱监督学习工具，通过人工制定的相关性规则，以及 WordNet、Probase 等概念知识图谱构造更多的训练样本，提高训练数据集中样本的数量和质量。

本章提出的 3 种检索模型各有优势，在实际应用中可根据具体情况选择相应的模型。融合稠密和稀疏模型的数据集检索方法效果最优，但是该方法需要消耗的计算资源最多。诸如 BERT 排序模型、向量的最近邻搜索等检索步骤所需的计算量都很多，可以使用 GPU 加速计算过程，提高用户响应速度。因此，在计算资源充足的情况下，可以使用融合检索模型以获取最优的检索效果。基于元数据扩充的数据集稀疏检索方法的检索效果次优，但用户响应时间最短。该方法使用 docT5query 为数据集生成相关描述信息，所需要的计算量较多，不过该过程在索引建立之前完成，查询匹配阶段使用倒排索引可以快速地响应用户请求。虽然 docT5query 可在一定程度上生成语义相关的文本描述，但主要还是从输入文本中提取重要特征，检索结果中以元数据字面匹配的数据集居多。因此，在计算资源有限且用户响应时间要求高的情况下，可以使用基于元数据扩充的数据集稀疏检索方法以获得最优的响应速度。基于弱监督学习的数据集稠密检索方法将文本表示为语义向量，能够获取大量字面不匹配的相关数据集。在查询匹配前，该方法利用深度学习模型将元数据文本表示为语义向量，这需要一定的计算量；在查询匹配阶段，向量最近邻搜索的时间复杂度随着待检索数据集的数量线性增长，可利用 Faiss 实现的近似最近邻搜索加速检索过程，模型所需要的计算量适中。因此，在计算资源相对有限，并且检索系统需要返回大量语义相关而字面不匹配的数据集时，可以采用基于弱监督学习的数据集稠密检索方法。

（2）主要研究结论

为了提高人文社科数据集的语义检索效果，本章利用深度学习模型对数据集的检索方法进行了研究和探索。具体地，本章研究结论如下：

①构建了用于人文社科数据集检索模型评价的测评数据集。从 13 个国内外著名的科学数据仓储中采集了 105 497 个人文社科数据集的元数据。依据人文社科相关研究论文的数据需求，招募志愿者构造了 15 个用户查询。利用多种检索模型对数据集进行检索，汇集得到检索结果池，邀请志愿者对检索结果池中数据集的相关性进行标注。最终，得到了一个由 105 497 个人文社科数据集的元数据、15 个用户查询、2968 个检索结果标注数据构成的测评数据集，该数据集可用于检索模型的评价。

②提出了基于弱监督学习的数据集稠密检索方法。使用待检索人文社科数据集的元数据字段之间的相关性来构造领域相关的弱监督训练数据集，通过对比学习方法，利用基于 Transformer 预训练模型在训练数据集上进行模型微调，获得领域特定的文本嵌入模型。基于文本嵌入模型，提出了 2 种方法将数据集的元数据表示为稠密向量，并根据查询和数据集向量之间的相似度来检索数据集。在测评数据集上的实验结果表明：与经典的 BM25 稀疏检索模型相比，该稠密检索方法的检索效果在 $NDCG@10$ 上的得分提高了 5.84 个百分点；与现有的人文社科数据集领域无关的文本嵌入模型相比，基于本章领域特定的稠密向量表示的检索模型可以在 $NDCG@10$ 上的得分提高 4.75 个百分点。

③提出了基于元数据扩充的数据集稀疏检索方法。研究探索了2种元数据扩充方法，包括：识别和获取数据集的关联文献，利用关联文献的元数据来扩充数据集的描述元数据；利用深度学习文本生成模型 docT5query，为数据集的元数据生成语义相关的扩充信息。将2种元数据扩充方法相结合，在扩充后的元数据上基于 BM25 模型实现人文社科数据集的检索。在测评数据集上的实验结果表明：基于扩充后的元数据实现的 BM25 检索模型，可以在原有 BM25 模型的基础上将 $NDCG@10$ 得分提升 6.7 个百分点。与稠密检索模型相比，BM25 模型利用高效的倒排索引，可以很快地将检索结果返回给用户，因而基于元数据信息扩充的稀疏检索模型在用户查询响应方面拥有更高的效率。

④提出了融合稠密与稀疏模型的数据集检索方法。将数据集检索划分为2个主要阶段：候选数据集检索，候选数据集重排序。在候选数据集检索阶段，利用前述稠密检索模型和稀疏检索模型分别进行检索，取各模型排序靠前的数据集组成候选数据集的集合。在候选数据集重排序阶段，利用 BERT 排序模型对候选数据集的相关性重新评分并排序。在测评数据集上的实验结果表明：融合检索模型具有最优的检索效果，与基准的向量空间模型和 BM25 模型相比，其 $NDCG@10$ 的得分分别提高了 22.59 个和 10.71 个百分点；与最优的基于弱监督的稠密检索模型相比，提升了 4.87 个百分点；与最优的基于元数据扩充的稀疏检索模型相比，提升了 3.97 个百分点；与基准模型相比，融合模型具有更强的语义检索能力，能够将语义相关但字面不能完全匹配的数据集返回给用户。

第五章

人文社科数据集检索结果综合排序模型的构建与实现

第四章人文社科数据集语义检索模型的研究关注主题性，然而已有研究发现相关性是多维度的[159,163]，用户在做出相关性判断时会受到诸多判据的影响，对于数据集的检索也是如此[38,63-66,147-151]。在本章中，将以现有的用户相关性研究为基础，考虑包含主题性在内的诸多相关性影响因素，构建人文社科数据集检索结果的综合排序模型，将该模型应用于检索系统，提升数据集的检索效果。

5.1 研究思路

图 5.1 给出了本章人文社科数据集检索结果综合排序模型的研究思路。主要包括 4 个部分：相关性判断指标体系的构建，相关性指标权重的确定，相关性线索的测度方法，基于综合排序的应用系统构建。

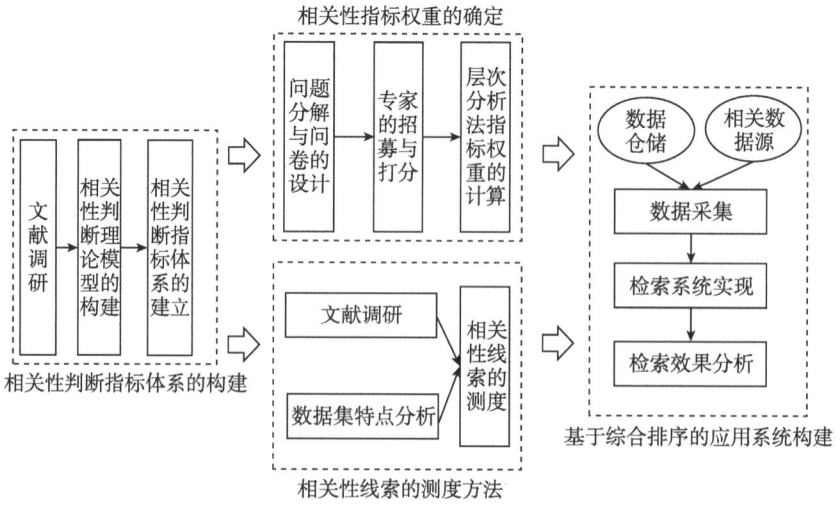

图 5.1 人文社科数据集检索结果综合排序模型的研究思路

第五章 人文社科数据集检索结果综合排序模型的构建与实现

为了对人文社科数据集的检索结果进行综合排序，本章首先对文献进行调研，梳理现有用户相关性判断模型和数据集检索的用户相关性研究。基于已有研究并考虑实际可测和可操作性，构建了人文社科数据集相关性判断的理论模型，该理论模型可看作从"相关性线索"到"相关性判据"再到最终"相关性决策"的逐级信息加工和决策的过程。为了对相关性进行实际的测量，将相关性判断理论模型具体化为一个综合评价模型，参考已有数据集检索的用户相关性研究，构建了人文社科数据集相关性判断的指标体系。

考虑到目前人文社科数据集检索领域缺乏大规模标注数据，无法有效地利用数据驱动的机器学习方法来得到各指标到最终相关性得分的聚合函数。因此，本章利用专家知识，通过专家判断得到各指标权重，并通过线性加权聚合得到最终相关性得分。在相关性指标权重的确定中，首先将人文社科数据集检索结果的相关性判断问题进行分解，据此设计调查问卷。然后，招募领域专家，对指标之间的相对重要性进行打分。最后，根据专家判断结果，利用层次分析法对其进行分析，获得各指标的权重得分。

为了对用户查询检索结果的相关性进行实时的计算，还需要对指标体系中最底层的相关性线索进行测量。结合文献调研，依据人文社科数据集的特点，本章提出了各相关性线索的测度方法。在测度方法的设计中，理想情况下需要对相关性线索进行全面和准确的度量，但是会存在一些数据无法获得的情况，因此在具体设计中还需要考虑到测度方法的可操作性。

为了检验综合排序模型的检索效果，本章最后构建了基于该模型的人文社科数据集搜索系统，并对数据集检索结果进行了分析。考虑到各指标数据的易获得性，在实现中选择从第三章所确定的基于 Dataverse 的 69 个科学数据仓储中采集人文社科数据集，同时从相关数据源采集数据集的关联文献及指标测度相关的数据。利用 Python、Pytorch、Django、ElasticSearch、Scrapy 等技术实现了基于 Web 的数据集检索应用系统。基于该检索系统对用户查询的检索效果进行分析，以此来检验综合排序模型的价值。

根据以上研究思路，本章内容安排如下：5.2 节介绍人文社科数据集检索结果综合排序模型中相关性判断指标体系的构建，5.3 节对指标体系中相关性指标权重进行确定，5.4 节给出了指标体系中相关性线索的测度方法，5.5 节基于综合排序模型实现人文社科数据集搜索系统，并对检索效果进行分析，5.6 节对本章相关研究内容进行讨论和总结。

5.2 相关性判断指标体系的构建

为了对检索结果进行综合排序，本节基于已有的用户相关性研究，构建出适合本章的人文社科数据集相关性判断理论模型。基于该理论模型，可将相关性判断建模为一个综合评价模型，进而构建出相关性综合测量的指标体系。

5.2.1 相关性判断理论模型

基于 Wang 等[161]的文档选择模型，以及张贵兰[148]的科学数据相关性判断模型，并考虑模型实际可测和可操作性，本小节提出适用于检索结果综合排序的人文社科数据集相关性判断的理论模型，如图 5.2 所示。在人文社科数据集检索中，用户主要接受来自检索结果中数据集信息特征的输入刺激。数据集的信息特征主要包括数据集的元数据、数据文件及其相关信息，如题目、作者、机构等元数据，数据文件及下载量，关联文献等相关信息。基于信息特征的刺激并结合相关知识，用户形成初步的感知线索，如查询词是否包含在数据集的标题和关键词中、数据集是否开放、作者机构的权威度等。基于一定的决策规则，在线索的基础上，用户进一步加工形成相关性判据，如主题性、可获得性、质量、权威性等。根据各维度相关性判据，结合自身认识所形成的决策规则，用户做出最终的相关性决策，如检索出的数据集为相关、部分相关或者不相关。

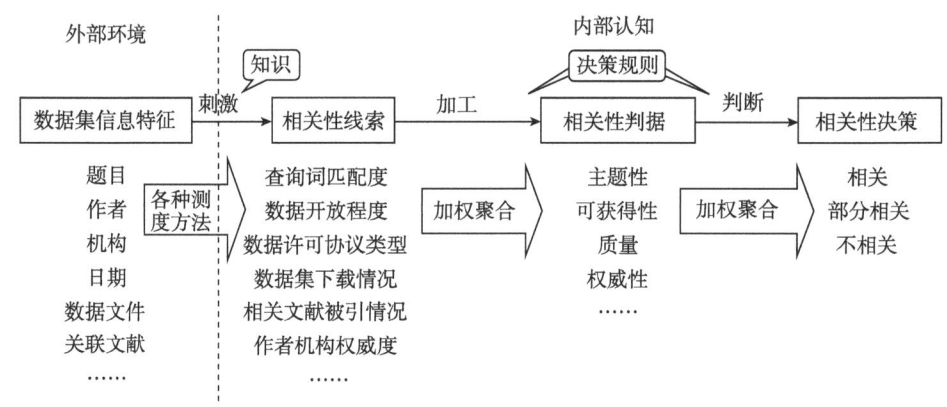

图 5.2　人文社科数据集相关性判断理论模型

前述过程为人文社科数据集相关性判断的理论模型，为了在实际检索系统中应用该模型，需要对相关性线索的测度方法、线索到相关性判据的聚合方法，以及相关性判据到最终相关性判断结果的聚合方法进行建模。在拥有大量标注数据的情况下，通常可以采用机器学习方法自动地学习从信息特征到相关性决策的特征抽取方法和聚合函数。然而人文社科数据集检索领域缺乏大规模标注数据，使得自动学习变得不具有可行性。因此，笔者将"数据集信息特征→相关性线索→相关性判据→相关性决策"建模为一个综合评价模型，其中"相关性线索→相关性判据→相关性决策"建模为相关性判断的指标体系，指标体系中各层指标主要通过线性加权（线性加权聚合相关性判据在一些研究中已有应用[167]）的决策规则进行度量，"数据集信息特征→相关性线索"则通过人工制定的相关性线索测度方法来实现。

5.2.2 相关性判断指标体系

依据 5.2.1 小节提出的人文社科数据集相关性判断理论模型,结合 2.1.5.1 小节关于数据集检索中相关性判据的研究和人文社科数据集的特点,考虑指标可测和可操作性,并进行小范围的专家研讨和咨询,本小节构建了用于检索结果综合排序的相关性判断指标体系,如表 5.1 所示。该指标体系由 6 个一级指标、12 个二级指标组成。其中,一级指标为相关性判断理论模型中的相关性判据,二级指标为相关性判断理论模型中的相关性线索。

表 5.1 人文社科数据集相关性判断指标体系

相关性决策	相关性判据	相关性线索
相关性（R）	主题性（R1）	查询词匹配度（R11）
	可获得性（R2）	数据文件开放程度（R21）
		许可协议开放程度（R22）
	质量（R3）	数据集下载情况（R31）
		关联文献被引情况（R32）
	权威性（R4）	数据仓储权威度（R41）
		作者机构权威度（R42）
	新颖性（R5）	数据集首次发布时间（R51）
		数据集最新更新时间（R52）
	可理解性（R6）	元数据字段丰富程度（R61）
		主题元数据文本信息量（R62）
		描述字段文本可阅读性（R63）

在 2.1.5.1 小节中,从现有科学数据检索相关用户研究中梳理出了提及较多的 11 个相关性判据,包括主题性、可获得性、质量、权威性、时效性、可理解性、新颖性、便利性、规范性、可用性、全面性,由于判断数据集的时效性、便利性、规范性、可用性、全面性存在一定的困难,并且这些指标在现有用户研究中提及的频次相对靠后,在本章研究中暂不考虑。最终,纳入相关性判断指标体系的判据包括主题性、可获得性、质量、权威性、新颖性、可理解性。

（1）主题性

主题性是指数据集与用户学术研究所需数据的主题内容的匹配程度[63,148]。在现有的相关性判据中,主题性最为重要[63-64],研究表明主题性在相关性判断中具有前提基础性作用[149],只有在数据集具有一定的主题性后,其他相关性影响因素才能发挥作用。用户需求存在于人脑之中，难以直接建模表示，本章研究中使用查询词来表示用户学术研究的数据需求。因此，在相关性线索层，使用查询词匹配度来衡量主题性，即用户查询词与数据集主题内容的匹配程度。

（2）可获得性

可获得性指数据集中的数据文件是否能够方便地被用户获取[63,65]。科学数据集的开放程度不一，有不同的使用授权。如果数据无法或者难以获取，即使主题性很高对用户来说也不具有价值。Gregory 等[150]通过用户调查发现，73%的用户认为易于获取重要或者非常重要，赵华等[63]通过用户访谈发现可获得性的重要性仅次于主题性。为了衡量数据集的可获得性，笔者提出了数据文件开放程度、许可协议开放程度2个相关性指标。前者衡量用户实际获取数据集的方便程度，后者从法律层面衡量数据集的可获得性。

数据文件开放程度指数据集中可直接下载的数据文件的比例。在共享的人文社科数据集中，数据文件可能有多种共享方式：一些数据文件没有任何限制，用户打开数据集页面后便可直接下载；另一些数据文件则可能存在或多或少的限制，如需要用户注册账号并登录后方可下载，或者进一步要求用户申请、管理员审核后方可下载。受限制的数据文件会给用户获取数据造成困难，影响数据集的可获得性。因此，通过衡量数据集中可直接下载的数据文件的比例，能够较好地测量出用户实际获取数据集的方便程度。该线索指标与高飞[64]提出的"获取权限/共享级别、下载方式"具有一定的相似性，但更为简单且容易测量。

许可协议开放程度指数据集所采用的许可协议对数据集使用场景限制的多寡。许可协议明确了用户如何利用数据集，以及受到哪些方面的限制。一些数据集虽然可以方便地被用户直接下载，但是由于许可协议的存在，数据集无法被用于商业目的，或者禁止对数据集进行修改和演绎，如果用户违反协议可能会承担相应的法律责任。目前，有多种许可协议在数据的开放共享中使用，如知识共享许可协议（creative commons license，CC）、开放数据共用许可协议（open data commons license，ODC）、开放政府许可协议（open government licence，OGL）等[249]。许可协议越宽松，数据集的应用场景越多，从而在法律层面上保障了数据集的可获得性。

（3）质量

质量指数据集中数据的优劣程度，如是否准确、有效等[65]。数据集的质量会极大地影响学术研究的结果，用户在查找利用开放人文社科数据集时，总是希望能够找到相关的高质量数据集，有研究表明数据集的质量重要性仅次于主题性[65]。对数据集质量进行评估的维度很多，如数据的准确度、完整性、可信度、客观性等[253]，但是这些维度通常很难根据数据集本身内容自动地计算得到。例如，完整性通常指数据集中所包含数据的宽度、深度和范围是否满足用户的期望，由于每个数据集的数据内容千差万别，很难以统一的方式去测量数据内容的宽度、深度和范围，同时不同用户的期望也不尽相同且难以度量，这使得理想状态下数据集完整性的度量不具有可操作性。笔者从可操作性的角度出发，借用文献计量和替代计量方法，提出 2 个可测量的相关性线索指标来衡量数据集的质量，包括数据集下载情况、关联文献被引情况。

数据集下载情况指存放于仓储平台中的数据集被用户下载的次数。目前，数据集的引用还不太规范，绝大多数数据集都没有引用量，传统的基于引证的方法不足以准确地衡量数据集的价值，而下载量等替代计量指标的测度效果更好[155]。数据集的下载量越高，表明数据集的使用量越大，越是经过大量用户的使用和检验，预示其数据质量可能越高。同时，数据集的质量越高，越能吸引用户下载使用，从而使得下载量更大。可以认为数据集质量与其下载量存在一定的相关关系。数据仓储通常都会记录每个数据集的下载情况，一些仓储平台还会将下载量展示在数据集页面中。因此，该指标测量数据的获取具有较强的可操作性。

关联文献被引情况指数据集所支撑的文献被其他文献引用的数量。从第三章的分析可知，共享的人文社科数据集中有很大比例的数据集都存在关联文献。文献的质量通常可以用被引量来进行衡量，数据集的关联文献被引量越高，则该文献的质量越高，从而可以进一步推测其所使用的数据集也会有相对高的质量。否则，基于低质量的数据得到优质的研究成果会有悖常理。因此，关联文献被引情况可视为判断数据集质量的重要线索之一。

（4）权威性

权威性指数据集相关的发布者（如仓储平台、机构、个人）的影响力[63,65]。在用户选用数据集时，越是权威来源的数据集，用户越可能对其产生更高的信赖，从而下载并使用数据集，有研究显示权威性的重要度仅次于主题性和质量[65,147]。笔者使用 2 个相关性线索来衡量数据集的权威性：数据仓储权威度，作者机构权威度。由于数据集作者个人的权威度评测难度相对较大，本章的研究暂不考虑。

数据仓储权威度指数据集所在仓储平台的影响力。数据集来自不同的数据仓储，数据仓储的权威性会影响到用户对数据集权威度的判断。例如，校际政治和社会研究联盟数据档案（Inter-university Consortium for Political and Social Research，ICPSR）是社会科学领域权威的数据仓储平台，该平台对数据集有着相对严格的准入机制和较高的管理水平，来自该平台的数据集通常会比一个新推出的数据仓储平台中的数据集让用户产生更高的信赖。

作者机构权威度指数据集制作者所在机构的影响力。机构的权威度越高，越可能拥有更多高水平的研究者，高水平的研究者越能产出高质量的数据集。来自权威度高的机构的数据集，更能让用户对其产生信赖。例如，一个数据集的作者来自美国的哈佛大学，另一个数据集的作者来自越南的越南河内国家大学，通常用户更有可能选择前一个数据集。

数据仓储的数量与全球高水平研究机构的数量较为有限，使得这 2 个相关性线索的测度相对容易。此外，数据集作者的权威度理论上也可以作为权威性的相关性线索，但是这一线索测度的工作量巨大，本章的研究暂不对其进行考虑。例如，可以利用作者研究成果计量指标（如 H 指数）来衡量作者权威度，不过这需要依赖海量作者的计量指标数据，同时需要将数据集的作者与文献作者进行关联识别和同名消歧。

（5）新颖性

新颖性是指用户对数据集不了解或者不熟悉的程度[147]。越是不了解的数据集，对用户来说新颖性越强。每个用户所掌握的知识存在较大差异，因此很难直接度量特定数据集对特定用户的新颖性。考虑到越是陈旧的数据集，用户越有更大的概率了解的更多，其新颖性相对较弱；越是新发布的数据集，用户越有可能还没来得及了解，新颖性更强；同时，越是新的数据集越有可能贴近当下研究问题，用户选择的意向更强。此外，有研究直接认为新颖性是指数据是否是最新的数据，能否体现最新的研究内容[63]。因此，笔者提出 2 个与时间有关的相关性线索来衡量数据集的新颖性：数据集首次发布时间，数据集最新更新时间。

数据集首次发布时间是指数据集第一次发布的时间点；数据集最新更新时间是指数据集最近一次更新的时间点。与文献出版有相对严格的流程且通常只有一个正式的发布版本相比，数据集的作者可能会对其做定期的更新，或者发现数据错误对数据集进行修正，这使得数据集会有多个甚至数十个版本。对数据集进行版本管理是许多数据仓储的重要功能，并且每个版本都会带有发布时间。因此，笔者以数据集第一个版本的发布时间（即首次发布时间）和数据集最新一个版本的发布时间（即最新更新时间）来衡量数据集的新颖性。

（6）可理解性

可理解性指数据集的内容是否容易被用户理解[147]。用户要使用数据集，首先需要对其有全面的了解。元数据是对数据集内容的描述，其目的便是帮助用户理解数据集。因此，笔者从元数据的角度出发，提出 3 个相关性线索来衡量数据集的可理解性：元数据字段丰富程度，主题元数据文本信息量，描述字段文本可阅读性。

元数据字段丰富程度是指描述数据集的元数据字段数量的多少。在数据集的元数据字段中，除了少量必填字段，大量元数据字段均为选填。一个数据集的元数据字段的数量越多，则在一定程度上反映了作者对数据集描述的越精细，用户越能更好地理解数据集。例如，一般的数据集主要有标题、作者、描述等通用元数据字段，如果数据集还具有抽样方法、应答率、分析单元等专业性的元数据字段，则可以使用户更加全面地了解该数据集。因此，元数据字段的丰富程度可以在一定程度上反映数据集的可理解性。

主题元数据文本信息量是指数据集的标题、关键词、描述字段的文本内容长度。数据集的主题内容主要通过标题、关键词和描述字段进行揭示，这些字段中的文本数量越多，则揭示的主题内容信息量越大，越能使用户理解该数据集。例如，一个数据集的描述字段文本只有 10 个单词，而另一个数据集的描述字段文本有 300 个单词，显然后者提供的描述信息通常更能让用户理解数据集的内容。因此，笔者以主题元数据文本的信息量作为数据集可理解性的线索之一。

描述字段文本可阅读性是指元数据中描述字段文字内容是否清晰易读。元数据字段丰富程度、主题元数据文本信息量主要从简单的字段数量、文本长度来衡量数据集的可理解性。描述字段文本的可阅读性则从文本内容出发，深入挖掘文本内容的可理解性。数据集的描述字段能够较为全面地说明数据集的内容，描述文本越是简单易读，则越有利于用户理解数据集。在搜索引擎检索研究中，已有学者将可阅读性（Readability）作为一个重要特征来优化检索排序的效果[166]。因此，笔者也将其作为数据集可理解性的线索之一。

5.2.3 综合排序的相关性计算

假设相关性判断指标体系中最底层的相关性线索已有测量值，现在需要据此来测算出最终的相关性得分。在相关性判据中，主题性最为重要[63-64]，如果一个数据集与用户查询的主题无关，则无论其他相关性判据的得分如何，均不能满足用户的需求。本章研究中以主题性作为相关性决策最为基础的指标，只有数据集满足一定主题性之后，才能有机会进行其他维度相关性判据的比较和综合排序。目前，已有相关算法对特定顺序优先级多维度的相关判据进行聚合[168]。考虑到本章研究仅对主题性有优先级考虑，因此采用相对更简单的聚合方法。对于特定用户查询，数据集 d_i 的相关性得分 R_i 的计算公式为：

$$R_i = \begin{cases} \sum_{j=1}^{6} w_j \times Rj_i, & \text{如果} R1_i \text{满足一定条件,} \\ 0, & \text{否则,} \end{cases} \quad (5.1)$$

其中，w_j 为各相关性判据的权重，并且满足 $\sum_j w_j = 1$。对于 $R1$ 所需要满足的条件，可以采用 2 种方法进行评估：方法一，数据集按照主题性排序后，需要进入到前 N 名（如前 100 名）；方法二，数据集的主题性得分需要大于特定阈值。由于主题性得分阈值的确定较为困难，因此笔者采用第一种方法。

对于相关性判据指标的计算，均采用对相关性线索做线性加权的方式。对于特定用户查询，数据集 d_i 的主题性得分 $R1_i$、可获得性得分 $R2_i$、质量得分 $R3_i$、权威性得分 $R4_i$、新颖性得分 $R5_i$、可理解性得分 $R6_i$ 分别为：

$$R1_i = w_{11} \times R11_i = R11_i, w_{11} = 1, \quad (5.2)$$

$$R2_i = w_{21} \times R21_i + w_{22} \times R22_i, w_{21} + w_{22} = 1, \quad (5.3)$$

$$R3_i = w_{31} \times R31_i + w_{32} \times R32_i, w_{31} + w_{32} = 1, \quad (5.4)$$

$$R4_i = w_{41} \times R41_i + w_{42} \times R42_i, w_{41} + w_{42} = 1, \quad (5.5)$$

$$R5_i = w_{51} \times R51_i + w_{52} \times R52_i, w_{51} + w_{52} = 1, \quad (5.6)$$

$$R6_i = w_{61} \times R61_i + w_{62} \times R62_i + w_{63} \times R63_i, w_{61} + w_{62} + w_{63} = 1, \quad (5.7)$$

其中，$w_{ij}(i,j=1,2,3,4,5,6)$ 为对应相关性线索指标的权重。

5.3 相关性指标权重的确定

为了确定相关性判断指标体系中各指标的权重，笔者采用专家决策方法，基于专家判断打分，利用层次分析法来获取各指标的重要性得分。

5.3.1 层次分析法的基本原理

层次分析法（analytic hierarchy process，AHP）是美国运筹学家 Thomas L. Saaty 于 20 世纪 70 年代提出的一种定性与定量相结合的决策分析方法。它将复杂的决策问题分解为各个组成因素，将这些因素按照支配关系分组形成有序的递阶层次结构，通过两两比较的方式确定层次中各因素的相对重要性，综合人的判断以确定决策诸因素的相对重要性排序，体现了人们决策思维的基本特征，即分解、判断、综合[250]。层次分析法主要包括 4 个步骤：建立决策问题的递阶层次结构，构造两两比较的判断矩阵，计算单一准则下各元素的相对权重，计算各层元素的综合权重。人文社科数据集的相关性判断也是一种复杂的决策过程，5.2 节构建的相关性指标体系相当于对相关性判断影响因素进行了分解和分组，基于指标体系和专家判断打分，运用层次分析法可获得各影响因素的重要性得分，为后续数据集检索结果按照相关性综合排序奠定了基础。

在层次分析法中，通过专家对两两因素的相对重要性打分获得判断矩阵，然后根据判断矩阵求解各因素的相对重要性得分，其数学原理如下：假设 n 个物体 $a_1, a_2, \cdots, a_n$ 的重量分别为 $w_1, w_2, \cdots, w_n$，将物体的重量两两之间进行比较，可得到 n 阶判断矩阵：

$$\boldsymbol{A} = \left(\frac{w_i}{w_j}\right)_{n \times n}, \quad (5.8)$$

设这 n 个物体的重量向量 $\boldsymbol{w} = (w_1, w_2, \cdots, w_n)^{\mathrm{T}}$，则有

$$Aw = \begin{bmatrix} \dfrac{w_1}{w_1} & \dfrac{w_1}{w_2} & \cdots & \dfrac{w_1}{w_n} \\ \dfrac{w_2}{w_1} & \dfrac{w_2}{w_2} & \cdots & \dfrac{w_2}{w_n} \\ \vdots & \vdots & & \vdots \\ \dfrac{w_n}{w_1} & \dfrac{w_n}{w_2} & \cdots & \dfrac{w_n}{w_n} \end{bmatrix} \begin{bmatrix} w_1 \\ w_2 \\ \vdots \\ w_n \end{bmatrix} = \begin{bmatrix} nw_1 \\ nw_2 \\ \vdots \\ nw_n \end{bmatrix} = n \begin{bmatrix} w_1 \\ w_2 \\ \vdots \\ w_n \end{bmatrix} = nw 。 \qquad (5.9)$$

以上公式表明 w 是矩阵 A 的属于特征值 n 的特征向量。由于 A 是正互反矩阵和一致性矩阵，可以证明 A 的最大特征值为 n，并且为单根，其余特征值为 $0^{[251]}$。因此，在知道 A 的情况下，通过求解 A 的最大特征值和特征向量，便可以得到 n 个物体的相对重量。

在本小节研究层次分析法的应用中，将相关性指标类比为物体，相关性指标的重要度类比为物体的重量，通过问卷调查得到两两相关性指标之间重要度的比值矩阵 A，求解矩阵 A 的最大特征值和相应特征向量，便可以得到各相关性指标的相对重要度得分。

5.3.2 建立递阶层次结构

在层次分析法中，首先需要建立递阶层次结构，也就是将复杂的决策问题分解为各个影响因素及其之间的相互关系。对于本章的研究来说，相关性判断指标体系即为递阶层次结构，如图5.3所示。递阶层次结构通常包括3层：目标层，准则层，方案层。本小节的研究的相关性即为目标层，中间的相关性判据为准则层，最底层的相关性线索为方案层。层次分析的目的便是确定方案层中各个方案（本研究相关性线索）关于目标层的相对重要性。

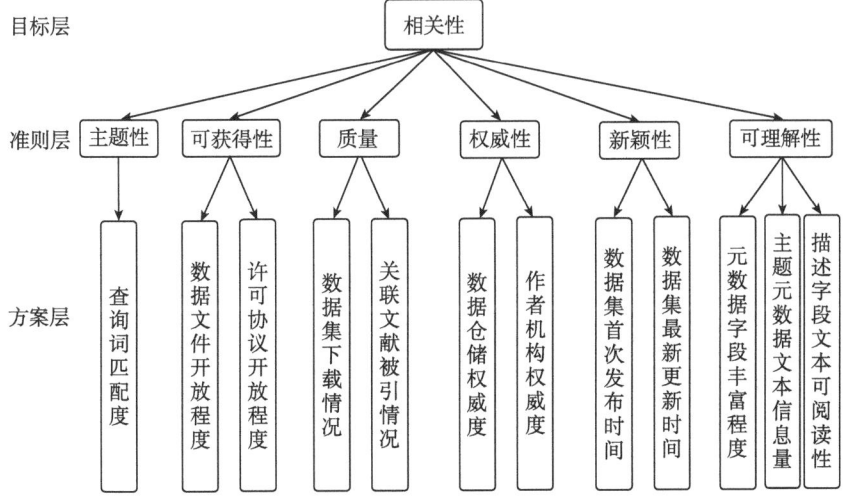

图5.3 相关性判断指标权重确定的递阶层次结构

5.3.3 获取专家判断矩阵

对于决策者来说,直接对多个因素的重要性同时进行打分相对困难,但如果每次仅需要对两两因素进行比较,则相对容易。在建立好递阶层次结构之后,需要对每层各指标两两之间相对重要性进行打分。笔者通过问卷调查法获取专家判断矩阵,研究设计了"人文社科数据集检索的相关性指标权重调查问卷",该问卷包含了相关性判据之间、相关性线索之间两两比较的提问,详情见附录 D。由于判断矩阵是正互反矩阵,在问卷设计中只需要获取矩阵对角线之上两两因素的相对重要性判断即可。在问卷设计中,采用了 1~9 的比例标度来衡量相对重要性,如表 5.2 所示。2 个指标 a_i 与 a_j 相比,1 表示两者同等重要,9 表示 a_i 与 a_j 相比绝对重要,其他取值表示 a_i 比 a_j 的重要性介于两者之间。如果 a_j 比 a_i 更重要,则为对应重要性取值的倒数。

表 5.2 指标 a_i 与 a_j 的相对重要性 w_{ij} 的比例标度

标度	含义
1	a_i 与 a_j 相比同等重要
3	a_i 与 a_j 相比略微重要
5	a_i 与 a_j 相比明显重要
7	a_i 与 a_j 相比非常重要
9	a_i 与 a_j 相比绝对重要
2、4、6、8	介于 2 个相邻重要程度之间
上述取值的倒数	a_j 与 a_i 相比有上述的重要性(如 a_j 与 a_i 相比明显重要,则取值为 1/5)

在实际的问卷调查中,邀请了 10 位来自信息管理系数据相关研究人员和图书馆数据部门的从业者作为被调查专家。被调查者均具有相对丰富的研究经验,其中有正高职称者 2 位,有副高职称者 2 位,有中级职称者 3 位,博士研究生学历者 3 位。在问卷调查结束后,手工录入数据并转为各层相关性指标的判断矩阵。

5.3.4 计算单层指标相对权重

由于客观事物有其复杂性,人的认知也千差万别,通过专家打分所得到的判断矩阵可能无法完全满足一致性矩阵的要求,但也不能偏离过大。因此,当判断矩阵的阶数大于 2 时,需要对判断矩阵的一致性进行检验,即计算相对一致性(consistency ratio,CR)得分。在 CR 计算时,需要使用随机一致性指标(random index,RI),即随机构造若干判断矩阵样本,并计算其一致性指标,然后取平均值。已有许多学者对 RI 的取值进行了探索,笔者选用 Thomas L. Saaty 给出的 RI 取值[252],如表 5.3 所示。

表 5.3 层次分析法中 1~15 阶判断矩阵的 RI 取值

N	1	2	3	4	5	6	7	8	9	10	11	12	13	14	15
RI	0	0	0.52	0.89	1.11	1.25	1.35	1.40	1.45	1.49	1.52	1.54	1.56	1.58	1.59

依据相关性指标的判断矩阵，计算 10 位被调查专家判断的各层指标的相对权重及其一致性得分，结果如表 5.4 所示。由于主题性下只有一个指标，其权重得分为 1，因此表中没有列出。相关性下有 6 个指标、可理解性下有 3 个指标，需要对一致性进行检验。从表中可以看出，CR 得分均小于 0.1，可以认为各专家的判断具有较好的一致性。

对相关性判据分析可知，分别有 7 位、2 位、1 位专家给主题性、可获得性、质量赋予了最高的权重得分，由此可见主题性的重要度受到普遍认可，并且数据集能否方便地获取，以及其质量状况也是影响用户选择数据集非常重要的因素。这一专家判断结果与前人用户相关性研究具有较高的一致性（见 2.1.5.1 小节），也验证了专家打分的可信度。

在可获得性下的相关性线索判断中，专家较为一致地给"数据文件开放程度"赋予了较高的权重；在新颖性下的相关性线索判断中，专家也都较为一致地给"数据集最新更新时间"赋予了较高的权重；而对于质量、权威性、可理解性下各相关性线索的判断，专家之间会存在一定的分歧。例如，对于数据集质量，部分专家认为"数据集下载情况"更重要，而另一些专家则认为"关联文献被引情况"更重要。不同专家之间存在认知差异的现象是普遍的，在后续步骤中将通过聚合不同专家的判断来得到相对更为普适的判断结果。

5.3.5 计算线索指标综合权重

5.3.4 小节仅计算得到了单一准则下各指标之间的相对重要性，在层次分析法中还需要确定方案层中各相关性线索关于目标层的相对重要性。因此，计算 10 位专家判断的相关性线索的综合权重及层次总体的相对一致性得分，如表 5.5 所示。从表中最后 CR^G 一行可知，所有专家的层次总体相对一致性得分均在 0.1 以下，可以认为专家的判断具有较好的一致性。从最终判断结果来看，查询词匹配度的重要性最高，分别有 7 位、2 位和 1 位专家将其重要性排在第 1 名、第 2 名和第 3 名；数据文件开放程度重要性其次，分别有 2 位、2 位和 1 位专家将其重要性排第 1 名、第 2 名和第 3 名；关联文献被引情况也具有相对较大的重要性，分别有 1 位、1 位和 2 位专家将其重要性排在了第 1 名、第 2 名和第 3 名。

表 5.4 各层指标的相对权重及相对一致性得分

准则	下级指标	专家 1	专家 2	专家 3	专家 4	专家 5	专家 6	专家 7	专家 8	专家 9	专家 10
相关性	主题性	0.5167	0.4747	0.4329	0.1896	0.4953	0.2656	0.3520	0.5639	0.1253	0.4828
	可表得性	0.1339	0.0769	0.0598	0.0739	0.2060	0.4040	0.1747	0.0333	0.4097	0.0705
	质量	0.1339	0.1868	0.0510	0.4039	0.0890	0.1004	0.2435	0.1702	0.1653	0.1271
	权威性	0.0585	0.0581	0.1477	0.2542	0.0890	0.1370	0.0402	0.1652	0.0680	0.1800
	新颖性	0.0390	0.0328	0.0455	0.0507	0.0465	0.0413	0.0211	0.0327	0.0393	0.0235
	可理解性	0.1180	0.1706	0.2632	0.0277	0.0742	0.0517	0.1686	0.0348	0.1924	0.1161
	CR	0.0207	0.0749	0.0172	0.0820	0.0454	0.0731	0.0945	0.0941	0.0728	0.0907
可获得性	数据文件开放程度	0.7500	0.5000	0.8571	0.8333	0.7500	0.7500	0.7500	0.8750	0.8333	0.8750
	许可协议开放程度	0.2500	0.5000	0.1429	0.1667	0.2500	0.2500	0.2500	0.1250	0.1667	0.1250
质量	数据集下载情况	0.6667	0.5000	0.2000	0.1667	0.5000	0.7500	0.1000	0.8333	0.2500	0.1000
	关联文献被引情况	0.3333	0.5000	0.8000	0.8333	0.5000	0.2500	0.9000	0.1667	0.7500	0.9000
权威性	数据仓储权威度	0.2500	0.2000	0.2000	0.7500	0.8333	0.8333	0.5000	0.1250	0.3333	0.1111
	作者机构权威度	0.7500	0.8000	0.8000	0.2500	0.1667	0.1667	0.5000	0.8750	0.6667	0.8889
新颖性	数据集首次发布时间	0.2500	0.1667	0.1667	0.3333	0.1667	0.1250	0.3333	0.2500	0.5000	0.2500
	数据集最新更新时间	0.7500	0.8333	0.8333	0.6667	0.8333	0.8750	0.6667	0.7500	0.5000	0.7500
可理解性	元数据字段丰富程度	0.5499	0.2402	0.5917	0.6483	0.3333	0.1047	0.1571	0.6000	0.2970	0.2098
	主题元数据文本信息量	0.2402	0.2098	0.0751	0.1220	0.3333	0.2583	0.2493	0.2000	0.1634	0.5499
	描述字段文本可阅读性	0.2098	0.5499	0.3332	0.2297	0.3333	0.6370	0.5936	0.2000	0.5396	0.2402
	CR	0.0176	0.0176	0.0136	0.0036	0.0000	0.0370	0.0516	0.0000	0.0088	0.0176

第五章 人文社科数据集检索结果综合排序模型的构建与实现

表5.5 相关性线索的综合权重及层次总体相对一致性得分

判据	相关性线索	专家1	专家2	专家3	专家4	专家5	专家6	专家7	专家8	专家9	专家10
主题性	查询词匹配度	0.5167	0.4747	0.4329	0.1896	0.4953	0.2656	0.3520	0.5639	0.1253	0.4828
可获得性	数据文件开放程度	0.1004	0.0384	0.0513	0.0616	0.1545	0.3030	0.1310	0.0291	0.3414	0.0617
	许可协议开放程度	0.0335	0.0384	0.0085	0.0123	0.0515	0.1010	0.0437	0.0042	0.0683	0.0088
质量	数据集下载情况	0.0893	0.0934	0.0102	0.0673	0.0445	0.0753	0.0244	0.1418	0.0413	0.0127
	关联文献被引情况	0.0446	0.0934	0.0408	0.3366	0.0445	0.0251	0.2192	0.0284	0.1240	0.1144
权威性	数据仓储权威度	0.0146	0.0116	0.0295	0.1906	0.0742	0.1142	0.0201	0.0207	0.0227	0.0200
	作者机构权威度	0.0439	0.0465	0.1182	0.0635	0.0148	0.0228	0.0201	0.1446	0.0453	0.1600
新颖性	数据集首次发布时间	0.0097	0.0055	0.0076	0.0169	0.0078	0.0052	0.0070	0.0082	0.0197	0.0059
	数据集最新更新时间	0.0292	0.0273	0.0379	0.0338	0.0387	0.0361	0.0141	0.0245	0.0197	0.0176
可理解性	元数据字段丰富程度	0.0649	0.0410	0.1557	0.0180	0.0247	0.0054	0.0265	0.0209	0.0571	0.0244
	主题元数据文本信息量	0.0283	0.0358	0.0198	0.0034	0.0247	0.0134	0.0420	0.0070	0.0314	0.0638
	描述字段文本可阅读性	0.0248	0.0938	0.0877	0.0064	0.0247	0.0329	0.1001	0.0070	0.1038	0.0279
	CR^G	0.0206	0.0711	0.0168	0.0811	0.0440	0.0723	0.0917	0.0927	0.0681	0.0873

5.3.6 专家群组决策结果

单个个体的认知有其局限性，通过汇聚多个专家判断的结果进行群组决策，可使得决策结果更具有普适性。在层次分析法中，融合多个专家判断结果的方法有 2 类：个体判断汇总（aggregation of individual judgments，AIJ）、个体优先级汇总（aggregation of individual priorities，AIP）[254-255]。AIJ 首先将多个专家的判断矩阵求均值（算术平均或几何平均）得到综合判断矩阵，然后对综合判断矩阵进行求解得到最终的相对重要性向量。AIP 则先分别求解单个专家的判断矩阵得到多位专家的优先级判断结果，然后对每个专家的判断结果求均值得到最终的相对重要性向量。Wu 等[254]研究发现这 2 类方法对最终排序结果的影响不大，不过使用几何平均在专家数量较多时变得不可行；Ossadnik 等[255]研究认为专家数量较少时应推荐使用 AIP 方法。本小节研究中选择了 10 个专家样本进行相关性指标权重的确定，专家数量相对较少，因此使用 AIP 方法进行群组决策。

通过将各专家判断矩阵求解的结果取均值，可以得到最终的相关性判断指标体系中指标的权重，如表 5.6 所示。对相关性线索指标权重的重要性排名进行分析，可以发现"查询词匹配度"的重要性最高，并且远高于第 2 名（约为其 3 倍）；"数据文件开放程度"和"关联文献被引情况"具有相对较高的重要性，权重得分在 [0.10, 0.13]，分别排在第 2 名、第 3 名；"作者机构权威度""数据集下载情况""数据仓储权威度""描述字段文本可阅读性"具有一定的重要性，权重得分在 [0.05, 0.07]，分别排在第 4 名、第 5 名、第 6 名、第 7 名；"数据集首次发布时间"重要性最低，权重得分仅 0.0094，排在最后一名。

表 5.6 专家群组决策的相关性判断指标体系权重结果

决策	相关性判据	判据权重	相关性线索	线索权重
相关性（R）	主题性（$R1$）	0.3899	查询词匹配度（$R11$）	0.3899
	可获得性（$R2$）	0.1643	数据文件开放程度（$R21$）	0.1272
			许可协议开放程度（$R22$）	0.0370
	质量（$R3$）	0.1671	数据集下载情况（$R31$）	0.0600
			关联文献被引情况（$R32$）	0.1071
	权威性（$R4$）	0.1198	数据仓储权威度（$R41$）	0.0518
			作者机构权威度（$R42$）	0.0680
	新颖性（$R5$）	0.0372	数据集首次发布时间（$R51$）	0.0094
			数据集最新更新时间（$R52$）	0.0279
	可理解性（$R6$）	0.1217	元数据字段丰富程度（$R61$）	0.0439
			主题元数据文本信息量（$R62$）	0.0270
			描述字段文本的可阅读性（$R63$）	0.0509

第五章　人文社科数据集检索结果综合排序模型的构建与实现

5.4 相关性线索的测度方法

为了能够在实际系统中应用综合排序模型，需要有效的方法对相关性线索进行测量。在本节中，针对人文社科数据集的特点并参考已有相关研究，提出可操作性强的测度方法，如表5.7所示。以下各小节将对相关性线索的测度方法进行详细描述。

表5.7　相关性线索测度方法

决策	相关性判据	相关性线索	相关性线索测度方法
相关性	主题性	查询词匹配度	稠密检索、稀疏检索、BERT排序模型
	可获得性	数据文件开放程度	开放文件数量/数据文件总量
		许可协议开放程度	依据不同协议的开放程度赋予不同得分
	质量	数据集下载情况	数据集下载总量、数据集每日平均下载量
		关联文献被引情况	关联文献被引总量、关联文献篇均被引量
	权威性	数据仓储权威度	Data Citation Index、CoreTrustSeal、re3data 或 fairsharing 收录情况、Google 搜索量
		作者机构权威度	作者机构在 US News、QS、自然指数排名情况
	新颖性	数据集首次发布时间	数据集首次发布时间
		数据集最新更新时间	数据集最新更新时间
	可理解性	元数据字段丰富程度	元数据字段的数量
		主题元数据文本信息量	标题的长度、关键词的数量、描述字段的长度
		描述字段文本可阅读性	描述字段文本 Flesch Kincaid、Dale Chall 得分

5.4.1 主题性的测度

主题性判据下的相关性线索为：查询词匹配度。从现有用户相关性研究成果，以及本章第5.3节通过层次分析法获得的相关性判据的权重来看，主题性的重要度最大。本书第四章"基于深度学习的人文社科数据集语义检索方法研究"对查询词与数据集的语义匹配模型进行了深入探索，其中"融合稠密与稀疏模型的数据集检索方法"具有最优的检索效果。因此，在本章综合排序模型中采用第四章的方法来测度查询词匹配度。首先，训练获得文本嵌入模型并将数据集的元数据表示为稠密向量，同时利用 docT5query 模型为数据集补充元数据信息并建立倒排索引；然后，对于给定用户查询，利用文本嵌入模型将查询表示为稠密向量，并基于查询向量与数据集向量之间的相似度检索数据集，同时利用 BM25 稀疏检索模型检索数据集；最后，分别取稠密检索模型和稀疏检索模型的前 N 个检索结果组成候选数据集的集合，利用 BERT 排序模型计算候选数据集的得分并重新排序。详细的计算方法见第四章。

对于特定用户查询，设数据集 d_i 的查询词匹配度得分为 $bert\_ranker_i$（即 BERT 排序模型计算的得分）。由于该得分可能为正数，也可能为负数，因此采用最大最小值方法归一化原始得分。最终，数据集 d_i 的"查询词匹配度"指标得分为：

$$R11_i = \frac{bert\_ranker_i - \min(bert\_ranker)}{\max(bert\_ranker) - \min(bert\_ranker)}, \tag{5.10}$$

其中，$\min(bert\_ranker)$ 为原始得分中的最小值，$\max(bert\_ranker)$ 为原始得分中的最大值。

5.4.2 可获得性的测度

可获得性判据下的相关性线索为：数据文件开放程度，许可协议开放程度。下面分别介绍这 2 个相关性线索的测度方法。

（1）数据文件开放程度

对于数据集 d_i，使用如下方法测量其数据文件开放程度：

$$R21_i = \frac{\text{数据集中完全开放的数据文件的数量}}{\text{数据集中数据文件的总数量}}, \tag{5.11}$$

其中，"数据集中完全开放的数据文件的数量"指用户可直接下载（无需登录、申请、授权等限制）的数据文件的数量。某些情况下，数据集页面仅有元数据信息，而无共享的数据文件，则将数据文件的开放程度的取值设置为 0。

（2）许可协议开放程度

在各类许可协议中，CC 协议使用得最多，如在 re3data.org 中注册的数据仓储中，使用 CC 协议的数据仓储数量超过 1200 个（截至 2023 年 2 月），远高于其他类型的许可协议。在后文检索系统实现中，所采集的数据集使用了 CC 协议，因此下面以 CC 协议为例进行分析，得到不同类型 CC 协议对应的许可协议开放程度得分。

CC 协议主要包括 CC0、CC BY、CC BY-SA、CC BY-NC、CC BY-NC-SA、CC BY-ND、CC BY-NC-ND，各类型协议及相关说明如表 5.8 所示。在这些协议中，CC0 最为开放，无任何使用限制；CC BY-NC-ND 相对严苛，用户可以使用数据集，但不可用于商业用途，也不可对原数据集进行修改。"相同方式共享（SA）"仅对新作品的使用许可做了限制，可以认为此限制较小；考虑到面向学术研究的数据使用通常没有商业因素，可以认为"非商业使用（NC）"比"禁止演绎（ND）"的限制更小。

表5.8 许可协议及其开放程度得分

协议缩写	协议全称	说明	得分
CC0	公共领域	创作者放弃版权,将作品放置到全球公共领域。允许使用者以任何媒介或格式分发、重新混合、改编和再创造作品,不附加任何限制条件	1.0
CC BY	署名	要求对原作品的创作者进行署名,允许使用者以任何媒介或格式分发、重新混合、改编和再创造作品,并可用于商业用途	0.9
CC BY-SA	署名-相同方式共享	要求对原作品的创作者进行署名,新作品需要和原作品有相同的许可协议,允许使用者以任何媒介或格式分发、重新混合、改编和再创造作品,并可用于商业用途	0.8
CC BY-NC	署名-非商业使用	要求对原作品的创作者进行署名,不可用于商业用途,允许使用者以任何媒介或格式分发、重新混合、改编和再创造作品	0.7
CC BY-NC-SA	署名-非商业使用-相同方式共享	要求对原作品的创作者进行署名,不可用于商业用途,新作品需要和原作品有相同的许可协议,允许使用者以任何媒介或格式分发、重新混合、改编和再创造作品	0.6
CC BY-ND	署名-禁止演绎	要求对原作品的创作者进行署名,可用于商业用途,不可以对原作品进行修改,可对未经修改的原作品进行复制和分发	0.5
CC BY-NC-ND	署名-非商业使用-禁止演绎	要求对原作品的创作者进行署名,不可用于商业用途,不可以对原作品进行修改,可对未经修改的原作品进行复制和分发	0.4

整体来看,可以认为各类协议的开放程度由大到小的顺序为:CC0 > CC BY > CC BY-SA > CC BY-NC > CC BY-NC-SA > CC BY-ND > CC BY-NC-ND。如果数据集选用了CC协议,可为以上各类协议在"许可协议开放程度"指标上分别赋予1到0.4等差序列得分。为CC BY-NC-ND赋予0.4的得分(而不是0),是因为虽然该协议会附加不少限制,但数据集仍然是共享的,用户可以将其用于自己的研究之中。如果数据集使用其他类型的协议,也可按照其与各种CC协议的相似度赋予合适的得分。如果数据集没有指明许可协议,则为其赋予0分。

5.4.3 质量的测度

质量判据下的相关性线索为：数据集下载情况，关联文献被引情况。下面分别介绍这 2 个相关性线索的测度方法。

（1）数据集下载情况

数据集的下载总量越高，表明数据集的使用量越大，经过更多用户的使用和检验，预示其数据质量可能越高。因此，使用数据集 d_i 总下载量 $download_i^{total}$ 作为衡量数据集下载情况的测度指标之一。

考虑到发布时间越短的数据集下载量可能较低，使用平均每日下载量能够降低发布时长带来的影响。因此，使用数据集 d_i 平均每日下载量 $download_i^{avg}$ 作为衡量数据集下载情况的测度指标之一。其计算方法为：

$$download_i^{avg} = \frac{download_i^{total}}{day\_count_i}, \tag{5.12}$$

其中，day_count_i 为数据集 d_i 从发布日到下载总量统计日的天数。在获取了各数据集总下载量、数据集平均每日下载量的原始值后，使用如下"原始值加 1 取对数后的最大值归一化方法"对数据进行无量纲化处理。

$$归一化值 = \frac{\log_2(原始值+1)}{\max[\log_2(原始值+1)]}。 \tag{5.13}$$

由于不同数据集的下载量会存在指数级的差异，因此以上公式中对原始数据取对数后进行归一化。由于数据集的下载量可能为 0，所以无法计算其对数值，因此所有原始值都加 1。设归一化后的数据集总下载量、数据集平均每日下载量分别为 $download\_norm_i^{total}$、$download\_norm_i^{avg}$。最终，数据集 d_i 的"数据集下载情况"指标得分为两者的均值，即

$$R31_i = 0.5 \times download\_norm_i^{total} + 0.5 \times download\_norm_i^{avg}。 \tag{5.14}$$

（2）关联文献被引情况

从第三章的分析可知，共享的人文社科数据集中有很大比例的数据集都存在关联文献。越是高质量（被引用量高）的文献，其所用的数据集也越有可能拥有更高的质量。因此，使用数据集关联文献总被引量作为衡量关联文献被引情况的测度指标之一。设数据集 d_i 关联文献集合为 rp_i，则关联文献总被引量计算方法为：

$$citation\_rp_i^{total} = \sum_{p \in rp_i} citation(p), \tag{5.15}$$

其中，$citation(p)$ 为文献 p 的被引量。关联文献总被引量会倾向于给关联文献数量多的数据集赋予较高的分数，然而存在一些数据集的关联文献少但其质量却很高的情况。为了

第五章 人文社科数据集检索结果综合排序模型的构建与实现

提升这一情形下数据集的得分,笔者还使用关联文献篇均被引量,其计算方法为:

$$citation\_rp_i^{avg} = \frac{citation\_rp_i^{total}}{|rp_i|}。 \quad (5.16)$$

由于关联文献的被引量会存在指数级的差异,因此也采用"原始值加1取对数后的最大值归一化方法"对关联文献总被引量、关联文献篇均被引量进行无量纲化处理,得到归一化后测量值得分 $citation\_rp\_norm_i^{total}$、$citation\_rp\_norm_i^{avg}$。最终,数据集 d_i 的"关联文献被引情况"指标得分为前述2个测量值的均值,即

$$R32_i = 0.5 \times citation\_rp_i^{total} + 0.5 \times citation\_rp_i^{avg}。 \quad (5.17)$$

5.4.4 权威性的测度

权威性判据下的相关性线索为:数据仓储权威度,作者机构权威度。下面分别介绍这2个相关性线索的测度方法。

(1) 数据仓储权威度

为了更全面准确测量数据仓储的权威度,笔者使用5个测量指标进行度量,包括:数据仓储是否被 re3data.org 或 fairsharing.org 收录,是否被 Data Citation Index 收录,平台是否通过 CoreTrustSeal 认证,Google 搜索数据仓储域名的网页总量,Google 搜索数据仓储域名的网页总量(不含该站点本身)。

①数据仓储是否被 re3data.org 或 fairsharing.org 收录。re3data.org 和 fairsharing.org 是2个重要的研究数据仓储索引系统,世界范围内的一些重要研究数据仓储平台在这2个平台中都会有索引记录。如果数据集来源仓储被 re3data.org 或 fairsharing.org 收录,则为该指标得分赋予1,否则赋予0。对于数据集 d_i,设其对应的测量指标得分为 $indexed_i^{r3d\_fs}$。

②数据仓储是否被 Data Citation Index 收录[256]。Data Citation Index(DCI)是 Web of Science 平台中的一个面向数据集索引的子库,于2012年推出。DCI 在收录数据集时,考虑了多种定性、定量因素来对数据集的来源仓储进行综合评价,包括仓储持久性和稳定性、资助情况、作者身份的多样性等,因而被 DCI 收录的数据仓储通常会有较高的质量。在为该指标赋值时,如果数据集来源仓储被 DCI 收录,则赋值为1,否则赋值为0。对于数据集 d_i,设其对应的测量指标得分为 $indexed_i^{dci}$。

③平台是否通过 CoreTrustSeal 认证[257]。CoreTrustSeal 是全球核心可信仓储国际认证,由数据认可印章(Data Seal of Approval,DSA)和世界数据系统(World Data System,WDS)联合建立的国际可信数据仓储核心认证机制,它从组织基础架构、数字对象管理、技术能力与安全三大维度共16项具体要求出发对数据仓储进行评估[258]。通过 CoreTrustSeal 认证的数据仓储具有较高的管理水平和数据质量。在为该指标赋值时,如果数据集来源仓储通过 CoreTrustSeal 认证,则赋值为1,否则赋值为0。对于数据集 d_i,

设其对应的测量指标得分为 $indexed_i^{cts}$。

④ Google 搜索数据仓储域名的网页总量。在网页搜索中，可利用网页之间的链接关系计算 PageRank 值来反映站点的权威度。数据仓储也是一个具体的站点，也可以利用其 PageRank 值来估计仓储的权威度。然而，目前各大搜索引擎均取消了对外公开站点 PageRank 值的服务，使得获取站点 PageRank 值存在困难。因此，笔者利用搜索引擎检索结果的数量来估计站点的权威度。由于 Google 面向全球服务，索引的网页数量最多，因此以 Google 作为选定的搜索引擎。考虑到不同站点可能会在不同语言的网页中出现，同一个站点会有多个语言版本的名称，因此以站点的域名作为检索关键词，获取 Google 检索的结果总量。不同站点检索结果会出现指数级的差异，因此仍然采用"原始值加 1 取对数后的最大值归一化方法"进行无量纲化处理。对于数据集 d_i，设其对应的测量指标得分为 $google\_count\_norm_i^{total}$。

⑤ Google 搜索数据仓储域名的网页总量（排除仓储本身）。某一数据仓储页面中可能会包含该仓储自身的域名，为了排除仓储自身中检索结果的影响，可利用搜索引擎指定网站检索功能，即在 Google 中输入关键词 site：{domain} "{domain}"，其中 {domain} 为特定仓储域名。通过该检索式，可获得站点本身包含该域名的网页数量。利用"Google 搜索数据仓储域名的网页总量"减去"Google 搜索的数据仓储本身中包含该域名的网页数量"，即可得到 Google 搜索数据仓储域名的网页总量（排除仓储本身），该数量反映了外部网页引用该数据仓储的情况。最后，仍然采用"原始值加 1 取对数后的最大值归一化方法"进行无量纲化处理。对于数据集 d_i，设其对应的测量指标得分为 $google\_count\_norm_i^{exclude\_self}$。

在不同时间点 Google 搜索的结果数量会有一定的变化，可采用间隔一段时间获取搜索量，然后求搜索量均值的方法获得更为可靠的结果。在获得了以上 5 个测度指标之后，通过求均值得到最终的数据仓储权威度，即

$$R41_i = \frac{1}{5} \times (indexed_i^{r3d\_fs} + indexed_i^{dci} + indexed_i^{cts} + google\_count\_norm_i^{total} + google\_count\_norm_i^{exclude\_self})。 \quad (5.18)$$

（2）作者机构权威度

为了评估作者机构的权威度，笔者利用 US News 世界大学排名、QS 世界大学排名、自然指数（Nature Index）顶级机构排名来计算作者机构的权威度。

设某个排名的名次范围为 $[1, r_{max}]$，如果某机构 k 进入了该排名，其排名取值为 $r_k \in [1, r_{max}]$；如果某机构 k 未进入该排名，则其排名取值为 $r_{max} + 1$。那么，依据该排名计算得到的机构权威性得分为：

$$Authority_k^{某个排名} = 1 - \frac{r_k - 1}{r_{max}}。 \quad (5.19)$$

对于某机构 k，依据 US News 世界大学排名、QS 世界大学排名、自然指数顶级机构排名可分别得到 3 个机构权威性得分 $Authority_k^{us}$、$Authority_k^{qs}$、$Authority_k^{ni}$。最终，机构 k 的权威性得分取这 3 个得分的均值，即

$$Authority_k = \frac{1}{3} \times (Authority_k^{us} + Authority_k^{qs} + Authority_k^{ni})。 \quad (5.20)$$

一个数据集可能有多个作者，每个作者可能来自不同的机构，为了获得数据集的"作者机构的权威性"指标得分，依据作者排名对不同作者机构权威性进行加权。对于数据集 d_i，设有 n 个作者，其"作者机构的权威度"指标得分计算公式为：

$$R42_i = \sum_{k=1}^{n} aw_k \times Authority_k, \quad (5.21)$$

其中，aw_k 为作者机构权重，笔者利用作者贡献度研究中的调和计数方法（harmonic counting method）[259]获取第 k 个作者机构的权重值，即

$$aw_k = \frac{\frac{1}{k}}{1 + \frac{1}{2} + \cdots + \frac{1}{n}}。 \quad (5.22)$$

5.4.5 新颖性的测度

新颖性判据下的相关性线索为：数据集首次发布时间。数据集最新更新时间。下面分别介绍这 2 个相关性线索的测度方法。

（1）数据集首次发布时间

设数据集 d_i 首次发布的时间戳为 t_i，所有数据集首次发布时间戳中最大值和最小值分别为 $\max(t)$、$\min(t)$，采用最大值最小值归一化方法将原始数据无量纲化，即指标得分为：

$$R51_i = \frac{t_i - \min(t)}{\max(t) - \min(t)}。 \quad (5.23)$$

（2）数据集最新更新时间

设数据集 d_i 最新更新的时间戳为 t_i'，所有数据集最新更新时间戳中最大值和最小值分别为 $\max(t')$、$\min(t')$，采用最大值最小值归一化方法将原始数据无量纲化，即指标得分为：

$$R52_i = \frac{t'_i - \min(t')}{\max(t') - \min(t')}。 \tag{5.24}$$

5.4.6 可理解性的测度

可理解性判据下的相关性线索为：元数据字段丰富程度，主题元数据文本信息量，描述字段文本可阅读性。下面分别介绍这3个相关性线索的测度方法。

(1) 元数据字段丰富程度

设数据集 d_i 的元数据字段的数量为 m_i，则该指标得分为：

$$R61_i = \frac{\min(m_i, \max_{1\%}(m))}{\max_{1\%}(m)}, \tag{5.25}$$

其中，$\max_{1\%}(m)$ 表示将所有数据集的元数据字段数量降序排列，去除字段数量最多的前1%数据集后，数据集的最大元数据字段数量。采用这种无量纲方法的原因在于少量数据集的字段数量很多，如果直接使用最大值进行归一化，则会使得绝大多数数据集的得分很低。但是最大值与绝大多数数据集的元数据字段的数量也不存在指数级的差异，取对数再归一化会使得不同数据集得分差异变得过小。因此，笔者采用去除前1%相对异常的取值（也可以认为前1%的数据集均达到满分），然后再采用最大值进行归一化的方法。

(2) 主题元数据文本信息量

笔者使用标题中单词的数量、关键词的数量、描述中单词的数量来衡量主题元数据文本信息量。对于标题和描述字段，为了统计单词数量，需要先对文本内容进行分词，然后基于分词结果统计单词数量。设数据集 d_i 的标题单词数量、关键词数量、描述单词数量分别为 len_i^{title}、$len_i^{keywords}$、$len_i^{description}$，则"主题元数据文本信息量"的指标得分为：

$$R62_i = \frac{1}{3} \times \left[\frac{\min(len_i^{title}, \max_{1\%}(len^{title}))}{\max_{1\%}(len^{title})} + \frac{\min(len_i^{keywords}, \max_{1\%}(len^{keywords}))}{\max_{1\%}(len^{keywords})} + \right.$$
$$\left. \frac{\min(len_i^{description}, \max_{1\%}(len^{description}))}{\max_{1\%}(len^{description})} \right]。 \tag{5.26}$$

在文本长度无量纲化的过程中，也使用去除前1%取值大的数据集后的最大值进行归一化。这是因为标题的长度、关键词的数量和描述长度也会存在极少数数据集的取值很大的情况，通过去除前1%异常值后的最大值进行归一化，可消除异常值的影响。

(3) 描述字段文本可阅读性

数据集的描述字段能够较为全面说明数据集的内容，描述文本简单易读，则更有利于用户理解数据集。本研究中可阅读性（readability）主要利用"Flesch-Kincaid 可阅读性"(Flesch-Kincaid grade level)指标和"New Dale-Chall 可阅读性"(new dale-chall readability)指标进行度量。

①Flesch-Kincaid 可阅读性。该指标是一种广泛使用的文本可阅读性计算方法，由美国海军开发。对于一段文本，如果其中的句子长度越长，并且单词的音节数量越多，往往反映文本的语法结构和用词越复杂，这样的文本通常难以理解。Flesch-Kincaid 可阅读性指标正是通过计算句子的平均长度和单词的平均音节数，来衡量文本的可阅读性，其计算公式为[260]：

$$fk = 0.39 \times \frac{单词总数}{句子总数} + 11.8 \times \frac{音节总数}{单词总数} - 15.59, \quad (5.27)$$

Flesch-Kincaid 指标得分越高，则文本越难以理解。对于每个数据集的描述字段计算得到 Flesch-Kincaid 得分后，采用最大最小值方法对原始数据进行归一化处理。设数据集 d_i 的 Flesch-Kincaid 得分为 fk_i，所有数据集中 Flesch-Kincaid 得分的最大值和最小值分别为 $\max(fk)$、$\min(fk)$，则数据集 d_i 归一化的 Flesch-Kincaid 可阅读性指标得分为：

$$fk\_norm_i = 1 - \frac{fk_i - \min(fk)}{\max(fk) - \min(fk)}。 \quad (5.28)$$

此外，该指标根据句子长度和单词音节进行统计得到，文本越长则估计的越准确，因此将单词数量小于或等于 20 描述文本的 Flesch-Kincaid 指标得分设置为 0。

②New Dale-Chall 可阅读性。与 Flesch-Kincaid 基于单词的平均音节数来计算文本的可阅读性不同，New Dale-Chall 构造了一个约 3000 个熟悉词的词库，对于待评测文本中不属于该词库的单词均认为是困难词。通过计算困难词的比例来评估文本的可阅读性。对于给定文本，设 ASL 为文本中句子的平均长度，PDW 为困难单词比例，则 New Dale-Chall 得分为[261]：

$$ndc = \begin{cases} raw\_score, & PDW \leq 5\%, \\ raw\_score + 3.6365, & PDW > 5\%, \end{cases} \quad (5.29)$$

$$raw\_score = 0.1579 \times PDW + 0.0496 \times ASL。 \quad (5.30)$$

New Dale-Chall 指标得分越高，则文本越难以理解。对于每个数据集的描述字段计算得到 New Dale-Chall 得分后，采用最大最小值方法归一化原始数据。设数据集 d_i 的 New Dale-Chall 得分为 ndc_i，所有数据集中 New Dale-Chall 得分的最大值和最小值分别为 $\max(ndc)$、$\min(ndc)$，则数据集 d_i 归一化的 New Dale-Chall 可阅读性指标得分为：

$$ndc\_norm_i = 1 - \frac{ndc_i - \min(ndc)}{\max(ndc) - \min(ndc)}。 \quad (5.31)$$

考虑到文本越长则 New Dale-Chall 相关统计数据估计的越准确，因此与 Flesch-Kincaid 指标一样，直接将单词数量小于或等于 20 的 New Dale-Chall 指标得分设置为 0。

最终，通过求 Flesch-Kincaid 可阅读性与 New Dale-Chall 可阅读性的均值，得到数据集 d_i 描述字段文本可阅读性指标得分，即：

$$R63_i = 0.5 \times fk\_norm_i + 0.5 \times ndc\_norm_i \text{。} \tag{5.32}$$

5.5 基于综合排序的人文社科数据集搜索系统构建

为了验证综合排序模型的检索效果，本节基于综合排序模型实现了人文社科数据集搜索系统，5.5.1 小节将详细介绍检索系统的设计与实现，5.5.2 小节将对综合排序模型的检索效果进行分析。

5.5.1 系统设计与实现

5.5.1.1 系统设计

本小节基于人文社科数据集的元数据构建数据集检索系统，该系统实现基于关键词的数据集检索匹配和排序，并包括关联文献呈现、检索结果高亮等功能。系统架构如图 5.4 所示，主要包括两大部分：数据集采集与处理，数据集索引与检索。数据集采集与处理部分负责从各个数据仓储采集数据集的元数据，以及数据集的关联文献和检索排序相关的外部数据源，这些采集的原始数据经过进一步加工处理后，将作为数据集索引与检索部分的输入。在数据集索引与检索中，系统对数据集的元数据进行分析处理，构建数据集的索引，并将相关数据存入数据库中。在用户输入查询后，检索系统计算查询与数据集的各维度相关性判据和总体的相关性得分，并按照相关性降序排序返回检索结果，同时在 Web 界面中呈现匹配结果片段及数据集的详细元数据。

5.5.1.2 系统实现

（1）数据集采集与处理

对于选定的人文社科相关数据仓储（本书研究中主要采集 Dataverse 相关数据仓储，见附录 B），"数据集采集"模块负责从这些平台中爬取数据集的元数据。在具体实现中，利用爬虫框架 Scrapy 实现数据集的自动采集。不同数据仓储平台遵循的元数据标准可能存在差异，为了以统一的方式对数据集进行检索，"元数据规范化"模块负责将不同元数据格式映射到一个统一的元数据模型中。在本章的研究实现中，统一元数据模型为都柏林核心元数据。数据集可能存在关联文献，"关联文献采集"模块主要利用 3.5.1 小节方法，利用规则匹配、深度学习和文献数据库（本章研究选用 Semantic Scholar）的检索功能，获取数据集潜在的相关文献，然后"文献与数据集关联识别"模块通过相似度匹配计算，确定数据集最终的关联文献。为了计算数据集相关性

第五章 人文社科数据集检索结果综合排序模型的构建与实现

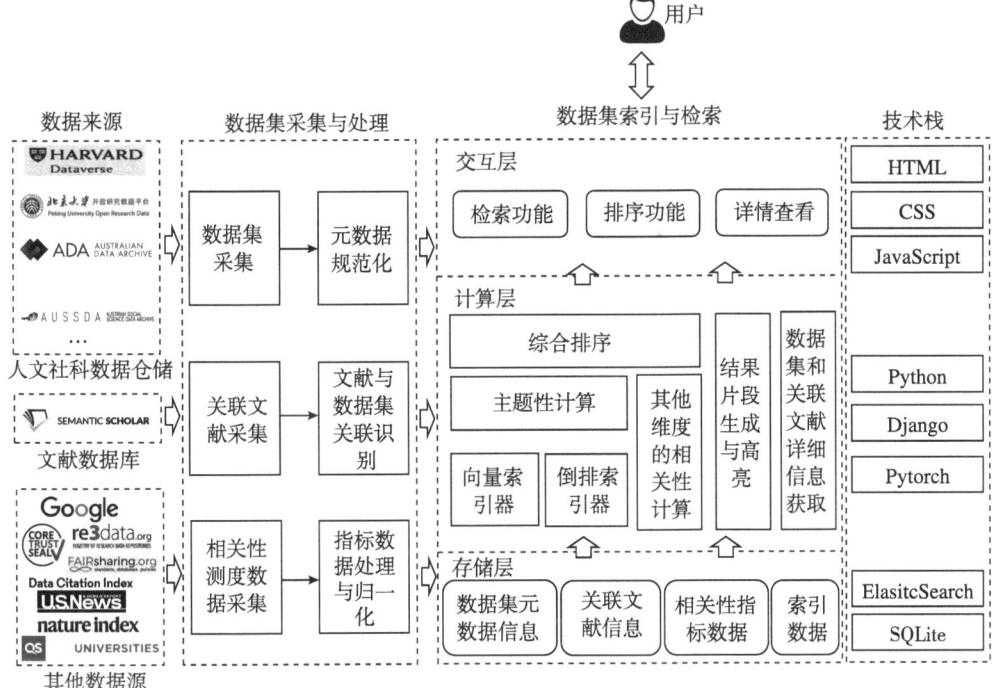

图 5.4 人文社科数据集搜索系统架构

的综合测度值,"相关性测度数据采集"模块从数据仓储、文献数据库、其他数据源获取相关数据,如数据集的下载量、关联文献的被引量、作者机构的权威度等。基于采集的数据,"指标数据处理与归一化"模块计算各数据集非主题性的测度指标数值。最终,规范化后的数据集元数据、数据集关联文献,以及数据集相关性测度指标值均存入 SQLite 数据库中。

(2) 数据集索引与检索

数据集索引与检索模块主要由存储层、计算层和交互层组成。存储层主要基于关系型数据库 SQLite 和 ElasticSearch 实现数据的持久化,其中关系型数据库主要用于存储数据集相关的结构化数据,ElasticSearch 主要用于存储数据集的索引,笔者选用 ElasticSearch 7.17.6,它可以同时存储倒排索引和向量索引。在计算层中,"倒排索引器"和"向量索引器"从关系数据库中读取结构化的数据集元数据,利用 ElasticSearch 的倒排索引功能和基于 Pytorch 实现的文本向量化深度学习模型,将数据集标题、关键词、描述等字段转化为倒排索引和向量索引。对于给定的用户查询词,"主题性计算"模块利用稀疏检索模型和稠密检索模型获取候选数据集(在本章的研究实现中,取各模型前 50 个检索结果),然后利用基于 Pytorch 实现的 BERT 排序模型对候选数据集重新排序,并得到各个数据集最终的主题性得分。在"综合排序"模块中,获取所有候选数据集主题性之外的其他相关性判据得分，在此基础上计算数据集相关性的综合测量值，并按照相关性降序排序数据集返回给用户。此外，在计算层也提供"结果片段生成与高亮""数据集和关联文献详情信息获取"等功能。计算层主要基于 Python 语言、Django Web 框架及 Pytorch 神经网络库实现数据的处理和计算。在交互层，主要利用 HTML、CSS、JavaScript 等前端技术，实现基于浏览器的 Web 交互界面，提供数据集检索功能、相关性排序功能、数据集和关联文献详情信息展示功能等。在相关性排序中，除了按照相关性的综合测量值排序数据集，系统也提供多个维度相关性排序功能（即按照相关性判据排序），用户可以根据自己的偏好来排序数据集。

5.5.1.3 系统展示

图 5.5 给出了基于综合排序的人文社科数据集搜索系统的首页，与传统搜索引擎类似，首页中仅有一个简单的输入框，供用户输入查询语句。由于本章研究主要关注基于相关性的数据集检索，所以采用了这种简洁的设计，并且简洁的页面也可以使得用户专注于数据集搜索本身。除此之外，首页中仅提供了关于平台简介和构建者的链接。当用户在搜索框中输入查询语句后，系统会基于综合排序模型进行相关性的计算，检索结果将在数据集检索结果页中呈现。

图 5.5 人文社科数据集搜索系统的首页

图 5.6 以查询语句"COVID-19 twitter data"为例给出了其检索结果页。页面的最上方为查询框，包含用户输入的查询词。页面的左侧和中间部分为数据集检索结果，按照每页 10 条记录呈现被检索出的数据集的简要信息。数据集检索结果的下方为翻页按钮，可以查看排名靠后的数据集。页面的右侧为数据集的详细信息展示卡片，当用户点击检索结果中单个数据集时，右侧会同步更新所点击数据集的详细信息，从详细信息卡片上，可以获得更多的数据集信息，并且可以从这里链接到数据集的原始页面，以及数据集关联文献的 Semantic Scholar 页面。

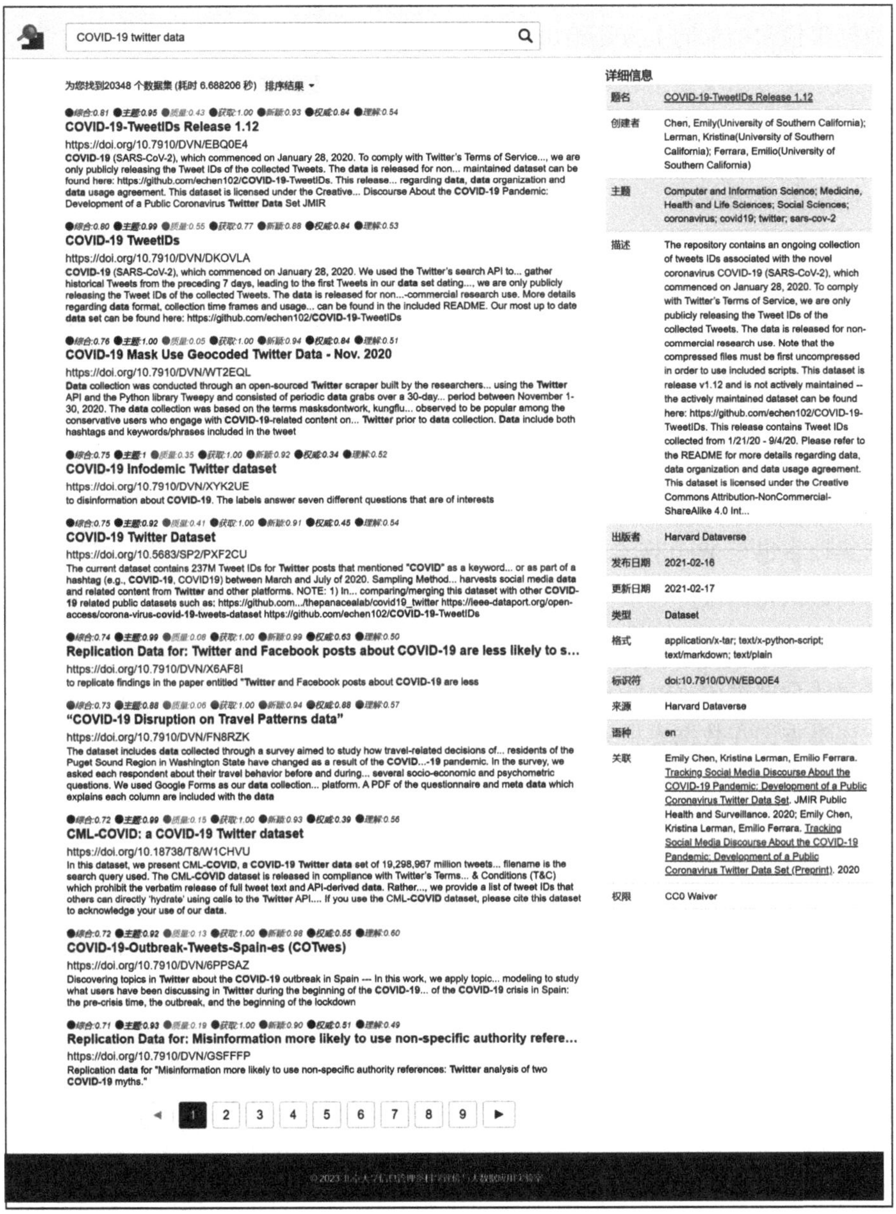

第五章 人文社科数据集检索结果综合排序模型的构建与实现

图 5.6 人文社科数据集搜索系统的检索结果页

在数据集的检索结果部分，所呈现的数据集简要信息包括题名、链接和描述片段，其中，题名和描述片段中与查询词匹配的部分进行了高亮显示。此外，每条数据集的相关性得分也进行了呈现，包括相关性的综合得分，以及主题性、可获得性、质量、权威性、新颖性和可理解性等 6 个维度的相关性判据得分。数据集检索结果的上方显示了匹配的数据集数量及所花费的时间，本演示系统在 CPU 上运行，BERT 排序模型耗费的时

143

间相对较长，在实际应用场景中可部署至含有 GPU 的服务器中，可大大缩短检索时间。此外，数据集检索结果的上方还给出了"排序结果"按钮，除了按照默认的综合排序数据集外，用户还可以按照主题性、可获得性、质量、权威性、新颖性和可理解性共 6 个维度排序数据集。

5.5.2 检索效果分析

在 Web 搜索中，用户查询的目的可能有多种，Broder[262] 提出按照意图可将查询分类为：导航（navigational）查询、信息（informational）查询、事务（transactional）查询。导航查询指用户的目的是想要达到特定网站，如查询词"教育部官网"。信息查询是想获取某一主题的相关信息，如查询词"使用 Python 如何读取 Excel 文件"。事务查询是找到特定网站并做进一步交互，如查询词"购买海尔冰箱"，通常需要前往网店做购买操作。

数据集搜索也是 Web 搜索的一种，考虑到无论何种类型的查询，用户检索出数据集后都需要到数据仓储做进一步交互（如下载数据文件，以及可能的账户注册、数据申请等具有事务查询的性质），因此笔者仅将数据集查询分为：导航查询、信息查询。数据集检索中的导航查询指用户已经知道某一数据集的存在，利用数据集名称（如标题）检索数据集。该类查询在数据集检索中是普遍存在的，如 Kern 等[132] 对 GESIS-莱布尼茨社会科学研究所数据目录 DBK 的搜索日志分析发现，对已知数据集的查询大约占所有查询的 2/3。数据集检索中的信息查询是指用户希望找到特定主题的相关数据，但事先并不知道该类数据是否存在。在本小节对人文社科数据集检索结果综合排序的分析中，将分别对导航查询、信息查询的检索效果进行分析。

（1）导航查询检索效果分析

为了分析导航查询的检索效果，笔者随机抽取了 100 个数据集的标题作为查询语句，检查对应的数据集在检索结果中的排序。结果显示，86% 的数据集都能够排在第 1 位；6% 的数据集排在第 2 位（有 2 个检索结果中的第 1 位和第 2 位数据集的标题相同）；4% 的数据集排在第 3~5 位；其他的有 2% 数据集排在第 6~10 位（即第 1 页）；仅 2 个数据集排在了第 2 页和第 3 页，这是因为这 2 个数据集有大量高度相似的数据集（年份不同），而这 2 个数据集在一些非主题性判据指标上得分稍低。由于所要导航的数据集的主题性得分通常会比其他数据集高很多，而综合排序时主题性的权重占比较大（为 0.3899），因而得到的相关性综合测量得分通常也会高居第 1 位。对于未能排在第 1 位的数据集，大多数情况下排在前面的数据集与其高度相似，如查询"I-Rep Canada Poll 2008"对应的数据集在检索结果的第 4 位（图 5.7），排在前面的数据集也与其高度相关，仅调查年份不同。因此，对于导航查询的数据集检索结果，综合排序通常都可以得到满意的结果。

第五章 人文社科数据集检索结果综合排序模型的构建与实现

图 5.7 导航查询"I-Rep Canada Poll 2008"的检索结果

同一个数据集可能存在于不同的仓储平台，因而对于某些导航查询可能会检索出多个来源的数据集。例如，查询"China Family Panel Studies"会检索出北京大学开放研究数据平台和 Harvard Dataverse 平台中相关的数据集，如表 5.9 所示。基于综合排序的检索结果会考虑不同来源数据集的质量、权威度、新颖性等相关性判据，能够将更为优质的数据集排在最前面。例如表 5.9 中北京大学开放研究数据平台来源的数据集"China Family Panel Studies（CFPS）"的数据下载量高、更新更为频繁、数据最为完整，更适合将其排在第 1 位推荐给用户。因此，对于有多个来源的同一数据集的导航查询，综合排序可以得到更优的检索排序。

表 5.9 导航查询"China Family Panel Studies"检索结果

类型	序号	数据集标题	数据集 URL 链接
综合排序	1	China Family Panel Studies（CFPS）	https://doi.org/10.18170/DVN/45LCSO
	2	China Family Panel Studies（2010）Baseline Survey	https://doi.org/10.7910/DVN/PF7FSS
	3	China Family Panel Studies（2012）Follow-up Survey	https://doi.org/10.7910/DVN/WLCDYJ
	4	2014 China Education Panel Survey	https://doi.org/10.18170/DVN/KURJUU
	5	Biomarker Data	https://doi.org/10.15139/S3/GQ9GPP

145

续表

类型	序号	数据集标题	数据集 URL 链接
主题性排序	1	China Family Panel Studies（2010）Baseline Survey	https://doi.org/10.7910/DVN/PF7FSS
	2	China Family Panel Studies（CFPS）	https://doi.org/10.18170/DVN/45LCSO
	3	China Family Panel Studies（2012）Follow-up Survey	https://doi.org/10.7910/DVN/WLCDYJ
	4	Patterns of inequalities in public transfers by gender in China	http://hdl.handle.net/11521/IIATQC
	5	2014 China Education Panel Survey	https://doi.org/10.18170/DVN/KURJUU

（2）信息查询检索效果分析

为了分析信息查询的检索效果，笔者尝试了第四章测评数据集中志愿者构造的查询语句，并对检索结果进行了人工分析。综合排序的效果，大致可以分为以下2类情况。

第一类：搜索结果中有较多高主题性数据集的信息查询，综合排序的效果更优。以查询"COVID-19 twitter data"为例进行分析，该查询能够获得较多高主题性的匹配结果，表5.10给出了该查询对应的综合排序和主题性排序的前5个检索结果。2种排序中有3个相同的检索结果，即DOI为10.7910/DVN/DKOVLA、10.7910/DVN/WT2EQL、10.7910/DVN/XYK2UE的数据集。主题性排序中第1名、第2名的数据集（关联文献被引量分别为62次和无关联文献，数据集下载量分别达到570次、134次），在综合排序中分别下降至第4名、第3名，这是因为综合排序第1名、第2名数据集的质量更高（关联文献被引量分别达到441次、151次，数据集下载量分别达到209次、108 121次）。在主题性排序中，该数据集从第5名提升至第2名，因为该数据集的关联文献被引次数高，并且下载量极大。此外，主题性排序中第1名的数据集作者主要来自卡塔尔计算研究所，而综合排序中第1名、第2名数据集的作者来自美国南加州大学，后者的权威性相对更高。通过以上例子分析可知，对于拥有较多高主题性的信息查询，综合排序能够将更优质的数据集的排名提升，从而提升整体检索效果。

第五章　人文社科数据集检索结果综合排序模型的构建与实现

表5.10　信息查询"COVID-19 twitter data"检索结果

类型	序号	数据集标题	数据集URL链接
综合排序	1	COVID-19-TweetIDs Release 1.12	https：//doi.org/10.7910/DVN/EBQ0E4
	2	COVID-19 TweetIDs	https：//doi.org/10.7910/DVN/DKOVLA
	3	COVID-19 Mask Use Geocoded Twitter Data-Nov. 2020	https：//doi.org/10.7910/DVN/WT2EQL
	4	COVID-19 Infodemic Twitter dataset	https：//doi.org/10.7910/DVN/XYK2UE
	5	COVID-19 Twitter Dataset	https：//doi.org/10.5683/SP2/PXF2CU
主题性排序	1	COVID-19 Infodemic Twitter dataset	https：//doi.org/10.7910/DVN/XYK2UE
	2	COVID-19 Mask Use Geocoded Twitter Data-Nov. 2020	https：//doi.org/10.7910/DVN/WT2EQL
	3	Replication Data for：Twitter and Facebook posts about COVID-19 are less likely to spread misinformation compared to other health topics	https：//doi.org/10.7910/DVN/X6AF8I
	4	CML-COVID：a COVID-19 Twitter dataset	https：//doi.org/10.18738/T8/W1CHVU
	5	COVID-19 TweetIDs	https：//doi.org/10.7910/DVN/DKOVLA

第二类：搜索结果中缺乏大量高主题性数据集的信息查询，综合排序的效果可能会降低。以查询"research data sharing behavior"为例进行分析，在主题性排序中，DOI为10.7910/DVN/DLH12J的数据集排第5名，但该数据集是关于文献共享的，而不是数据共享。在综合排序中，由于该数据集有较高的关联文献被引量，其排到第1名。同理，综合排序第2名、第3名的数据集也与研究数据共享无太大关系，但由于具有相对较高的关联文献被引量或者数据集下载量，其排名靠前。主题性排前4名的数据集与查询主题具有相对较高的相关性，但是由于数据集质量得分相对较低，其中仅有2个数据集在综合排序中排在了第4名、第5名。通过以上例子分析可知，对于缺乏较多高主题性数据集的信息查询，综合排序有可能降低数据集检索的效果。考虑到检索系统提供多种排序方式，当用户发现综合排序的数据集主题相关度较低时，可以尝试仅按照主题性对数据集进行排序来解决该问题（表5.11）。

表5.11 信息查询"research data sharing behavior"检索结果

类型	序号	数据集标题	数据集URL链接
综合排序	1	Replication Data for:"Using Social Media to Promote Academic Research: Identifying the Benefits of Twitter for Sharing Academic Work"	https://doi.org/10.7910/DVN/DLH12J
	2	Data and Stimuli for PLOS ONE article:"Being sticker rich: Numerical context influences children's sharing behavior"	https://doi.org/10.7910/DVN/LHAQ5W
	3	Replication Data for: Power-Sharing: Institutions, Behavior, and Peace	https://doi.org/10.7910/DVN/3DK6JA
	4	Research Data Management (RDM) Survey of Queen's University's Humanities, Social Sciences, Business, Education, Law, and Policy Studies Departments	https://doi.org/10.5683/SP/EDF78Y
	5	Reproduction files for: Trust and cooperative behavior: Evidence from the realm of data-sharing	https://doi.org/10.7910/DVN/LDUMNY
主题性排序	1	Optimizing Openness in Human Participants Research: Harmonizing Standards for Consent Agreements and Data Management Plans to Empower the Reuse of Sensitive Scientific Data	https://doi.org/10.5064/F6RQA7AQ
	2	Reproduction files for: Trust and cooperative behavior: Evidence from the realm of data-sharing	https://doi.org/10.7910/DVN/LDUMNY
	3	Research Data Management (RDM) at UNB: Results of UNB Libraries' 2019 Survey	https://doi.org/10.25545/LWQFZK
	4	Research Data Management (RDM) Survey of Queen's University's Humanities, Social Sciences, Business, Education, Law, and Policy Studies Departments	https://doi.org/10.5683/SP/EDF78Y
	5	Replication Data for:"Using Social Media to Promote Academic Research: Identifying the Benefits of Twitter for Sharing Academic Work"	https://doi.org/10.7910/DVN/DLH12J

随着互联网中人文社科数据集的数量不断增多,未来对于特定用户查询,会有越来越多的高主题性的检索结果,同时也会存在大量不同来源的相同数据集。检索系统不仅需要为用户检索出高主题性的数据集,还需要将其他各维度相关性高的数据排序靠前,基于综合排序的数据集检索系统未来会有着越来越多的应用需求。

5.6 本章小结

（1）相关问题讨论

本章通过层次分析法，定量地获取各相关性影响因素的相对重要性得分，与已有研究结果具有较高的一致性，并且更适合在人文社科数据集检索结果排序中应用。在现有的用户相关性影响因素研究中，主要通过用户访谈、问卷调查[63-64,149]等定性方法，获取科学数据相关性判断的影响因素，基于用户提及频次等方法来确定各因素的重要程度。然而这些研究所得的各影响因素缺乏测量，难以直接在检索系统中进行应用。本章依据专家知识，利用层次分析法定量地计算出各相关性指标的重要性得分，据此不仅可以得到各指标的重要性排序，还能够根据指标重要性得分综合加权各影响因素，从而在数据集检索系统中进行实际应用。在相关性判据的测量结果中，主题性得分最高，远高于第2名（质量）和第3名（可获得性），且质量和可获得性的得分较为接近。在已有用户相关性研究中，也发现主题性的重要度最高[63-65]，赵华等[63]、张贵兰等[65]通过用户访谈分别发现可获得性、质量的重要性仅次于主题性，这些都与本章研究的测量结果具有较高的一致性。相关研究还表明主题性在相关性判断中具有前提基础性作用[149]，只有在数据集具有一定的主题性后，其他相关性影响因素才能发挥作用，并且主题性的判断主要通过数据集的标题、摘要、关键词等内容来进行确定[63]。在本章的综合排序模型中，也首先根据数据集的标题、摘要和关键词来计算主题性得分，然后选择满足一定主题性要求（主题性排序前 N 个检索结果）的数据集进行后续检索结果的综合排序。

本章根据人文社科数据集的特点设计综合排序模型，构建应用系统并验证了排序模型的可行性和有效性。在现有关于科学数据集检索方法的研究中，都主要关注主题性来排序检索结果[117-127]。在考虑非主题性因素的研究中，都主要集中在用户研究[63-66,147-151]，通过用户访谈和问卷调查等途径，获取各种相关性影响因素。目前，仅少量研究在排序模型中考虑了非主题性因素。Google Dataset Search 直接将网页排序方法应用到数据集检索中，同时考虑了元数据质量因素[37]；藤常延[152]引入 HITS 算法、黎建辉等[153-154]引入 PageRank 算法来衡量数据集的重要性，并应用到检索结果排序。互联网上开放共享的数据集虽然也是一种网络资源，但是与普通网页相比还是存在差异。例如，很多数据集页面存在于"深网"中，数据集页面之间及与其他网页之间常常缺乏相互链接，链接分析方法的效果有限；网页通常没有关联文献、下载量等数据集特有的信息，忽视数据集的特点而直接应用网页排序方法也会影响检索效果。目前，根据数据集的特点，全面考虑各种相关性影响因素并进行实证的研究还较为缺乏。本章针对人文社科数据集的特征，考虑可获得性、质量、权威性、新颖性、可理解性等非主题性因素，提出了综合排序模型。在此基础上，从数十个数据仓储中采集了大量人文社科数据集，收集了指标测度相关数据，构建了人文社科数据集搜索系统，验证了综合排序模型的可行性。同时，对综合排序模型的检索结果进行分析，证明了模型的有效性。

本章提出的综合排序模型具有较高的实用价值。目前，国内高校开放研究数据平台主要基于 Dataverse 构建而成，如复旦大学社会科学数据平台、北京大学开放研究数据平台、香港科技大学 DataSpace、香港中文大学研究数据仓储等。Dataverse 基于 Solr 和数据集的元数据实现检索功能，所使用的检索模型为 Solr 默认的 BM25 模型[55]。随着各数据仓储中数据集数量的增长，主题性排序无法完全满足用户数据检索的需要，本章所提出的综合排序模型及其指标测度方法能够完全适用于基于 Dataverse 的数据仓储平台，可利用该模型来完善平台中数据集的检索功能。对于其他非 Dataverse 的单个数据仓储，综合排序模型中各相关性线索的测度数据也都容易获取，因而也可以很好地进行应用。对于人文社科数据集发现系统，由于其采集的数据仓储来源众多且可能存在较大差异，这会使得综合排序模型中部分数据集的少量指标数据的获取存在困难。例如，对于数据集的下载量，可能需要为不同平台定制不同的采集方法。对于少量数据集的部分指标数据缺失问题，可以应用数据挖掘中缺失值补全方法来解决。未来随着科学数据管理的科学化和规范化，以及相关合作项目（如 Making data count[156]）的成功实施，所需的基础数据更容易获取。最后，本章的综合排序模型特别适合应用于检索系统运行的初始阶段，由于缺乏用户行为数据，综合排序模型可以作为一个很好的起点。未来，随着用户行为数据的积累，可以使用用户行为数据训练排序学习模型，从而能够根据用户行为特点做出更具个性化的检索结果排序，此时综合排序模型中各相关性线索及其测度方法也可以作为排序学习模型的部分输入特征。

（2）主要研究结论

为了提升人文社科数据集的检索效果，本章对数据集检索结果的综合排序方法进行了研究。具体地，本章研究结论如下：

①提出了人文社科数据集相关性判断理论模型，并以此为基础构建了相关性判断的指标体系。基于已有的科学文献和科学数据相关性判断模型，提出适用于本章研究的人文社科数据集相关性判断理论模型，该模型可看作"数据集信息特征→相关性线索→相关性判据→相关性决策"的逐级信息加工和决策的过程。在此基础上，考虑指标的实际可测性和可操作性，依据模型中的相关性判据和线索构建出相关性判断的指标体系，该指标体系由 6 个一级指标、12 个二级指标组成。

②提出了切实可行的相关性指标权重确定方法和指标测度方法。基于专家知识获取指标之间相对重要性的判断结果，利用层次分析法定量地计算出指标体系中各层指标的权重得分。从最终的指标权重来看，各指标的重要性排序与已有文献中用户相关性研究结果具有较高的吻合度，在一定程度上反映出权重结果的可靠性。针对人文社科数据集的特点，本章提出了可操作性强的相关性线索测度方法。对于一些相关性线索，测度方

法从多个角度出发进行度量，可得到较为全面、准确的测量值。

③构建了人文社科数据集搜索系统，对综合排序方法的检索效果进行了分析。从数十个数据仓储中采集了数万人文社科数据集，基于 Semantic Scholar 识别数据集的关联文献，并从众多数据源采集了相关性线索指标的测度数据，基于 Python、Pytorch、Django、ElasticSearch、HTML 等技术实现基于 Web 的人文社科数据集搜索系统，该系统可基于相关性的综合测量值和各维度相关性判据对数据集的检索结果进行排序。对综合排序模型的检索效果进行分析发现，对于导航查询和有较多高主题性检索结果的信息查询，综合排序模型能够为用户提供更优的排序结果。

第六章

结论与展望

随着数据驱动研究范式的广泛应用，以及开放科学和开放数据运动的发展，已有大量人文社科数据集在互联网上开放共享。为了帮助研究者准确、高效地找到所需数据，本书对开放人文社科数据集的检索方法进行了研究和探索。本章将对全书内容进行总结，并对未来研究进行展望。

6.1 主要研究结论

为了回答第一章提出的 3 个研究问题：人文社科数据集有哪些与检索相关的特征？如何实现人文社科数据集的语义检索？如何对人文社科数据集检索结果进行综合排序？本书第三章、第四章、第五章分别对互联网上开放共享的人文社科数据集的特征、语义检索方法、综合排序方法进行了研究，主要有如下 3 个方面的结论。

（1）在面向数据集检索的开放人文社科数据集的特征研究方面

人文社科数据集的元数据信息缺乏，不利于数据集的有效检索。第三章研究中采集了 201 544 个数据集的相关信息，对其中人文社科数据集的元数据分析发现：数据集主要使用通用元数据进行描述，缺乏领域相关的描述信息；仅少量必填元数据字段完整性高，绝大多数元数据字段的完整性都很低；即使是完整性较高的标题、描述和关键词字段，其内容长度也普遍较短，与人文社科期刊论文的元数据质量存在较大差距。现有研究和应用主要依赖元数据实现数据集的检索，元数据信息的缺乏会极大影响检索效果。

人文社科数据集的数据文件易于获取，丰富的文本、文档文件具有较高利用价值。人文社科数据集中数据文件的缺失率低，超过 97% 的数据集拥有数据文件；开放程度高，超过 90% 的人文社科数据集完全开放（其中所有数据文件都可自由下载）；与其他学科数据集相比，人文社科数据集整体及单个文件的数据量都较小，能以更低的成本获取和保存；约 1/3 的数据文件为文本或文档文件，丰富的文本信息可供检索系统挖掘利用。

大量社会科学数据集拥有关联文献，具有补充数据集描述的潜在价值。从数据集关联文献的分布情况来看，社会科学数据集中存在关联文献的比例高达 66.09%，而人文和艺术学科的比例较低，仅为 9.05%。与人文社科数据集的元数据相比，关联文献的标题、摘要字段的文本量更大，且与数据集的元数据之间存在一定的差异。考虑到数据集主要是用于支撑关联文献的研究，两者关系密切，这使得关联文献元数据可用于补充对数据集的描述。

（2）在开放人文社科数据集的语义检索方法研究方面

构建了面向人文社科数据集检索模型评价的测评数据集。从 13 个国内外著名的科学数据仓储中采集人文社科数据集的元数据；依据人文社科相关研究论文的数据需求，构造了 15 个用户查询；利用多种检索方法汇集检索结果，并邀请志愿者对检索结果池中数据集的相关性进行标注。最终，得到了一个由 105 497 条人文社科数据集的元数据、15 个用户查询、2968 个检索结果标注数据构成的测评数据集，可用于对人文社科数据集检索模型的效果进行评价。

提出了基于弱监督学习的人文社科数据集稠密检索方法。利用待检索的人文社科数据集的元数据构造领域相关的弱监督训练数据集；基于对比学习方法和预训练模型，在弱监督数据集上进行模型训练，得到领域相关的文本嵌入模型；使用文本嵌入模型将数据集的元数据和用户查询表示为富含语义信息的稠密向量，并根据数据集和查询向量之间的相似度检索人文社科数据集。实验结果表明，与 BM25 模型和领域无关的文本嵌入模型相比，基于弱监督学习的人文社科数据集稠密检索方法在 $NDCG@10$ 检索效果得分上分别提高了 5.84 个和 4.75 个百分点。

提出了基于元数据扩充的人文社科数据集稀疏检索方法。利用关联文献的元数据来扩充数据集的元数据；利用 docT5query 深度学习文本生成模型为数据集的元数据生成补充信息；使用 BM25 模型在扩充后的元数据中进行检索。实验结果表明，与原始元数据相比，基于扩充后元数据实现的 BM25 检索模型在 $NDCG@10$ 得分上提升了 6.7 个百分点。该方法仅在生成扩充信息的过程中有较大计算量，在数据集检索过程中，可利用倒排索引，快速、高效地响应用户请求。

提出了融合稠密检索与稀疏检索的人文社科数据集检索方法。使用前述稠密检索模型和稀疏检索模型分别对人文社科数据集进行检索，取各自排名靠前的数据集组合在一起形成候选数据集集合；利用 BERT 排序模型计算候选数据集与用户查询的相关性，并基于相关性得分对候选数据集进行排序。实验结果表明该方法具有最优的检索效果，其 $NDCG@10$ 的得分高于向量空间模型 22.59 个百分点，高于 BM25 模型 10.71 个百分点。该模型能够检索到语义相关但字面不能完全匹配的数据集，具有较强的语义检索能力。

（3）在开放人文社科数据集检索结果的综合排序研究方面

构建了人文社科数据集相关性判断的指标体系。基于已有的科学文献和科学数据相关性判断模型，提出了人文社科数据集相关性判断理论模型。在此基础上，考虑指标的实际可测性和可操作性，依据模型中的相关性判据和线索构建出相关性判断指标体系，该指标体系由 6 个一级指标、12 个二级指标组成，其中一级指标主要包括主题性、可获得性、质量、权威性、新颖性和可理解性。

提出了相关性指标权重确定方法和相关性线索测度方法。基于专家知识，获取指标体系各层中指标之间两两重要性判断结果，利用层次分析法计算出指标的权重得分。从最终结果来看，各指标的重要性排序与已有文献中用户相关性研究结果具有较高的吻合度，反映出权重结果的可靠性。结合文献调研，依据人文社科数据集的特点，本书第五章提出了可操作性较强的相关性线索测度方法，该方法可应用于实际的检索系统。

构建了人文社科数据集搜索系统，验证了综合排序模型的有效性。从 69 个数据仓储中采集了 55 474 个英文人文社科数据集，识别并获取数据集的关联文献，并对数据进行加工和规范化，建立数据集的索引，利用 Pytorch、Django、ElasticSearch、HTML 等技术实现了基于综合排序模型的人文社科数据集搜索系统。对综合排序模型的检索效果进行分析发现，对于导航查询和有较多高主题性检索结果的信息查询，综合排序模型能够为用户提供更优的排序结果。

6.2 未来研究展望

尽管本书取得了一定的研究成果，但还存在许多值得深入探讨和拓展的研究方向，未来可从以下 5 个方面开展相关研究。

（1）人文社科数据集中数据文件的内容特征分析

在第三章的研究中，主要对数据集的外在特征进行了分析，发现了数据文件在数据集检索中的潜在价值。考虑到采集数据文件的成本远远高于元数据等信息，目前的研究还没有深入到数据文件的内容特征。在后续研究中，可在现有分析的基础上，选择性地采集特定类型的数据文件进行分析。例如，考虑到文本和文档文件中可能包含对数据集的详细描述或者使用手册，可对其中描述信息进行提取和分析，挖掘其在数据集检索中的应用价值；考虑到社会科学数据集中存在大量表格数据文件，可抽取其中变量相关内容（名称、取值范围等）进行分析和挖掘，进而有可能提供基于变量的数据搜索或者筛选功能。

（2）基于数据文件和关联文献内容挖掘的人文社科数据集检索匹配方法

在第四章的研究中，主要利用数据集的元数据、深度学习模型及关联文献的元数据等信息实现更高质量的主题性计算。目前，还未对数据文件内容和关联文献全文信息进行挖掘和利用。在后续研究中，一方面可以考虑从数据文件中提取具有检索价值的信息，如文本描述、变量标签名等；另一方面也可对关联文献全文进行挖掘，从全文中提取与数据集相关的描述内容。通过将数据集内部的数据文件内容挖掘和外部的关联文献内容挖掘相结合，可以更为有效地补充数据集的描述信息，解决现有人文社科数据集元数据信息缺失的问题。

（3）数据驱动的人文社科数据集综合排序方法

在第五章的研究中，主要依靠专家打分，并通过线性加权的方式得到相关性综合测量得分。线性函数易于理解，在缺少大规模标注数据的情况下，方便利用专家知识确定指标权重。对于人文社科数据集搜索系统，在应用初期可以利用该方法为用户提供相对更好的检索体验。但是线性函数的表达能力有限，难以模拟现实世界中复杂的用户决策规则。在后续研究中，一方面可通过招募志愿者，按照整体的相关性对检索结果进行标注，利用这些标注数据训练机器学习排序模型，不过这种方法的成本很高且能够得到的标注数据量有限。因此，另一方面可以考虑对已有人文社科数据仓储或者数据集搜索系统中用户搜索日志进行挖掘，利用用户行为数据挖掘出隐含的相关性标注数据，从而在更为真实、规模更大的数据中进行模型的训练，并学习到更复杂的用户相关性判断规则。

（4）构建覆盖面更全的特征分析与模型评测的人文社科数据集集合

在本书研究的具体实施中，最先对人文社科数据集的语义检索方法进行探索，为了使得待检索的数据集来源更加贴近发现系统所面临的多源异构科学数据仓储，在测评数据集的构建中选择了影响力较大的人文社科相关数据仓储。在研究的推进中，为了能够深入分析待检索的数据集，优化排序效果，需要收集人文社科数据集相关的各种数据。由于测评数据集来源于异构的数据仓储，在数据文件、关联文献等相关信息的获取上需要耗费大量时间。为了能够在有限的时间内收集足够多的相关信息，在第三章人文社科数据集的特征分析与第五章综合排序模型研究中，以测评数据集中重要的来源仓储（Harvard Dataverse、Qualitative Data Repository 等）为基础，选择了全球范围内基于 Dataverse 开源软件构建的科学数据仓储平台作为数据集采集来源。2 个人文社科数据集的集合有较大重叠，所得到的分析结论也具有一定程度的一致性和普适性，不过也可能存在潜在的偏差。在未来研究中，可对特征分析和模型测评的数据集集合做进一步扩充，使得数据集集合的覆盖面更全，所包含的数据集相关信息（如数据文件内容和关联文献全文等）更为完善。

（5）基于中文人文社科数据集的语义检索及综合排序模型的实验分析

目前，互联网上开放共享的人文社科数据集以英文描述为主，中文描述的人文社科数据集的数量较少。根据 re3data.org 统计，截至 2023 年 4 月，人文社科相关的英文数据仓储的数量高达 1080 个，而中文仓储的数量仅有 18 个。考虑到英文人文社科数据集的数量多，能够更好地检验本书提出的数据集检索方法，因此笔者主要针对英文人文社科数据集的语义检索及综合排序模型进行了实验分析。随着我国对数据及其基础设施建设的重视，未来中文人文社科数据集的数量会不断增加，对其检索的需求也会越来越迫切。考虑到中文自然语言处理方法与英文有所不同，且在技术积累、资源库建设和软件工具等方面存在一定的差距。因此，有必要在中文人文社科数据集上进行研究探索和实验分析，以进一步检验本书提出的方法的检索效果。

参考文献

[1] PARKINS D. Regulating the internet giants: the world's most valuable resource is no longer oil, but data [J]. The economist, 2017, 413 (9035): 1.

[2] 国务院. 国务院关于印发促进大数据发展行动纲要的通知[EB/OL]. (2015-09-05) [2023-02-20]. http://www.gov.cn/zhengce/content/2015-09/05/content_10137.htm?url_type=39&object_type=webpage&pos=1.

[3] 中共中央, 国务院. 中共中央、国务院关于构建更加完善的要素市场化配置体制机制的意见[EB/OL]. (2020-04-09)[2023-02-20]. http://www.gov.cn/zhengce/2020-04/09/content_5500622.htm.

[4] 组建国家数据局[EB/OL]. (2023-03-07)[2023-03-11]. http://www.news.cn/politics/2023lh/2023-03/07/c_1129419141.htm.

[5] 梁娜, 曾燕. 推进数据密集科学发现提升科技创新能力: 新模式、新方法、新挑战:《第四范式: 数据密集型科学发现》译著出版 [J]. 中国科学院院刊, 2013, 28 (1): 115-121.

[6] 米加宁, 章昌平, 李大宇, 等. 第四研究范式: 大数据驱动的社会科学研究转型 [J]. 学海, 2018 (2): 11-27.

[7] 黄水清. 人文计算与数字人文: 概念、问题、范式及关键环节 [J]. 图书馆建设, 2019 (5): 68-78.

[8] Princeton university data-driven social science initiative [EB/OL]. [2023-02-20]. https://ddss.princeton.edu/about.

[9] Yale university report of the university-wide data-intensive social science committee [R/OL]. [2023-02-20]. https://provost.yale.edu/sites/default/files/files/DISSC%20Final%20Report_2_7_20.pdf.

[10] Yale university data-intensive social science task force recommendations [EB/OL]. (2021-02-18)[2023-02-20]. https://provost.yale.edu/sites/default/files/files/data%20intensive%20social%20science%20center%20task%20force%20report.pdf.

[11] Cambridge digital humanities[EB/OL]. [2023-02-20]. https://www.cdh.cam.ac.uk/

about/.

[12] 武汉大学数字人文研究中心[EB/OL].[2023-02-20]. http://dh.whu.edu.cn/dh/web/index.html.

[13] 中国人民大学数字人文研究中心[EB/OL].[2023-02-20]. http://dh.ruc.edu.cn/index.htm.

[14] 北京大学数字人文研究中心[EB/OL].[2023-02-20]. https://pkudh.org/.

[15] 樊丽明."新文科":时代需求与建设重点[J].中国大学教学,2020(5):4-8.

[16] 樊丽明,杨灿明,马骁,等.新文科建设的内涵与发展路径(笔谈)[J].中国高教研究,2019(10):10-13.

[17] 黄启兵,田晓明."新文科"的来源、特性及建设路径[J].苏州大学学报(教育科学版),2020,8(2):75-83.

[18] 新文科建设宣言[EB/OL].(2020-11-03)[2023-02-20]. http://www.moe.gov.cn/jyb_xwfb/gzdt_gzdt/s5987/202011/t20201103_498067.html.

[19] 国务院办公厅.国务院办公厅关于印发科学数据管理办法的通知[EB/OL].(2018-04-02)[2023-02-20]. http://www.gov.cn/zhengce/content/2018-04/02/content_5279272.htm.

[20] 中华人民共和国国民经济和社会发展第十四个五年规划和2035年远景目标纲要[EB/OL].(2021-03-13)[2023-02-20]. https://www.gov.cn/xinwen/2021-03/13/content_5592681.htm.

[21] 教育部,中央网信办,国家发展改革委,等.教育部等六部门关于推进教育新型基础设施建设构建高质量教育支撑体系的指导意见[EB/OL].(2021-07-21)[2023-02-20]. http://www.moe.gov.cn/srcsite/A16/s3342/202107/t20210720_545783.html.

[22] 陈传夫,李秋实.数据开放获取使科学惠及更广:中国开放科学与科学数据开放获取的进展与前瞻[J].信息资源管理学报,2020,10(1):4-13.

[23] European cloud initiative-building a competitive data and knowledge economy in Europe[R/OL].(2016-04-19)[2023-02-20]. https://eur-lex.europa.eu/legal-content/EN/TXT/PDF/?uri=CELEX:52016DC0178&from=EN.

[24] Open access & data management[EB/OL].[2023-02-20]. https://ec.europa.eu/research/participants/docs/h2020-funding-guide/cross-cutting-issues/open-access-dissemination_en.htm.

[25] ESRC research data policy[EB/OL].[2023-02-20]. https://www.ukri.org/wp-content/uploads/2021/07/ESRC-200721-ResearchDataPolicy.pdf.

[26] NIH public access policy[EB/OL].[2023-02-20]. https://publicaccess.nih.gov/policy.htm.

[27] Final NIH statement on sharing research data[EB/OL].(2003-02-26)[2023-02-20]. https://grants.nih.gov/grants/guide/notice-files/NOT-OD-03-032.html.

[28] 陕西省政府办公厅.关于印发科学数据管理实施细则的通知[EB/OL].(2018-08-02)[2025-03-30]. https://www.shaanxi.gov.cn/zfxxgk/fdzdgknr/zcwj/gfxwj/202208/t20220805_2233420.html.

[29] 湖北省政府办公厅.省人民政府办公厅关于印发湖北省科学数据管理实施细则的通知[EB/OL].(2018-11-01)[2023-02-20]. http://www.hubei.gov.cn/zfwj/ezbf/201811/t20181121_1713568.shtml.

[30] 江苏省人民政府办公厅.关于印发江苏省科学数据管理实施细则的通知[EB/OL].(2019-02-26)[2023-02-20]. http://www.jiangsu.gov.cn/art/2019/2/26/art_64797_8239962.html.

[31] BENJELLOUN O, CHEN S, NOY N. Google dataset search by the numbers[C]//Proceedings of the 19th International Semantic Web Conference Part II. Berlin: Springer, 2020: 667-682.

[32] Data Citation Index-Descriptive Document[EB/OL].[2023-02-20]. https://clarivate.libguides.com/ld.php?content_id=45722564.

[33] 刘细文,熊瑞.国外科学数据开放获取政策特点分析[J].情报理论与实践,2009,32(9):5-9.

[34] 黄永文,张建勇,黄金霞,等.国外开放科学数据研究综述[J].现代图书情报技术,2013(5):21-27.

[35] Edinburgh university data library research data management handbook[EB/OL].[2023-02-20]. http://www.docs.is.ed.ac.uk/docs/data-library/EUDL_RDM_Handbook.pdf.

[36] BATES M J. The invisible substrate of information science[J]. Journal of the American society for information science, 1999, 50(12): 1043-1050.

[37] NOY N, BURGESS M, BRICKLEY D. Google dataset search: building a search engine for datasets in an open Web ecosystem[C]//Proceedings of the 2019 World Wide Web Conference. New York: ACM, 2019: 1365-1375.

[38] GREGORY K, GROTH P, COUSIJN H, et al. Searching data: a review of observational data retrieval practices in selected disciplines[J]. Journal of the association for information science and technology, 2019, 70(5): 419-432.

[39] GREGORY K, COUSIJN H, GROTH P, et al. Understanding data search as a sociotechnical practice[J]. Journal of information science, 2020, 46(4): 459-475.

[40] LIU J P, WANG J, ZHOU G M, et al. User's scientific data retrieval behavior study based on the model of TPB[C]//Proceedings of the 3rd International Conference on

Computer Science and Application Engineering. New York: ACM, 2019: 1-6.

[41] DataCite. DataCitesearch [DB/OL]. [2023-02-20]. https://search. datacite. org/.

[42] Aboutfederated research data repository[EB/OL]. [2025-03-30]. https://web. archive. org/web/20221007181032/https://www. frdr-dfdr. ca/docs/en/about/.

[43] KOESTEN L, MAYR P, GROTH P, et al. Report on the DATA: SEARCH'18 workshop-searching data on the Web [C] //ACM SIGIR Forum. New York: ACM, 2019: 117-124.

[44] KOESTEN L, DEMIDOVA E, SAVENKOV V, et al. PROFILES & DATA: SEARCH international workshop on profiling and searching data on the Web chairs' welcome [C] // Companion Proceedings of the Web Conference 2018. New York: ACM, 2018: 1479-1480.

[45] NOY N. When the Web is your data lake: creating a search engine for datasets on the Web [C] //Proceedings of the 2020 ACM SIGMOD International Conference on Management of Data. New York: ACM, 2020: 801-801.

[46] CHEN X, GURURAJ A E, OZYURT B, et al. DataMed-an open source discovery index for finding biomedical datasets [J]. Journal of the American medical informatics association, 2018, 25 (3): 300-308.

[47] KRÄMER T, KLAS C P, HAUSSTEIN B. A data discovery index for the social sciences [J]. Scientific data, 2018, 5: 1-10.

[48] Research Data Alliance. Data discovery paradigms IG[EB/OL]. [2023-02-20]. https://rd-alliance. org/groups/data-discovery-ig.

[49] ROBERTS K, GURURAJ A E, CHEN X, et al. Information retrieval for biomedical datasets: the 2016 bioCADDIE dataset retrieval challenge [J]. Database, 2017, 2017: 1-9.

[50] WANG H, WEBSTER K. Artificialintelligence for data discovery and reuse demands healthy data ecosystem and community efforts [C] //Proceedings of the Conference on Artificial Intelligence for Data Discovery and Reuse. New York: ACM, 2019: 1-4.

[51] CHAPMAN A, SIMPERL E, KOESTEN L, et al. Dataset search: a survey [J]. The VLDB journal, 2020, 29 (1): 251-272.

[52] 黎建辉, 沈志宏, 孟小峰. 科学大数据管理: 概念、技术与系统 [J]. 计算机研究与发展, 2017, 54 (2): 235-247.

[53] HULL C. London Lucene/Solr meetup-relevance tuning for Elsevier's Datasearch & harvesting data from PDFs[EB/OL]. [2023-02-20]. https://www. flax. co. uk/index. html @ p = 3812. html.

[54] BROWN C. UKRDDS phase 3-beta update [EB/OL]. (2017-12-17) [2023-02-20]. https://rdds. jiscinvolve. org/wp/.

[55] Harvard University IQSS. Dataverse[CP/OL]. [2023-02-20]. https://github. com/iqss/

dataverse.

[56] DataCite. DataCite's new search［EB/OL］.（2019-01-07）[2023-02-20］. https：//blog. datacite. org/improving-search/.

[57] Federated research data repository advanced［EB/OL］.［2023-02-20］. https：//www. frdr-dfdr. ca/docs/en/advanced/.

[58] 李丽亚,宋扬,薛中玉,等. 基于 Ontology 的科学数据共享检索体系解析［J］. 情报理论与实践,2009,32（5）：81-85.

[59] 张乃静. 基于林业科学数据的语义检索研究［D］. 北京：中国林业科学研究院,2013.

[60] WRIGHT T B, BALL D, HERSH W. Query expansion using MeSH terms for dataset retrieval：OHSU at the bioCADDIE 2016 dataset retrieval challenge［J］. Database,2017,2017：1-9.

[61] BOUADJENEK M R, VERSPOOR K. Multi-field query expansion is effective for biomedical dataset retrieval［J］. Database,2017,2017：1-20.

[62] SCERRI A, KURIAKOSE J, DESHMANE A A, et al. Elsevier's approach to the bioCADDIE 2016 Dataset Retrieval Challenge［J］. Database,2017,2017：1-12.

[63] 赵华,王健,张贵兰,等. 基于元数据的科学数据用户相关性判断研究［J］. 情报杂志,2016,35（10）：131-136.

[64] 高飞,石蕾,王健,等. 农业科学数据用户相关性线索与标准之间关系探索［J］. 图书情报工作,2017,61（15）：72-80.

[65] 张贵兰,王健,周国民,等. 科学数据用户相关性标准研究［J］. 图书情报工作,2019,63（4）：112-121.

[66] 刘建平,王健,周国民,等. 基于科学数据的用户相关性判断实证研究［J］. 数字图书馆论坛,2017（4）：22-31.

[67] 焦红,杨波,周琪. 生物医学领域科学数据集复用特征研究［J］. 情报理论与实践,2021,44（9）：90-96.

[68] 毛璐,许鑫,邓璐芗. 基于研究数据评价的引证优化：高被引数据集特征视角［J/OL］. 情报科学,2023,41（2）：126-134,142.

[69] 杨波,赵扬,焦红. 国际主要科学数据集检索平台对比研究［J］. 情报工程,2020,6（1）：22-33.

[70] DataCite. DataCite schema[EB/OL].［2023-02-20］. https：//schema. datacite. org/.

[71] Schema. org releases[EB/OL].［2023-02-20］. https://schema. org/docs/releases. html.

[72] W3C. Data catalog vocabulary（DCAT）［EB/OL］.（2014-01-16）[2021-10-27］. https：//www. w3. org/TR/2014/REC-vocab-dcat-20140116/.

[73] ALRASHED T, PAPARAS D, BENJELLOUN O, et al. Dataset or not? A study on the veracity of semantic markup for dataset pages [C]//International Semantic Web Conference. Berlin: Springer, 2021: 338-356.

[74] Clarivate. The repository selection process [EB/OL]. [2025-03-30]. https://clarivate.com/academia-government/scientific-and-academic-research/research-discovery-and-referencing/web-of-science/repository-selection-process/.

[75] OHNO-MACHADO L, SANSONE S A, ALTER G, et al. Finding useful data across multiple biomedical data repositories using DataMed [J]. Nature genetics, 2017, 49 (6): 816-819.

[76] SANSONE S, MCQUILTON P, COUSIJN H. Data repository selection: which criteria matter? [EB/OL]. (2019-11-29)[2023-02-20]. https://blog.datacite.org/data-repository-selection-which-criteria-matter/.

[77] SANSONE S, MCQUILTON P, COUSIJN H, et al. Data repository selection: criteria that matter[EB/OL]. (2019-10-20)[2023-02-20]. https://osf.io/m2bce/.

[78] CLARIVATE. Recommended practices to promote scholarly data citation and tracking [EB/OL]. [2025-03-30]. https://clarivate.com/academia-government/wp-content/uploads/sites/3/dlm_uploads/2024/10/Data-Citation-Index_Whitepaper.pdf.

[79] GARNETT A, LEAHEY A, SAVARD D, et al. Open metadata for research data discovery in Canada [J]. Journal of library metadata, 2017, 17 (3/4): 201-217.

[80] DEVARAKONDA R, PALANISAMY G, GREEN J M, et al. Data sharing and retrieval using OAI-PMH [J]. Earth science informatics, 2011, 4 (1): 1-5.

[81] WARD G, BRADY C. Providing metadata records to research data australia[EB/OL]. (2022-07-20)[2023-02-20]. https://archive-intranet.ardc.edu.au/display/DOC/Providing+metadata+records+to+Research+Data+Australia.

[82] KHALSA S, COTRONEO P, WU M. A Survey of current practices in data search services [R/OL]. (2018-03-21)[2023-02-20]. https://www.rd-alliance.org/system/files/SearchSystemSurveyReport.pdf.

[83] Research Data Alliance. Metadata Standards directory [EB/OL]. [2023-02-20]. https://rd-alliance.github.io/metadata-directory/standards/.

[84] BROWN C. Developing a core metadata profile for the UK Research Data Discovery Service [EB/OL]. (2016-03-11)[2025-03-30]. https://web.archive.org/web/20230329172346/https://rdds.jiscinvolve.org/wp/2016/03/11/core_metadata_profile/.

[85] JISC. UK Research Data Discovery Service core metadata profile v1.1[EB/OL]. (2016-07-07)[2023-02-20]. https://drive.google.com/file/d/0B3v6Fm7XStdBWUpvc3FW

QjhoMTA/view.

[86] Registry interchange format-collections and services[EB/OL].[2025-03-30]. https://rd-alliance. github. io/metadata-directory/standards/RIF-CS. html.

[87] LÖFFLER F, WESP V, KÖNIG-RIES B, et al. Dataset search in biodiversity research: do metadata in data repositories reflect scholarly information needs? [J]. PLoS one, 2021, 16 (3): 1-36.

[88] LEAHEY A, BARSKY E, BROSZ J, et al. Metadata for discovery: disciplinary standards and crosswalk progress report[R/OL]. (2017-09-06)[2021-10-27]. https://ope[n. library. ubc. ca/cIRcle/collections/facultyresearchandpublications/52383/items/1. 0355406.

[89] SANSONE S A, GONZALEZ-BELTRAN A, ROCCA-SERRA P, et al. DATS, the data tag suite to enable discoverability of datasets [J]. Scientificdata, 2017, 4: 1-8.

[90] ROUSIDIS D, GAROUFALLOU E, BALATSOUKAS P, et al. Metadata for big data: a preliminary investigation of metadata quality issues in research data repositories [J]. Information services & use, 2014, 34 (3/4): 279-286.

[91] ROUSIDIS D, GAROUFALLOU E, BALATSOUKAS P, et al. Evaluation of metadata in research data repositories: the case of the DC. Subject element [C] //Research Conference on Metadata and Semantics Research. Berlin: Springer, 2015: 203-213.

[92] GONÇALVES R S, MUSEN M A. The variable quality of metadata about biological samples used in biomedical experiments [J]. Scientificdata, 2019, 6: 1-15.

[93] HU W, ZAVERI A, QIU H L, et al. Cleaning by clustering: methodology for addressing data quality issues in biomedical metadata [J]. BMC bioinformatics, 2017, 18: 1-12.

[94] GORDON S, HABERMANN T. The influence of community recommendations on metadata completeness [J]. Ecological informatics, 2018, 43: 38-51.

[95] HABERMANN T. MetaDIG recommendations for FAIR DataCite metadata[EB/OL]. (2019-09-27)[2023-02-20]. https://blog. datacite. org/metadig-recommendations-for-fair-datacite-metadata/.

[96] LAFIA S, KUHN W. Spatial discovery of linked research datasets and documents at a spatially enabled research library [J]. Journal of map & geography libraries, 2018, 14 (1): 21-39.

[97] BURGESS M, NOY N. Building google dataset search and fostering an open data ecosystem [EB/OL]. (2018-09-26)[2023-02-20]. https://ai. googleblog. com/2018/09/building-google-dataset-search-and. html.

[98] RUEDA L, FENNER M, CRUSE P. Datacite: lessons learned on persistent identifiers for research data [J]. International journal of digital curation. 2016, 11 (2): 39-47.

[99] TSUNOKAKE M, MATSUBARA S. Using citation contexts in scholarly papers for research data search [C] // 16th International Joint Symposium on Artificial Intelligence and Natural Language Processing. New York: IEEE, 2021: 1-5.

[100] GHAVIMI B, MAYR P, VAHDATI S, et al. Identifying and improving dataset references in social sciences full texts [C] //Proceedings of the 20th International Conference on Electronic Publishing. Amsterdam: IOS Press, 2016: 105-114.

[101] NESTOROV S, BAČIĆ D, JUKIĆ N, et al. Framework for entity extraction with verification: application to inference of data set usage in research publications [J]. The electronic library, 2022, 40 (4): 453-471.

[102] LU M, BANGALORE S, CORMODE G, et al. A Dataset Search Engine for the Research Document Corpus [C] //IEEE 28th International Conference on Data Engineering. New York: IEEE, 2012: 1237-1240.

[103] KUMAR S, GHOSAL T, EKBAL A. DataQuest: an approach to automatically extract dataset mentions from scientific papers [C] //International Conference on Asian Digital Libraries. Berlin: Springer, 2021: 43-53.

[104] KARISANI P, QIN Z S, AGICHTEIN E. Probabilistic and machine learning-based retrieval approaches for biomedical dataset retrieval [J]. Database, 2018, 2018: 1-12.

[105] WEI W. Information retrieval in biomedical research: from articles to datasets [D]. San Diego: University of California San Diego, 2017.

[106] WEI W, JI Z L, HE Y P, et al. Finding relevant biomedical datasets: the UC San Diego solution for the bioCADDIE Retrieval Challenge [J]. Database, 2018, 2018: 1-10.

[107] SINGHAL A, KASTURI R, SRIVASTAVA J. DataGopher: context-based search for research datasets [C] // Proceedings of the 2014 IEEE 15th International Conference on Information Reuse and Integration. New York: IEEE, 2014: 749-756.

[108] SINGHAL A, SRIVASTAVA J. Research dataset discovery from research publications using web context [J]. Web intelligence, 2017, 15 (2): 81-99.

[109] FARSHIDI S, ZHAO Z. An adaptable indexing pipeline for enriching meta information of datasets from heterogeneous repositories [C] //Pacific-Asia Conference on Knowledge Discovery and Data Mining. Berlin: Springer, 2022: 472-484.

[110] 胡良霖, 郑晓欢, 朱艳华, 等. 中国科学院科学数据标准体系研究与实践 [J]. 图书馆, 2019 (11): 6-10.

[111] CHEN Z Y, JIA H Y, HEFLIN J, et al. Generating schema labels through dataset content analysis [C] //Companion Proceedings of the Web Conference 2018. New York: ACM, 2018: 1515-1522.

[112] CHEN Z Y, JIA H Y, HEFLIN J, et al. Leveraging schema labels to enhance dataset search [C] //European Conference on Information Retrieval. Berlin: Springer, 2020: 267-280.

[113] CASTELO S, RAMPIN R, SANTOS A, et al. Auctus: a dataset search engine for data discovery and augmentation [C] //Proceedings of the VLDB Endowment, New York: ACM, 2021: 2791-2794.

[114] CAREVIC Z, ROY D, MAYR P. Characteristics of dataset retrieval sessions: experiences from a real-life digital library [C] //International Conference on Theory and Practice of Digital Libraries. Berlin: Springer, 2020: 185-193.

[115] KACPRZAK E, KOESTEN L M, IBÁÑEZ L D, et al. A query log analysis of dataset search [C] //International Conference on Web Engineering. Berlin: Springer, 2017: 429-436.

[116] KACPRZAK E, KOESTEN L, IBÁÑEZ L D, et al. Characterising dataset search—an analysis of search logs and data requests [J]. Journal of Web semantics, 2019, 55: 37-55.

[117] DULISCH N, KEMPF A O, SCHAER P. Query expansion for survey question retrieval in the social sciences [C] //International Conference on Theory and Practice of Digital Libraries. Berlin: Springer, 2015: 28-39.

[118] VANDERBILT K, PORTER J H, LU S S, et al. A prototype system for multilingual data discovery of International Long-Term Ecological Research (ILTER) Network data [J]. Ecological informatics, 2017, 40: 93-101.

[119] PORTER J H. Evaluating a thesaurus for discovery of ecological data [J]. Ecological informatics, 2019, 51: 151-156.

[120] CIESLEWICZ A, DUTKIEWICZ J, JEDRZEJEK C. Baseline and extensions approach to information retrieval of complex medical data: Poznan's approach to the bioCADDIE 2016 [J]. Database, 2018, 2018: 1-14.

[121] KACPRZAK E, KOESTEN L, TENNISON J, et al. Characterising dataset search queries [C] //Companion Proceedings of the Web Conference 2018. New York: ACM, 2018: 1485-1488.

[122] TAKEUCHI S, AKAHOSHI Y, ONG B T, et al. Spatio-temporal pseudo relevance feedback for large-scale and heterogeneous scientific repositories [C] //2014 IEEE International Congress on Big Data. New York: IEEE, 2014: 669-676.

[123] TAKEUCHI S, SUGIURA K, AKAHOSHI Y, et al. Spatio-temporal pseudo relevance feedback for scientific data retrieval [J]. Ieej transactions on electrical and electronic engineering, 2017, 12 (1): 124-131.

[124] TEODORO D, MOTTIN L, GOBEILL J, et al. Improving average ranking precision in user searches for biomedical research datasets [J]. Database, 2017, 2017: 1-18.

[125] WANG Y, RASTEGAR-MOJARAD M, KOMANDUR-ELAYAVILLI R, et al. Leveraging word embeddings and medical entity extraction for biomedical dataset retrieval using unstructured texts [J]. Database, 2017, 2017: 1-13.

[126] WANG X, HUANG Z, HARMELEN F V. Evaluating similarity measures for dataset search [C] //In International Conference on Web Information Systems Engineering. Berlin: Springer, 2020: 38-51.

[127] 刘春蔚, 邹自明, 佟继周. 基于LSI的日地空间领域科学数据语义检索模型 [J]. 中国科学院大学学报, 2016, 33 (5): 711-719.

[128] DataCite Annual Review 2019 [R/OL]. [2023-02-20]. https://datacite.org/assets/AnnualReview-DataCite2019.pdf.

[129] DEVARAKONDA R, PALANISAMY G, WILSON B E, et al. Mercury: reusable metadata management, data discovery and access system [J]. Earth science informatics, 2010, 3 (1/2): 87-94.

[130] BUGAJE M, CHOWDHURY G. Is data retrieval different from text retrieval? An exploratory study [C] //International Conference on Asian Digital Libraries. Berlin: Springer, 2017: 97-103.

[131] BUGAJE M, CHOWDHURY G. Data retrieval = text retrieval? [C] //International Conference on Information. Berlin: Springer, 2018: 253-262.

[132] KERN D, MATHIAK B. Are there any differences in data set retrieval compared to well-known literature retrieval? [C] //International Conference on Theory and Practice of Digital Libraries. Berlin: Springer, 2015: 197-208.

[133] CHEN J C, WANG X X, CHENG G, et al. Towards more usable dataset search: from query characterization to snippet generation [C] //Proceedings of the 28th ACM International Conference on Information and Knowledge Management. New York: ACM, 2019: 2445-2448.

[134] ROY D, CAREVIC Z, MAYR P. Studying retrievability of publications and datasets in an integrated retrieval system [C] //Proceedings of the 22nd ACM/IEEE Joint Conference on Digital Libraries. New York: ACM, 2022: 1-9.

[135] MEGLER V M, MAIER D. Are data sets like documents?: evaluating similarity-based ranked search over scientific data [J]. IEEE transactions on knowledge and data engineering, 2014, 27 (1): 32-45.

[136] MAIER D, MEGLER V M, TUFTE K. Challenges for dataset search [C] //Interna-

tional Conference on Database Systems for Advanced Applications. Berlin: Springer, 2014: 1-15.

[137] MEGLER V M, MAIER D. Demonstrating "Data Near Here" scientific data search [C] //Proceedings of the 2015 ACM SIGMOD International Conference on Management of Data. New York: ACM, 2015: 1075-1080.

[138] ZHANG W, BYNA S, NIU C X, et al. Exploring metadata search essentials for scientific data management [C] //2019 IEEE 26th International Conference on High Performance Computing, Data, and Analytics (HiPC). New York: IEEE, 2019: 83-92.

[139] COHEN T, ROBERTS K, GURURAJ A E, et al. A publicly available benchmark for biomedical dataset retrieval: the reference standard for the 2016 bioCADDIE dataset retrieval challenge [J]. Database, 2017, 2017: 1-10.

[140] KATO M P, OHSHIMA H, LIU Y H, et al. A test collection for ad-hoc dataset retrieval [C] //Proceedings of the 44th International ACM SIGIR Conference on Research and Development in Information Retrieval. New York: ACM, 2021: 2450-2456.

[141] LIN T T, CHEN Q S, CHENG G, et al. ACORDAR: A test collection for ad hoc content-based (rdf) dataset retrieval [C] //Proceedings of the 45th International ACM SIGIR Conference on Research and Development in Information Retrieval. New York: ACM, 2022: 2981-2991.

[142] BERNHAUER D, NEČASKÝ M, ŠKODA P, et al. Open dataset discovery using context-enhanced similarity search [J]. Knowledge and information systems, 2022, 64 (12): 3265-3291.

[143] NEČASKÝ M, ŠKODA P, BERNHAUER D, et al. Modular framework for similarity-based dataset discovery using external knowledge [J]. Data TECHNOLOGIES AND APPLICATIOns, 2022, 56 (4): 506-535.

[144] ŠKODA P, BERNHAUER D, NEČASKÝ M, et al. Evaluation framework for search methods focused on dataset findability in open data catalogs [C] //Proceedings of the 22nd International Conference on Information Integration and Web-based Applications & Services. New York: ACM, 2020: 200-209.

[145] KELLER J, MUNZ L P M. Evaluating research dataset recommendations in a living lab [C] //International Conference of the Cross-Language Evaluation Forum for European Languages. Berlin: Springer, 2022: 135-148.

[146] WANG X, HARMELEN F, COCHEZ M, et al. Scientific item recommendation using a citation network [C] //International Conference on Knowledge Science, Engineering and Management. Berlin: Springer, 2022: 469-484.

[147] 高飞. 科学数据用户相关性线索、标准及相互关系研究 [D]. 北京：中国农业科学院, 2017.

[148] 张贵兰. 科学数据用户相关性标准研究 [D]. 北京：中国农业科学院, 2019.

[149] 刘建平. 科学数据用户相关性判断模型研究 [D]. 北京：中国农业科学院, 2020.

[150] GREGORY K, GROTH P, SCHARNHORST A, et al. Lost or found? discovering data needed for research [J]. Harvard data science review, 2020, 2（2）：1-56.

[151] KRÄMER T, PAPENMEIER A, CAREVIC Z, et al. Data-Seeking Behaviour in the Social Sciences [J]. International Journal on Digital Libraries, 2021, 22（2）：175-195.

[152] 藤常延, 沈志宏, 丁翠萍. 基于HITS的科学数据检索结果排序的研究 [C] //中国科学院科学数据库办公室. 第十一届科学数据库与信息技术学术研讨会论文集. 北京：科学出版社, 2012：269-274.

[153] 黎建辉, 兰金松, 沈志宏, 等. 面向科学数据的PageRank排序算法 [J]. 计算机科学与探索, 2013, 7（6）：494-504.

[154] 滕常延. 科学数据检索结果排序方法的研究与实现 [D]. 北京：中国科学院大学, 2012.

[155] 李龙飞, 余厚强, 尹梓涵, 等. 替代计量学视角下科学数据集价值的定量测度研究 [J]. 情报理论与实践, 2020, 43（9）：47-52.

[156] KRATZ J E, STRASSER C. Making data count [J]. Scientificdata, 2015, 2（1）：1-5.

[157] SHARIFPOUR R, WU M F, ZHANG X Z. Large-scale analysis of query logs to profile users for dataset search [J]. Journal of documentation, 2022, 79（1）：66-85.

[158] SARACEVIC T. Relevance：A review of and a framework for the thinking on the notion in information science [J]. Journal of the American society for information science, 1975, 26（6）：321-343.

[159] BORLUND P. The concept of relevance in IR [J]. Journal of the American society for information science and technology, 2003, 54（10）：913-925.

[160] 孙建军, 成颖. 基于信息检索交互模型的相关性研究 [J]. 中国图书馆学报, 2005, 31（1）：41-45.

[161] WANG P L, SOERGEL D. A cognitive model of document use during a research project. Study I. Document selection [J]. Journal of the American society for information science, 1998, 49（2）：115-133.

[162] KARELAIA N, HOGARTH R M. Determinants of linear judgment：a meta-analysis of lens model studies [J]. Psychological bulletin, 2008, 134（3）：404.

[163] SCHAMBER L, EISENBERG M B, NILAN M S. A re-examination of relevance：toward

a dynamic, situational definition［J］. Information processing & management, 1990, 26 (6): 755-776.

［164］XU Y J, CHEN Z W. Relevance judgment: what do information users consider beyond topicality?［J］. Journal of the American society for information science and technology, 2006, 57 (7): 961-973.

［165］ZHANG Y L, ZHANG J, LEASE M, et al. Multidimensional relevance modeling via psychometrics and crowdsourcing［C］//Proceedings of the 37th international ACM SIGIR conference on Research & development in information retrieval. New York: ACM, 2014: 435-444.

［166］LI J, ZHANG P, SONG D W, et al. Understanding an enriched multidimensional user relevance model by analyzing query logs［J］. Journal of the association for information science and technology, 2017, 68 (12): 2743-2754.

［167］PUTRI D G P. Multidimensional Relevance in Microblog Search［C］//Proceedings of the 9th PhD Symposium on Future Directions in Information Access. Aachen: CEUR-WS, 2019: 36-41.

［168］PEREIRA CD, DRAGONI M, PASI G. Multidimensional relevance: prioritized aggregation in a personalized information retrieval setting［J］. Information processing & management, 2012, 48 (2): 340-357.

［169］曼宁, 拉格万, 舒策著. 信息检索导论: 修订版［M］. 王斌, 李鹏, 译. 北京: 人民邮电出版社, 2019: 169.

［170］耶茨, 内托. 现代信息检索［M］. 黄萱菁, 张奇, 邱锡鹏, 译. 2版. 北京: 机械工业出版社, 2012: 44-45.

［171］MIKOLOV T, CHEN K, CORRADO G, et al. Efficient estimation of word representations in vector space［C］// International Conference on Learning Representations 2013. 2013: 1-12.

［172］LI B H, ZHOU H, HE J X, et al. On the sentence embeddings from pre-trained language models［C］// Proceedings of the 2020 Conference on Empirical Methods in Natural Language Processing. Stroudsburg: Association for Computational Linguistics, 2020: 9119-9130.

［173］SU J L, CAO J R, LIU W J, et al. Whitening sentence representations for better semantics and faster retrieval［R/OL］.［2023-02-20］. https://arxiv.org/abs/2103.15316.

［174］GAO T Y, YAO X C, CHEN D Q. SimCSE: simple contrastive learning of sentence embeddings［C］// Proceedings of the 2021 Conference on Empirical Methods in Natural Language Processing. Stroudsburg: Association for Computational Linguistics, 2021:

6894-6910.

[175] REIMERS N, GUREVYCH I. Sentence-bert: sentence embeddings using siamese bert-networks [C] //Proceedings of the 2019 Conference on Empirical Methods in Natural Language Processing and the 9th International Joint Conference on Natural Language Processing. Stroudsburg: Association for Computational Linguistics, 2019: 3982-3992.

[176] KARPUKHIN V, OGUZ B, MIN S, et al. Dense passage retrieval for open-domain question answering [C] //Proceedings of the 2020 Conference on Empirical Methods in Natural Language Processing (EMNLP). Stroudsburg: Association for Computational Linguistics, 2020: 6769-6781.

[177] XIONG L, XIONG C, LI Y, et al. Approximate nearest neighbor negative contrastive learning for dense text retrieval [C] //Proceedings of the 9th International Conference on Learning Representations. 2021: 1-16.

[178] MALKOV Y A, YASHUNIN D A. Efficient and robust approximate nearest neighbor search using hierarchical navigable small world graphs [J]. IEEE transactions on pattern analysis and machine intelligence, 2020, 42 (4): 824-836.

[179] Meta Research. Faiss[CP/OL]. [2023-02-20]. https://github.com/facebookresearch/faiss.

[180] MALKOV Y, YASHUNIN D, BESPALOV D, et al. Hnswlib-fast approximate nearest neighbor search[CP/OL]. [2023-02-20]. https://github.com/nmslib/hnswlib.

[181] JOHNSON J, DOUZE M, JÉGOU H. Billion-scale similarity search with gpus [J]. IEEE transactions on big data, 2021, 7 (3): 535-547.

[182] 杨博雄. 深度学习理论与实践 [M]. 北京: 北京邮电大学出版社, 2020: 7-8.

[183] 邵浩, 刘一烽. 预训练语言模型 [M]. 北京: 电子工业出版社, 2021: 4.

[184] VASWANI A, SHAZEER N, PARMAR N, et al. Attention is all you need [C] //Proceedings of the 31st International Conference on Neural Information Processing Systems. New York: Curran Associates Inc, 2017: 6000-6010.

[185] DEVLIN J, CHANG M W, LEE K, et al. BERT: pre-training of deep bidirectional transformers for language understanding [C] //Proceedings of the 17th Conference of the North American Chapter of the Association for Computational Linguistics: Human Language Technologies. Stroudsburg: Association for Computational Linguistics, 2019: 4171-4186.

[186] SUN Y, WANG S H, LI Y K, et al. ERNIE: enhanced representation through knowledge integration [R/OL]. (2019-04-19) [2023-02-20]. https://arxiv.org/abs/1904.09223.

[187] LIU Y H, OTT M, GOYAL N, et al. RoBERTa: a robustly optimized bert pretraining approach[R/OL]. (2019-07-26)[2023-02-20]. https://arxiv.org/abs/1907.11692.

[188] SONG K T, TAN X, QIN T, et al. MPNet: masked and permuted pre-training for language understanding[C]//Proceedings of the 34th International Conference on Neural Information Processing Systems. New York: Curran Associates Inc, 2020: 16857-16867.

[189] SANH V, DEBUT L, CHAUMOND J, et al. DistilBERT, a distilled version of BERT: smaller, faster, cheaper and lighter[R/OL]. (2020-03-01)[2023-02-20]. https://arxiv.org/abs/1910.01108.

[190] JIAO X Q, YIN Y C, SHANG L F, et al. TinyBERT: distilling bert for natural language understanding[C]// Findings of the Association for Computational Linguistics: EMNLP 2020. Stroudsburg: Association for Computational Linguistics, 2020: 4163-4174.

[191] WANG W H, WEI F R, DONG L, et al. MiniLM: deep self-attention distillation for task-agnostic compression of pre-trained transformers[C]//Proceedings of the 34th International Conference on Neural Information Processing Systems. New York: Curran Associates Inc, 2020: 5776-5788.

[192] RADFORD A, NARASIMHAN K, SALIMANS T, et al. Improving language understanding by generative pre-training[R/OL]. (2018-06-11)[2023-02-20]. https://cdn.openai.com/research-covers/language-unsupervised/language_understanding_paper.pdf.

[193] LEWIS M, LIU Y, GOYAL N, et al. Bart: denoising sequence-to-sequence pre-training for natural language generation, translation, and comprehension[C]//Proceedings of the 58th Annual Meeting of the Association for Computational Linguistics. Stroudsburg: Association for Computational Linguistics, 2020: 7871-7880.

[194] RAFFEL C, SHAZEER N, ROBERTS A, et al. Exploring the limits of transfer learning with a unified text-to-text transformer[J]. The journal of machine learning research, 2020, 21 (1): 5485-5551.

[195] Semantic Scholar[DB/OL]. [2023-02-20]. https://www.semanticscholar.org/.

[196] Scopus[DB/OL]. [2023-02-20]. http://www.scopus.com/.

[197] 孔丽华, 习妍, 张晓林. 数据出版的趋势、机制与挑战[J]. 中国科学基金, 2019, 33 (3): 237-245.

[198] Search API[EB/OL]. [2023-02-20]. https://guides.dataverse.org/en/latest/api/search.html.

[199] Native API[EB/OL]. [2023-02-20]. https://guides.dataverse.org/en/latest/api/native-api.html.

[200] Search for papers by keyword[EB/OL].[2023-02-20].https://api.semanticscholar.org/api-docs/graph#operation/get_graph_get_paper_search.

[201] Details about a paper[EB/OL].[2023-02-20].https://api.semanticscholar.org/api-docs/graph#operation/get_graph_get_paper.

[202] DANILÁK M. langdetect[CP/OL].(2021-05-07)[2023-02-20].https://github.com/Mimino666/langdetect.

[203] Semantic scholar academic graph：details about a paper[EB/OL].[2023-02-20].https://api.semanticscholar.org/graph/v1#operation/get_graph_get_paper.

[204] IQSS. Metadata References[EB/OL].[2023-02-20].https://guides.dataverse.org/en/latest/user/appendix.html.

[205] MimeTypeFacets properties file[EB/OL].[2023-02-20].https://github.com/IQSS/dataverse/blob/develop/src/main/java/propertyFiles/MimeTypeFacets.properties.

[206] Replication Dataset Guidelines[EB/OL].[2023-02-20].https://dataverse.org/best-practices/replication-dataset.

[207] Label Studio[CP/OL].[2023-02-20].https://labelstud.io/.

[208] 李航. 统计学习方法[M]. 北京：清华大学出版社，2012：191.

[209] sklearn-crfsuite[CP/OL].[2023-02-20].https://sklearn-crfsuite.readthedocs.io/en/latest/.

[210] KURNIAWAN K. pytorch-crf[CP/OL].[2023-02-20].https://pytorch-crf.readthedocs.io/en/stable/.

[211] NAKAYAMAH. seqeval[CP/OL].[2023-02-20].https://github.com/chakki-works/seqeval.

[212] KEYE M. How Are we doing? data access and replication in political science[J]. Political science & politics, 2016, 49（2）：268-272.

[213] CROSAS M, GAUTIER J, KARCHER S, et al. Data policies of highly-ranked social science journals[R/OL].（2019-08-21）[2023-02-20].https://doi.org/10.31235/osf.io/9h7ay.

[214] ROUSI A M, LAAKSO M. Journal research data sharing policies：a study of highly-cited journals in neuroscience, physics, and operations research[J]. Scientometrics, 2020, 124（1）：131-152.

[215] 图书馆·情报与文献学名词审定委员会. 图书馆·情报与文献学名词[M]. 北京：科学出版社，2019：163.

[216] 计算机科学技术名词审定委员会. 计算机科学技术名词：第3版[M]. 北京：科学出版社，2018：482.

［217］ TENNEY I, DAS D, PAVLICK E. BERT rediscovers the classical NLP pipeline ［C］//Proceedings of the 57th Annual Meeting of the Association for Computational Linguistics. Stroudsburg：Association for Computational Linguistics，2019：4593-4601.

［218］ LÖFFLER F, SCHULDT A, KÖNIG-RIES B, et al. A test collection for dataset retrieval in bodiversity rsearch ［J］. Research ideas and outcomes，2021，7：1-8.

［219］ Mapping to dublin core（ddi Version 2）［EB/OL］.［2023-02-20］. https：//ddialliance. org/resources/ddi-profiles/dc.

［220］ UK research data registry mapping schemes［EB/OL］.（2014-05-12）［2023-02-20］. https：//www. dcc. ac. uk/sites/default/files/documents/registry/uk-rdr-mapping-v09. pdf.

［221］ 曼宁, 拉格万, 舒策. 信息检索导论：修订版［M］. 王斌, 李鹏, 译. 北京：人民邮电出版社，2019：112.

［222］ StandardAnalyzer［CP/OL］.［2023-02-20］. https：//lucene. apache. org/core/7_3_1/core/org/apache/lucene/analysis/standard/StandardAnalyzer. html.

［223］ IK analysis for elasticsearch［CP/OL］.［2023-02-20］. https：//github. com/medcl/elasticsearch-analysis-ik.

［224］ Elasticsearch analysis ansj［CP/OL］.［2023-02-20］. https：//github. com/NLPchina/elasticsearch-analysis-ansj.

［225］ SimCSE［CP/OL］.［2023-02-20］. https：//github. com/princeton-nlp/SimCSE.

［226］ MSMARCO Models［CP/OL］.［2023-02-20］. https：//www. sbert. net/docs/pretrained-models/msmarco-v3. html.

［227］ Sentence-transformers/paraphrase-multilingual-mpnet-base-v2［CP/OL］.［2023-02-20］. https：//huggingface. co/sentence-transformers/paraphrase-multilingual-mpnet-base-v2.

［228］ Cross-encoder for ms marco［CP/OL］.［2023-02-20］. https：//huggingface. co/cross-encoder/ms-marco-MiniLM-L-12-v2.

［229］ FABRIZIO S. Mining query logs：turning search usage data into knowledge［J］. Foundations and trends in information retrieval，2010，4（1/2）：1-174.

［230］ Relevance judgements file list［EB/OL］.［2023-02-20］. https：//trec. nist. gov/data/qrels_eng/.

［231］ Trec_eval［CP/OL］.［2023-02-20］. https：//github. com/usnistgov/trec_eval.

［232］ VAN GYSEL C, DE RIJKE M. Pytrec_eval：an extremely fast python interface to trec_eval［C］//Proceedings of the 41st International ACM SIGIR Conference on Research & Development in Information Retrieval. New York：ACM，2018：873-876.

［233］ ZHOU Z H. A brief introduction to weakly supervised learning［J］. National science review, 2018, 5 (1): 44-53.

[234] DEHGHANI M, ZAMANI H, SEVERYN A, et al. Neural ranking models with weak supervision [C] //Proceedings of the 40th International ACM SIGIR Conference on Research and Development in Information Retrieval. New York: ACM, 2017: 65-74.

[235] MACAVANEY S, YATES A, HUI K, et al. Content-based weak supervision for ad-hoc re-ranking [C] //Proceedings of the 42nd International ACM SIGIR Conference on Research and Development in Information Retrieval. New York: ACM, 2019: 993-996.

[236] BOJANOWSKI P, GRAVE E, JOULIN A, et al. Enriching word vectors with subword information [J]. Transactions of the association for computational linguistics, 2017, 5: 135-146.

[237] PENNINGTON J, SOCHER R, MANNING C D. Glove: global vectors for word representation [C] // Proceedings of the 2014 conference on empirical methods in natural language processing (EMNLP). Stroudsburg: Association for Computational Linguistics, 2014: 1532-1543.

[238] NOGUEIRA R, JIMMY L. From doc2query to docTTTTTquery[R/OL]. (2019-12-02) [2023-02-20]. https://cs.uwaterloo.ca/~jimmylin/publications/Nogueira_Lin_2019_docTTTTquery.pdf.

[239] NGUYEN T, ROSENBERG M, SONG X, et al. MS MARCO: A human generated machine reading comprehension dataset [C] //5th International Conference on Learning Representations. 2017: 1-10.

[240] KHASHABI D, NG A, KHOT T, et al. GooAQ: open question answering with diverse answer types [C] // Findings of the Association for Computational Linguistics: EMNLP 2021. Stroudsburg: Association for Computational Linguistics, 2021: 421-433.

[241] KWIATKOWSKI T, PALOMAKI J, REDFIELD O, et al. Natural questions: a benchmark for question answering research [J]. Transactions of the association for computational linguistics, 2019, 7: 453-466.

[242] LO K, WANG L L, NEUMANN M, et al. S2ORC: The semantic scholar open research corpus [C] // Proceedings of the 58th Annual Meeting of the Association for Computational Linguistics. Stroudsburg: Association for Computational Linguistics, 2020: 4969-4983.

[243] Doc2query/all-with_prefix-t5-base-v1 [CP/OL]. [2023-02-20]. https://huggingface.co/doc2query/all-with_prefix-t5-base-v1.

[244] NOGUEIRA R, CHO K. Passage re-ranking with BERT[R/OL]. (2020-04-14)[2023-02-20]. https://arxiv.org/abs/1901.04085.

[245] BELTAGY I, LO K, COHAN A. SciBERT: a pretrained language model for scientific text[C] // Proceedings of the 2019 Conference on Empirical Methods in Natural Language Processing and the 9th International Joint Conference on Natural Language Processing (EMNLP-IJCNLP). Stroudsburg: Association for Computational Linguistics, 2019: 3615-3620.

[246] BAJAJ P, CAMPOS D, CRASWELL N, et al. MSMARCO passage ranking[DS/OL]. [2023-02-20]. https://microsoft.github.io/msmarco/Datasets.

[247] HOFSTÄTTER S, ALTHAMMER S, SCHRÖDER M, et al. Improving efficient neural ranking models with cross-architecture knowledge distillation[R/OL]. (2021-01-22) [2023-02-20]. https://arxiv.org/abs/2010.02666.

[248] RATNER A, BACH S H, EHRENBERG H, et al. Snorkel: rapid training data creation with weak supervision[J]. The VLDB Journal, 2020, 29(2/3): 709-730.

[249] 黄如花,李楠. 开放数据的许可协议类型研究[J]. 图书馆, 2016(8): 16-21.

[250] 许树柏. 实用决策方法: 层次分析法原理[M]. 天津: 天津大学出版社, 1988: 2.

[251] 刘新宪,朱道立. 选择与判断: AHP层次分析法决策[M]. 上海: 上海科学普及出版社, 1990: 188-190.

[252] SAATY T L. Theory and applications of the analytic network process: decision making with benefits, opportunities, costs, and risks[M]. Pittsburgh: RWS Publications, 2005: 37.

[253] 黄国彬,陈丽. 国外科学数据质量评估框架比较研究[J]. 图书与情报, 2021(1): 97-107.

[254] WU W H, CHIANG C T, LIN C T. Comparing the aggregation methods in the analytic hierarchy process when uniform distribution[J]. WSEAS transactions on business and economics, 2008, 5(3): 82-87.

[255] OSSADNIK W, SCHINKE S, KASPAR R H. Group aggregation techniques for analytic hierarchy process and analytic network process: a comparative analysis[J]. Group decision and negotiation, 2016, 25(2): 421-457.

[256] CLARIVATE. Master Data Repository List[EB/OL]. [2023-03-20]. 4https://clarivate.com/webofsciencegroup/master-data-repository-list/.

[257] CoreTrustSeal-Core Trustworthy Data Repositories[EB/OL]. [2023-03-20]. https://www.coretrustseal.org/.

[258] 王卷乐,王祎,卜坤,等. 世界数据系统CoreTrustSeal数据中心认证实践: 以WDC可再生资源与环境数据中心为例[J]. 农业大数据学报, 2019, 1(3): 71-81.

[259] HAGEN N T. Harmonic publication and citation counting: sharing authorship credit eq-

uitably-not equally, geometrically or arithmetically [J]. Scientometrics, 2010, 84 (3): 785-793.

[260] KINCAID J P, FISHBURNE J R P, ROGERS R L, et al. Derivation of new readability formulas (automated readability index, fog count and flesch reading ease formula) for navy enlisted personnel[R/OL]. (1975-02-01) [2023-02-20]. https://stars.library.ucf.edu/cgi/viewcontent.cgi?article=1055&context=istlibrary.

[261] CHALL J S, DALE E. Readability revisited: the new dale-chall readability formula [M]. Boston: Brookline Books, 1995.

[262] BRODER A. A taxonomy of web search [J]. ACM SIGIR forum, 2002, 36 (2): 3-10.

附录 A 文献筛选的检索式

（一）知网文献检索式

①TI=科学数据集发现 OR TI=研究数据集发现 OR TI=科学数据集检索 OR TI=研究数据集检索 OR TI=科学数据集搜索 OR TI=研究数据集搜索

②KY=科学数据集发现 OR KY=研究数据集发现 OR KY=科学数据集检索 OR KY=研究数据集检索 OR KY=科学数据集搜索 OR KY=研究数据集搜索

③TI=科学数据发现 OR TI=研究数据发现 OR TI=科学数据检索 OR TI=研究数据检索 OR TI=科学数据搜索 OR TI=研究数据搜索

④KY=科学数据发现 OR KY=研究数据发现 OR KY=科学数据检索 OR KY=研究数据检索 OR KY=科学数据搜索 OR KY=研究数据搜索

⑤TI=数据集发现 OR TI=数据集检索 OR TI=数据集搜索

⑥KY=数据集发现 OR KY=数据集检索 OR KY=数据集搜索

（二）万方文献检索式

①题名：("科学数据集发现") OR 题名：("研究数据集发现") OR 题名：("科学数据集检索") OR 题名：("研究数据集检索") OR 题名：("科学数据集搜索") OR 题名：("研究数据集搜索")

②关键词：("科学数据集发现") OR 关键词：("研究数据集发现") OR 关键词：("科学数据集检索") OR 关键词：("研究数据集检索") OR 关键词：("科学数据集搜索") OR 关键词：("研究数据集搜索")

③题名：("科学数据发现") OR 题名：("研究数据发现") OR 题名：("科学数据检索") OR 题名：("研究数据检索") OR 题名：("科学数据搜索") OR 题名：("研究数据搜索")

④题名：("数据集发现") OR 题名：("数据集检索") OR 题名：("数据集搜索")

⑤关键词：("数据集发现") OR 关键词：("数据集检索") OR 关键词：("数据集搜索")

⑥关键词：("科学数据发现") OR 关键词：("研究数据发现") OR 关键词：("科学数据检索") OR 关键词：("研究数据检索") OR 关键词：("科学数据搜索") OR 关键词：("研究数据搜索")

(三) Web of Science 文献检索式

①TI = (scientific dataset discovery) OR TI = (research dataset discovery) OR TI = (scientific dataset retrieval) OR TI = (research dataset retrieval) OR TI = (scientific dataset search) OR TI = (research dataset search)

②AK = (scientific dataset discovery) OR AK = (research dataset discovery) OR AK = (scientific dataset retrieval) OR AK = (research dataset retrieval) OR AK = (scientific dataset search) OR AK = (research dataset search)

③TI = (scientific data discovery) OR TI = (research data discovery) OR TI = (scientific data retrieval) OR TI = (research data retrieval) OR TI = (scientific data search) OR TI = (research data search)

④AK = (scientific data discovery) OR AK = (research data discovery) OR AK = (scientific data retrieval) OR AK = (research data retrieval) OR AK = (scientific data search) OR AK = (research data search)

⑤TI = (dataset discovery) OR TI = (dataset retrieval) OR TI = (dataset search)

⑥AK = (dataset discovery) OR AK = (dataset retrieval) OR AK = (dataset search)

附录 B 采集数据仓储列表

洲	国家	平台名称	简称	平台网址	版本
欧洲	奥地利	Austrian Social Science Data Archive	AUSSDA	https://data.aussda.at/	5.6
	比利时	Open Data @ UCLouvain	UCLOD	https://dataverse.uclouvain.be/	5.0
		Social Sciences and Digital Humanities Archive	SODHA	https://www.sodha.be/	4.20
	波兰	Open Forest Data	OFD	https://dataverse.openforestdata.pl/	4.20
	德国	Data Repository of the University of Stuttgart	DaRUS	https://darus.uni-stuttgart.de/	5.5
		Göttingen Research Online / Data	GROD	https://data.goettingen-research-online.de/	5.9
		Heidelberg University Open Research Data	HeiDATA	https://heidata.uni-heidelberg.de/	5.5
		Jülich DATA	JDATA	https://data.fz-juelich.de/	4.20
	俄罗斯	Institute of Russian Literature Dataverse	IRLD	https://dataverse.pushdom.ru/	5.4.1
	法国	Centre de coopération internationale en recherche agronomique pour le développement	CIRAD	https://dataverse.cirad.fr/	5.2
		Data INRAe	DINRAe	https://data.inrae.fr/	5.3
		Data Suds	DS	https://dataverse.ird.fr/	5.5
		Research Data Repository of Sciences Po	RDRSP	https://data.sciencespo.fr/	4.20
		DOREL	DOREL	https://dorel.univ-lorraine.fr/	5.2
		L'entrepôt de données institutionnel de l'Université Gustave Eiffel	RDUGE	https://research-data.ifsttar.fr/	4.10.1

续表

洲	国家	平台名称	简称	平台网址	版本
欧洲	荷兰	DataverseNL	DNL	https://dataverse.nl/	5.6
		International Institute of Social History(IISH) Data Collection	IISHDC	https://datasets.iisg.amsterdam/	5.1.1
		NIOZ Dataverse	NIOZD	https://dataverse.nioz.nl/	4.20
	克罗地亚	Croatian Social Science Data Archive	CROSSDA	https://data.crossda.hr/	5.5
	拉脱维亚	Riga Stradins University Research Data Repository	RSURDR	https://dataverse.rsu.lv/	5.9
	立陶宛	Lithuanian Data Archive for Social Sciences and Humanities	LiDA	https://lida.dataverse.lt/	5.6
	挪威	DataverseNO	DNO	https://dataverse.no/	5.6
	葡萄牙	Repositório de Dados da Universidade do Minho	RDUM	https://datarepositorium.uminho.pt/	4.20
	西班牙	CORA. Research Data Repository(RDR)	CORARDR	https://dataverse.csuc.cat/	5.5
		Repositorio de Datos del Consorcio Madroño(e-cienciaDatos)	RDCM	https://edatos.consorciomadrono.es/	4.19
	意大利	Italian Institute of Technology(IIT) Dataverse	IITD	https://dataverse.iit.it/	5.6
		Università degli Studi di Milano(UNIMI) Dataverse	UNIMID	https://dataverse.unimi.it/	4.20
北美	加拿大	Abacus Data Network	ADN	https://abacus.library.ubc.ca/	5.6
		Scholars Portal Dataverse	SPD	https://dataverse.scholarsportal.info/	5.8
		UNB Libraries Dataverse	UNBLD	https://dataverse.lib.unb.ca/	5.9
		University of Manitoba Dataverse	UMD	https://dataverse.lib.umanitoba.ca/	5.2
	美国	ASU Library Research Data Repository	ASULRDR	https://dataverse.asu.edu/	5.9
		Dartmouth Dataverse	DD	https://dataverse.dartmouth.edu/	5.9

续表

洲	国家	平台名称	简称	平台网址	版本
北美	美国	Florida International University Research Data Portal	FIURDP	https://dataverse.fiu.edu/	4.20
		George Mason University Dataverse	GMUD	https://dataverse.orc.gmu.edu/	4.20
		Harvard Dataverse	HD	https://dataverse.harvard.edu/	5.9
		IFDC Dataverse	IFDCD	https://dataverse.ifdc.org/	5.6
		Johns Hopkins University Data Archive	JHUDA	https://archive.data.jhu.edu/	4.13
		University of Virginia Dataverse	UVAD	https://dataverse.lib.virginia.edu/	5.9
		Qualitative Data Repository	QDR	https://data.qdr.syr.edu/	5.9
		Texas Data Repository	TDR	https://dataverse.tdl.org/	5.5
		UCLA Dataverse	UCLAD	https://dataverse.ucla.edu/	5.9
		UNC Dataverse	UNCD	https://dataverse.unc.edu/	5.3
		Virginia Tech Transportation Institute Dataverse	VTTID	https://dataverse.vtti.vt.edu/	4.19
	墨西哥	CIMMYT Research Data & Software Repository Network	CIMMYT	https://data.cimmyt.org/	4.20
南美	巴西	Dataverse do Centro de Integração de Dados e Conhecimentos para Saúde	CIDACS	https://dataverse.intracidacs.org/	4.10
		Repositório de Dados de Pesquisa UNIFESP Dataverse	RDUNIFESP	https://repositoriodedados.unifesp.br/	4.6
		Repositório de Dados de Pesquisa da UFABC	RDUFABC	https://dataverse.ufabc.edu.br/	4.8.5
		Fundação Oswaldo Cruz Dataverse	FOCD	https://dadosdepesquisa.fiocruz.br/	5.6
		Repositorios da Rede Nacional de Ensino e Pesquisa	RRNP	https://dadosabertos.rnp.br/	5.4
	厄瓜多尔	Repositorio de Datos de Investigación de CEDIA	RDICEDIA	https://datos.cedia.edu.ec/	5.1.1

续表

洲	国家	平台名称	简称	平台网址	版本
南美	哥伦比亚	Repositorio de Datos de Investigación Universidad del Rosario	RDIUR	https://research-data.urosario.edu.co/	5.3
	秘鲁	International Potato Center (CIP) Dataverse	CIPD	https://data.cipotato.org/	5.9
		Pontificia Universidad Católica del Perú Dataverse	PUCPD	https://datos.pucp.edu.pe/	4.13
	智利	Repositorio de Datos de Investigación de la Universidad de Chile	RDIUC	https://datos.uchile.cl/	4.9.4
亚洲	黎巴嫩	Arab Council for the Social Sciences (ACSS) Dataverse	ACSSD	https://dataverse.theacss.org/	5.3
		MELDATA	MELDATA	https://data.mel.cgiar.org/	5.9
	新加坡	DR-NTU (Data)	DRNTUD	https://researchdata.ntu.edu.sg/	5.6
		NIE Data Repository	NIEDR	https://researchdata.nie.edu.sg/	5.4.1
		Yale-NUS Dataverse	YNUSD	https://dataverse.yale-nus.edu.sg/	5.9
	印度	International Crops Research Institute for the Semi-Arid Tropics	ICRISAT	http://dataverse.icrisat.org/	5.5
	印度尼西亚	Center for International Forestry Research	CIFOR	https://data.cifor.org/	4.18.1
		Repositori Ilmiah Nasional	RIN	https://data.lipi.go.id/	4.20
	中国	复旦大学社会科学数据平台	FudanSSDR	https://dvn.fudan.edu.cn/	4.X
		北京大学开放研究数据平台	PKUORD	https://opendata.pku.edu.cn/	4.14
		CUHK Research Data Repository	CUHKRDR	https://researchdata.cuhk.edu.hk/	5.5
		DataSpace@HKUST	HKUSTDS	https://dataspace.ust.hk/	4.X
大洋洲	澳大利亚	Australian Data Archive Dataverse	ADAD	https://dataverse.ada.edu.au/	4.6.1
非洲	肯尼亚	World Agroforestry-Research Data Repository	WARDR	https://data.worldagroforestry.org/	4.17

附录 C 数据仓储元数据到都柏林核心元数据的映射规则

数据仓储（说明）	DC 元素	各平台元数据
ICPSR、OpenICPSR（采集了 XML 格式的元数据，该元数据使用 DDI① 进行描述，将 DDI 映射到 DC）	Title	<titl> 2.1.1.1
	Creator	<AuthEnty> 2.1.2.1
	Subject	<keyword> 2.2.1.1、<topcClas> 2.2.1.2
	Description	2.2.2
	Publisher	<producer> 2.1.3.1
	Contributor	<othId> 2.1.2.2
	Date	<prodDate> 2.1.3.3
	Type	<dataKind> 2.2.3.10
	Format	<fileType> 3.1.5
	Identifier	<IDNo> 2.1.1.5、<holdings location=" " callno=" " URI=" "> 2.1.8
	Source	<sources> 2.3.1.8
	Relation	<othrStdyMat> 2.5
	Coverage	<timePrd> 2.2.3.1、<collDate> 2.2.3.2、<nation> 2.2.3.3、<geogCover> 2.2.3.4
	Rights	<copyright> 2.1.3.2
Research Data Australia（采集了 XML 格式的元数据，该元数据使用 RIF-CS② 进行描述，将 RIF-CS 映射到 DC）	Title	name［TYPE=primary］>namePart、citationInfo>citationMetadata>title
	Creator	citationInfo>citationMetadata>contributor>namePart
	Subject	subject［TYPE=local］
	Description	description［TYPE=full］
	Publisher	citationInfo>citationMetadata>publisher
	Contributor	citationInfo>citationMetadata>contributor>namePart

---

① https://ddialliance.org/sites/default/files/ddi-lite.html.

② https://services.ands.org.au/documentation/rifcs/1.6/guidelines/rif-cs.html#collection.

附录 C 数据仓储元数据到都柏林核心元数据的映射规则

续表

数据仓储（说明）	DC 元素	各平台元数据
Research Data Australia（采集了 XML 格式的元数据，该元数据使用 RIF-CS① 进行描述，将 RIF-CS 映射到 DC）	Date	dates［TYPE=dc.issued］>date［TYPE=dateFrom］、citationInfo>citationMetadata>date［TYPE=publicationDate，available，issued］
	Identifier	identifier、location>address>electronic［TYPE=url］>value、citationInfo>citationMetadata>identifier、citationInfo>citationMetadata>url
	Relation	relatedInfo>identifier、relatedInfo>relation［TYPE=hasAssociationWith］>description
	Coverage	coverage>temporal>date、coverage>spatial［TYPE=text］
	Rights	rights>rightsStatement、rights>licence、rights>accessRights、description［TYPE=rights］
Harvard Dataverse、The Qualitative Data Repository、复旦大学社会科学数据平台、北京大学开放研究数据平台、图书馆杂志数据出版管理平台（采集了 JSON 格式的元数据，包含了 Dataverse 自定义元数据② 和数据文件信息，将 Dataverse 自定义元数据映射到 DC，并利用数据文件等其他信息进行补充）	Title	Citation Metadata>title
	Creator	Citation Metadata>author
	Subject	Citation Metadata>subject、Citation Metadata>keyword
	Description	Citation Metadata>dsDescription
	Contributor	Citation Metadata>contributor
	Format	files>contentType、files>originalFileFormat
	Identifier	protocol
	Language	Citation Metadata>language
	Relation	Citation Metadata>publication、Citation Metadata>relatedMaterial、Citation Metadata>relatedDatasets
	Coverage	Citation Metadata>timePeriodCovered、Geospatial Metadata 下所有元数据字段
	Rights	termsOfUse
the Digital Archaeological Record（采集了数据集页面，使用 CSS 选择器直接从页面中提取元数据，并映射到 DC）	Title	article > h1
	Creator	article > div.mt-25 > p.sml 中的 Creator（s）
	Subject	div.section 中包含 Keywords 的部分
	Description	div.section 中包含 Summary 的部分
	Date	article > div.mt-25 > p.sml 中的 Year
	Format	#fileSummaryContainer li a 中文件名后缀

① https://services.ands.org.au/documentation/rifcs/1.6/guidelines/rif-cs.html#collection.
② https://github.com/IQSS/dataverse/blob/develop/scripts/api/data/metadatablocks/.

续表

数据仓储（说明）	DC 元素	各平台元数据
the Digital Archaeological Record（采集了数据集页面，使用 CSS 选择器直接从页面中提取元数据，并映射到 DC）	Identifier	#sidebar-right ul. list-unstyled > li 中包含 DOI 和 TDAR ID 的部分
	Language	#sidebar-right ul. list-unstyled > li 中包含 LANGUAGE 的部分
	Coverage	div. section 中包含 Temporal Coverage 和 Spatial Coverage 的部分
Archaeology Data Service（采集了数据集页面，使用 CSS 选择器直接从页面中提取元数据，并映射到 DC）	Title	#archiveheader > h2
	Creator	#archiveheader > h4
	Subject	元数据子页面表格中的 Subject
	Description	#archive > p
	Date	#archiveheader > h4 中文本年份
	Format	元数据子页面中的 Data types available
	Identifier	. lists > li
	Relation	元数据子页面表格中的 Related information
	Coverage	元数据子页面表格中的 Location、Period
	Rights	#metadata a［rel＝"license"］
The Council of European Social Science Data Archives（采集了数据集页面中 JSON 格式的元数据，直接将 JSON 数据映射到 DC）	Title	titleStudy
	Creator	creators
	Subject	keywords
	Description	abstract
	Publisher	Publisher
	Date	publicationYear
	Identifier	pidStudies
	Language	langAvailableIn
	Coverage	studyAreaCountries、dataCollectionPeriodStartdate、dataCollectionPeriodEnddate
	Rights	titleStudy
科学数据银行（采集了数据集页面中 JSON 格式的元数据，直接将 JSON 数据映射到 DC）	Title	title
	Creator	author
	Subject	taxonomy、keyword
	Description	introduction
	Date	publishDate
	Identifier	doi
	Language	language

续表

数据仓储（说明）	DC 元素	各平台元数据
UK Data Service（采集了 XML 格式的元数据，该元数据使用 DC 进行描述，能够完全一一对应）	Title	Title
	Creator	Creator
	Subject	Subject
	Description	Description
	Publisher	Publisher
	Contributor	Contributor
	Date	Date
	Type	Type
	Format	Format
	Identifier	Identifier
	Source	Source
	Language	Language
	Relation	Relation
	Coverage	Coverage
	Rights	Rights

附录 D 人文社科数据集检索的相关性指标权重调查问卷

尊敬的专家：

您好！我们是北京大学信息管理系的研究人员，感谢您参与本项调查！此调查的目的是确定人文社科数据集检索中结果排序相关性指标的权重。在开始回答问题之前，请阅读以下说明。

随着数据驱动研究和开放获取运动的发展，互联网上涌现了大量研究数据共享平台，例如 Harvard Dataverse、ICPSR、北京大学开放研究数据平台、复旦大学社会科学数据平台等。这些平台中共享了大量研究数据集，为了帮助人文社科学者快速找到所需数据，我们对数据集检索方法进行研究，并推出实验系统"人文社科数据集搜索"平台。为了优化人文社科数据集检索排序效果，本问卷对用户相关性判断影响因素的重要性进行调查。

本次调查采用匿名方式，相关数据仅用于学术研究，感谢您的支持与合作！

填写说明：

您将会遇到以下形式的题目，需要对相关性因素 A 和 B 的相对重要性进行判断：

A	A 更重要（A 与 B 相比）								同等重要	B 更重要（B 与 A 相比）								B
主题性	9	8	7	6	5	4	3	2	1	2	3	4	5	6	7	8	9	可获得性
主题性	9	8	7	6	5	4	3	2	1	2	3	4	5	6	7	8	9	质量

以上各标度的取值含义如下表所示，请在您认为的重要性数字后方打对勾（√）。

标度	含义
1	前者与后者相比同等重要
3	前者与后者相比略微重要
5	前者与后者相比明显重要
7	前者与后者相比非常重要
9	前者与后者相比绝对重要
2、4、6、8	介于两个相邻重要程度之间

附录D 人文社科数据集检索的相关性指标权重调查问卷

例如，在数据集检索结果相关性判断中，如果您认为"主题性与可获得性相比非常重要"，则在左侧7后方打对勾（√），如果您认为"质量与主题性相比明显重要"，则在右侧5后方打对勾（√）。

A	A更重要（A与B相比）							同等重要	B更重要（B与A相比）							B
主题性	9	8	7√	6	5	4	3	2	1	2	3	4	5	6	7	8	9	可获得性
主题性	9	8	7	6	5	4	3	2	1	2	3	4	5√	6	7	8	9	质量

一、相关性

共6个相关性维度，其含义分别为：

- 主题性：数据集与用户学术研究所需数据的主题内容的匹配程度
- 可获得性：数据集中的数据文件是否能够方便地被用户获取到
- 质量：数据集中数据的优劣程度，如是否准确、有效等
- 权威性：数据集相关的发布者（如仓储平台、机构、个人）的影响力
- 新颖性：用户对数据集不了解或者不熟悉的程度
- 可理解性：数据集的内容是否容易被用户所理解

A	A更重要（A与B相比）							同等重要	B更重要（B与A相比）							B
主题性	9	8	7	6	5	4	3	2	1	2	3	4	5	6	7	8	9	可获得性
主题性	9	8	7	6	5	4	3	2	1	2	3	4	5	6	7	8	9	质量
主题性	9	8	7	6	5	4	3	2	1	2	3	4	5	6	7	8	9	权威性
主题性	9	8	7	6	5	4	3	2	1	2	3	4	5	6	7	8	9	新颖性
主题性	9	8	7	6	5	4	3	2	1	2	3	4	5	6	7	8	9	可理解性
可获得性	9	8	7	6	5	4	3	2	1	2	3	4	5	6	7	8	9	质量
可获得性	9	8	7	6	5	4	3	2	1	2	3	4	5	6	7	8	9	权威性
可获得性	9	8	7	6	5	4	3	2	1	2	3	4	5	6	7	8	9	新颖性
可获得性	9	8	7	6	5	4	3	2	1	2	3	4	5	6	7	8	9	可理解性
质量	9	8	7	6	5	4	3	2	1	2	3	4	5	6	7	8	9	权威性
质量	9	8	7	6	5	4	3	2	1	2	3	4	5	6	7	8	9	新颖性
质量	9	8	7	6	5	4	3	2	1	2	3	4	5	6	7	8	9	可理解性
权威性	9	8	7	6	5	4	3	2	1	2	3	4	5	6	7	8	9	新颖性
权威性	9	8	7	6	5	4	3	2	1	2	3	4	5	6	7	8	9	可理解性
新颖性	9	8	7	6	5	4	3	2	1	2	3	4	5	6	7	8	9	可理解性

二、可获得性

共 2 个相关性维度，其含义分别为：

- 数据文件开放程度：数据文件中可直接下载（无需申请、授权等限制）的数据文件比例。
- 数据集使用授权：数据集的使用授权协议，例如 CC0（作品属于公共领域、无使用限制）、CC BY（保留对原作品的署名权）。

A	A 更重要（A 与 B 相比）							同等重要	B 更重要（B 与 A 相比）							B
数据文件开放程度	9	8	7	6	5	4	3	2	1	2	3	4	5	6	7	8	9	数据集使用授权

三、质量

共 2 个相关性维度，其含义分别为：

- 数据集下载量：数据集被用户下载的数量情况。
- 关联文献被引量：数据集关联文献（数据集支撑了某论文的研究、某论文引用了该数据集）的被引用情况。

A	A 更重要（A 与 B 相比）							同等重要	B 更重要（B 与 A 相比）							B
数据集下载量	9	8	7	6	5	4	3	2	1	2	3	4	5	6	7	8	9	关联文献被引量

四、权威性

共 2 个相关性维度，其含义分别为：

- 数据仓储权威性：发布数据集的数据仓储平台是否具有较高的声誉和影响力。
- 作者机构权威性：数据集作者所在机构是否具有较高的声誉和影响力。

A	A 更重要（A 与 B 相比）							同等重要	B 更重要（B 与 A 相比）							B
数据仓储权威性	9	8	7	6	5	4	3	2	1	2	3	4	5	6	7	8	9	作者机构权威性

五、新颖性

共 2 个相关性维度，其含义分别为：

- 数据集首次发布时间：数据集第一次发布的时间点。

附录 D　人文社科数据集检索的相关性指标权重调查问卷

- 数据集最新更新时间：数据集最近一次更新的时间点。

A	A 更重要（A 与 B 相比）							同等重要	B 更重要（B 与 A 相比）							B
数据集首次发布时间	9	8	7	6	5	4	3	2	1	2	3	4	5	6	7	8	9	数据集最新更新时间

六、可理解性

共 3 个相关性维度，其含义分别为：

- 元数据字段丰富程度：元数据（即描述数据集的数据，例如数据集的标题、作者、关键词等）字段的数量多少。
- 主题元数据文本信息量：数据集的标题、关键词、描述字段的文本内容长度。
- 描述字段文本可阅读性：元数据中描述字段文字内容是否清晰易读。

A	A 更重要（A 与 B 相比）							同等重要	B 更重要（B 与 A 相比）							B
元数据字段丰富程度	9	8	7	6	5	4	3	2	1	2	3	4	5	6	7	8	9	主题元数据文本信息量
元数据字段丰富程度	9	8	7	6	5	4	3	2	1	2	3	4	5	6	7	8	9	描述字段文本可阅读性
主题元数据文本信息量	9	8	7	6	5	4	3	2	1	2	3	4	5	6	7	8	9	描述字段文本可阅读性

后　记

本书是我攻读博士学位的最终研究成果。在读博之前，我就职于北京大学图书馆，参与了北京大学开放研究数据平台的建设及相关的数据服务工作。在这一过程中，我对开放科学和开放数据有了一定的认识，并积累了相关实践经验。前期的工作积累为本书的研究提供了土壤，并在一定程度上促成了本书研究的萌芽。读博之后，我有幸参与到博士生导师王继民教授的国家社会科学基金项目的申请工作中，而这正是本书研究的真正起点。遥记在新冠疫情刚暴发的那年冬天，王老师组织师门一起阅读论文、分享论文研究思路、探索研究思路，使得我对数据集检索前沿研究有了相对全面的认识，并奠定了本书研究的选题方向。之后的几年时间里，在王老师的悉心指导和大力支持下，我开始进行深入的文献调研、研究综述的写作、数据集的采集、检索方法的研究和原型系统的构建等研究工作，并最终完成了本书的撰写。

本书的研究和出版，得到了许多人的支持和帮助。首先，衷心感谢我的博士生导师、北京大学信息管理系教授王继民老师，没有王老师多年以来持续的指导和帮助，本书很难按时完成。其次，感谢北京大学信息管理系陈建龙老师、申静老师、王益明老师、刘畅老师、孟凡老师，以及中国人民大学周晓英老师、中国科学技术信息研究所刘耀老师对本书的指导，老师们提出的宝贵意见让我受益匪浅，使得本书能得到进一步完善。同时，还要感谢北京大学信息管理系科学评价与大数据应用实验室的王若佳、聂磊、王世奇、刘智锋、郭鑫、王一博、张乃帅、高正、赵常煜等众多师兄弟姐妹们，他们为本书的研究提供了大量的帮助和有价值的建议。感谢科学技术文献出版社邱晓春、丁芳宇、胡群等编辑老师的辛勤付出，她们认真细致的审稿和专业的建议，使得本书能够继续完善，并得以最终出版。

最后，还要感谢家人对我的支持。在本书的撰写过程中，我面临较大的学业、研究和工作压力。每天从早到晚盯着电脑，使得我精神紧绷，家人的支持让我克服了许多困难。在这段日子里，我的女儿降生了。尽管照顾新生儿让原本就紧张的生活更加忙碌，但她的到来给我带来了巨大的快乐，成为我继续前行的新动力。

罗鹏程

2025 年 3 月